2015年中央财政专项贵州少数民族文化传承发展研究中心项目成果

中印早期现代转型比较研究
（1500—1800）

ZHONG YIN ZAOQI XIANDAI
ZHUANXING BIJIAO YANJIU

王孟懿 著

经济日报出版社
THE ECONOMIC DAILY PRESS

图书在版编目（CIP）数据

中印早期现代转型比较研究：1500-1800 / 王孟懿著. -- 北京：经济日报出版社，2022.8
ISBN 978-7-5196-1176-7

Ⅰ．①中… Ⅱ．①王… Ⅲ．①中国历史－研究－清代 ②莫卧儿帝国（1526-1857）－历史－研究 Ⅳ．①K249.07 ②K351.32

中国版本图书馆 CIP 数据核字（2022）第 154679 号

中印早期现代转型比较研究（1500-1800）

作　　者	王孟懿
责任编辑	宋潇旸
助理编辑	杨保华
责任校对	李艳春
出版发行	经济日报出版社
地　　址	北京市西城区白纸坊东街 2 号 A 座综合楼 710（邮政编码：100054）
电　　话	010-63567684（总编室）
	010-63584556（财经编辑部）
	010-63567687（企业与企业家史编辑部）
	010-63567683（经济与管理学术编辑部）
	010-63538621 63567692（发行部）
网　　址	www.edpbook.com.cn
E－mail	edpbook@126.com
经　　销	全国新华书店
印　　刷	四川科德彩色数码科技有限公司
开　　本	710×1000 毫米　1/16
印　　张	13.25
字　　数	197 千字
版　　次	2022 年 8 月第 1 版
印　　次	2022 年 8 月第 1 次印刷
书　　号	ISBN 978-7-5196-1176-7
定　　价	78.00 元

版权所有　盗版必究　印装有误　负责调换

序　言

　　王孟懿同志的《中印早期现代转型比较研究（1500—1800）》一书即将出版，是他主持的一项省部级课题结项成果的升华。他邀请我为他即将出版的著作写一篇序言，我欣然接受。回顾与作者王君的认识过往，概于2015年课题在研期间的省社科科研同仁群，实际晤面则是在2018年黔南民族师范学院举办的"中国—东盟文化交流周"学术研讨会期间。近四年以来，王君经常邀我研讨中印现代化进程比较研究方面的课题，令我获益匪浅。

　　孟懿君在学术思海的航行上一直比较勤奋努力，且不求多产。自2005年去广西师范大学攻读世界史硕士研究生以来，他一直很喜欢关注和探讨印度历史研究方面的一些问题和话题。毕业后，又由于所在学校需要，他继续从事与世界史相关联的"东西方文化比较"的教学研究，并在东西方文明比较的学术思维历练上取得了一定的知识积累和成绩。其主持的课题运用比较研究的方法，对早期全球化下中印两国现代性因素萌芽、增长和转型中所起到的作用等进行深入探究，助力提升1500—1800年期间"中国—南亚"文明交流互鉴史的研究水平。

　　现在，这项成果终于期以出版了，先在此祝贺他！

　　南亚次大陆在英国资本主义向全球南方扩张过程中起着殖民前哨作用。随着殖民者以印度作为前进基地向孟加拉湾、红海、中南半岛等周边地区进行军事侵略，印度洋地区逐渐成为英国"内湖"，英属印度成为英国女王"王冠上的宝石"。两次世界大战严重冲击了英国在印度洋地区的殖民体系。随着印巴分治，缅甸独立，麦克米伦政府在非洲、中东和远东地区的"战略撤退"，英国在印度洋地区构筑的殖民统治秩序土崩瓦解。"中印早期现代化"实质是东方社会形态下的一种资本主义萌芽，是处于早期殖民—资本控制下，被迫卷入世界全球化的单一"经济社会进化"的模式，但中印两国人民在繁荣的资本主义经济下获益甚少，所得利润大部分落入国内投资者和地主的腰包中，且并未使其资本积累转向生产进步的投资上。两国早期现代化与西方资本主义发展相同步，在近300年的时间，其市场几乎遍布全国各地，对两国社会阶层分化、土地制度的变迁和社会进程发展产生重要影响。其产生、发展和演变，与政治、经济、社会、文化等密切相关，一定程度上是两国从传统社会向现代社会转型的"缩影"，甚至从一个侧面反映了两大传统社会及其经济融入世界体系的艰难历程。

因此，"中印资本主义萌芽"自产生之日起，不但为其国内统治阶级所重视又敌视，而且受到国际资本和机构的青睐。早在16—17世纪之际，中印两国的手工业品贸易商就向南海、孟加拉湾、斯瓦希里海岸等地出口丝绸、瓷器和香料等制品。而到19世纪初，环印度洋地区的贸易主导权逐渐落入欧美资本家手中，中印早期现代化自主发展的进程被迫中断。这一历史剧变不仅导致两国传统社会发生变化，而且对两国政治经济发展格局产生了深远影响。

那么，这些特殊的社会历史土壤是否造成中印两国早期现代化进程的开启和发展的不同？其与地方政府乃至中央政府的关系是否有着不同于欧美西方国家的特点？中印两国早期国家现代化转型又有哪些异同？带着这些问题，作者采用国家历史和地方历史相结合的宏大叙事理论方法，对中印两国早期现代化在区域社会变动中的真实样态与历史图景进行剖析。例如，作者对比分析了中印两国早期现代化的历史条件和发展、战略定位，以及国家现代化转型过程中，国家现代化参与主体与中央、地方两级政府关系的不同面相，认为独特的政治经济生态是中印两国现代化转型的内部动因，也是课题研究重点。这些论述和观点立足于系统丰富的史料，具有较强的说服力。

对于中印早期现代化发展和影响等问题，国内外学者虽然有一些研究，但只是从某一个维度或国别史比较研究视角，对西方新航路开辟至西方工业革命即将完成期间的中国、印度现代化进程进行探究，还缺乏比较系统的梳理，特别是缺乏对两国早期现代化转型的比较研究。随着早期现代化、新制度经济学等理论和方法的引入和运用，中印早期现代化比较研究的内容和主题也不断向纵深拓展。研究时段亦相继延长，资本主义式手工业的经济功能和社会活动尤其受到重视，地域突破更加显著。几乎不同历史时期和不同地域的资本主义式手工业均有涉及。在学者的共同努力下，中印早期现代化比较研究逐渐成为国内南亚区域国别研究学科中一个新兴的学术热点，并在一定程度上推动了印度经济史、社会史、城市史、两大文明关系史与互动史研究等领域的进展，甚至体现了印度史研究范式的转换。

但是，中国南亚史的进一步研究将会面临更多挑战。其中，如何结合当前日益兴盛的区域史研究和全球史研究，探寻中印早期现代化转型的同质性和异质性，从不同的视角和维度去认识历史与理解历史，就是一个重要的命题。即关注某个地方现代化模式与其他地方现代化模式的相同之处，这其实是国家视角在区域史研究中的投射或聚焦；同时注重某个地方现代化模式与其他地方现代化模式的不同之处，亦即加强分析现代化理论的区域性特征。

王孟懿同志的这本书综合国内外前人的研究，爬梳史料，系统论述中印王朝国家的兴衰型变有三层级（阶段）：第一阶段是从用武力征伐建国统一走向中央集权为核心的制度沉淀及"梯度封建化"，形成了军功贵族暂时把持与幼主继位的"武备文治"二世王朝。第二阶段是从中央集权的制度承新和改革走向皇权专制制度化，建成封建军事官僚制完善的四世帝国，依赖其理性皇权专制励精图治，实现经济和人口增长，出现新因素和契机。第三阶段是完备的"封建中央集权专制"六世王朝，中印全盛期尚有封建丛林扬鞭挥斥的空间和力欲，有行知自信；依靠朝贡宗藩体制与征服王朝的余烈"治国平天下"，有制度自信；封建经济的东方优势还有余力，封建国家主体还有体用自信。

总之，作者认为，两个大陆王朝国家统治者各自有理论理性、制度理性及其实践理性，但对现代性因素发展的实践理性与工具理性没有发展起来。作者在该书中还对中印王朝国家转型存在时序反差的原因进行了深入探讨。即长时段归因于封建国家明清在宗藩封贡一元单极东亚体系下闭关锁国形成的非耗散结构，与印度一直有入侵者、长期被征服造成的耗散结构的千年殊异；中时段归因于16世纪起的300年，面对西方殖民VS资本势力形成的耗散结构，致使封建制度"内卷化"和排斥吸收西方新因素"负熵"；短时段归因于主流价值导向性缺失与主体实践导向性缺失，丧失理论理性和实践理性，"体用相克，行知失灵"。最终发现，两王朝转型的具体意义是制度内型变升级，而非现代性质变。其结构功能"内卷化"和排斥吸收西方新因素"负熵"，使封建帝国内生萌芽绝育，内缘型现代化走向"绝缘化"，经济社会与文化价值理性断裂，"转型主体"缺失。民族国家转型生成失败。

当然，我并不认为书中的所有论述和观点均已成熟且无差池。若是作者能进一步突破事件、制度与结构的框架，加强对国家现代化参与主体——农民、手工业者和贸易商活动轨迹的关注和分析，而不仅仅将他们作为"类"（群体或组织）的存在或附属物般的非主体视之，则可弥补中印早期现代化转型比较研究的不足，推动南亚区域国别研究由宏观向社会内部的微观层面扫描、审视和拓展。或许，这是因囿于其特定的学术理路与研究材料的客观状况，比如研究农民群众起义的史料要多于其在早期现代的经济状况描写和记述史料等。

中印两国幅员辽阔，各个地区在政治制度、经济演进、社会结构和地理条件等方面均存在一定差异，差异最显著的无疑是边疆地区。两国同时是世界人口最稠密的地区之一，更是民族种类多、人文地理环境较为独特的地理单元，因此也是区域史研究最佳的举证对象。"转型比较研究"不仅是一项单纯的学术研究过程，还有其一定的咨政启示与社会价值意义。该成果的完成有助于为我国制定科学合理的周边国家和地区外交政策提供原创性、前沿性的基础研究支撑。同时，对中印两国现代化历史与现状的综合考察，分析他国的成败得失，有利于中国现代化道路的合理抉择，促进文明互鉴及其体用之道的增智博识。

俞家海
2022年7月8日于广州华园

目 录 Contents

导　论 …………………………………………………………… （1）
相关理论与概念的界定 ………………………………………… （7）

第一章　文明梯度力作用下的全球背景 …………………… （11）
  第一节　欧亚封建大陆国家兴衰及其海陆变局 ………… （12）
  第二节　欧洲民族国家主体叙事下的大变局 …………… （16）

第二章　中印多民族封建国家的兴衰型变 ………………… （22）
  第一节　从武力统一到制度承淀经济恢复 ……………… （23）
  第二节　在时地优势与增长中建成多民族统一帝国 …… （36）
  第三节　"征服者世界与天朝上国"的契机及自信 …… （55）

第三章　中印帝国转型主体缺失的衰变四重奏 …………… （71）
  第一节　莫卧儿朝与清朝中央威权的衰落 ……………… （72）
  第二节　主体衰败和社会断裂导致内外边缘化 ………… （76）
  第三节　封建内卷化的报应——各族大众起义 ………… （79）
  第四节　莫卧儿帝国分裂的锡克教视角 ………………… （85）
  第五节　锡克民族与莫卧儿王朝的决裂 ………………… （97）
  第六节　主流价值断裂导致萌芽绝缘与主体缺失 ……… （121）

第四章　中印封建国家转型主体缺失的困境评述 …………(126)
　　第一节　千年殊途：文明的梯度力致使中印转型失灵 …………(126)
　　第二节　百年同归：全球化梯度力下中印转型失机 ……………(142)
　　第三节　昙花若现：体克用失与弃行无知致使转型缺失 ………(165)

剑磨十年必发亮
　　——为《中印早期现代转型比较研究（1500—1800）》题跋
………………………………………………………………………(191)
后　　记 ……………………………………………………………(194)
参考文献 ……………………………………………………………(196)

导 论

《中印早期现代转型比较研究（1500—1800）》是笔者在由本人主持的2013年贵州省哲学社会科学规划课题青年项目《比较史学视角下的中印封建国家转型研究》①基础上完善的。本书主要聚焦1500—1800年中国与印度的王朝帝国，即清与莫卧儿帝国及其向现代性转向的问题，试图从转型动力、模式及遇到的全球性挑战的角度，去平视中印两个王朝国家具有的现代性因素，最终发现发展转型存在的文明梯度效应及梯度力作用的影响与客观动因，评析中印两个国家的转型失败及其"体行知用"的得失。

17世纪以来，当清王朝与莫卧儿王朝仍缓慢独步在其个别历史时间叙事的"天朝上国统驭万邦"格局中时，西方世界已在新航路开辟后的全球性条件中崛起。而到18世纪下半叶，印度开始沦为英国的殖民地。80多年后，清朝也在英国挑起的鸦片战争中惨败，难逃半殖民地命运。为什么中印两个封建国家从异质文明殊途同归于被以英国为首的殖民列强侵略、被殖民地化而又有不同的遭遇和结局？作为国家主体的封建王朝及其制度本体，在中印的早期现代性因素萌芽、增长和自身转型中起到了哪些作用？基于以上问题，深入研究中国与印度的国家主体（国家/皇帝/精英）的创制构建及其客体认知和价值（经济社会主流价值观、陆海防战略导向、疆域外制度与文化）践行，探讨、比较王朝世代的"兴衰型变"，具有重要的学术价值和现实意义。这是笔者的选题缘起。

实际上，16、17世纪以来的东方处于"早期现代性"萌发未然之际，同期西方社会则正在有条不紊地酝酿着"早期现代性"，从局部的"现代性的'属性表征'"逐渐转化成"现代性的'主、客体世界实体化'潮

---

① 在本书中，"中印封建国家转型"的研究对象是"1500—1800年的清蒙从封建帝制国家向现代'多民族共和国'转型的趋向因素"，而非"民族自决分立"。强调"现代性"是特征因素，"现代化"是内涵与整体潮流。

流"——现代化（modernization）大转型于是生发开来。从主体战略机遇把握、自然时间尺度和客体机缘上来说，中印王朝国家即将迈入近现代的门槛，有转型的契机。两国是置身东亚、南亚并起着经济和文化轴心作用的封建大陆王朝国家，其主、客体因素在封建化"型变"和现代化转型的轨迹上仍有基因残片可考。而且，这一直是中华人民共和国成立以来史学界倾力的重要传统。"正像印度历史学家正在调查莫卧儿王朝时代资本主义发展的证据一样，中国历史学家从1949年以后也付出了大量的时间和精力探索明末清初资本主义萌芽的证据。"[1] 而且，我们知道："一旦历史上有了一个从传统社会走入近代社会的先例，这一由传统走入近代化的历程就不可逆转地、而又无可逃避地成为世界上一切民族的通例……近代化就非但是不可避免的事，而且也是一切民族历史发展的唯一无二的大事。"[2] 于是，在（近）现代化与全球化（globalization）二维理论的纵横交织下，我们要用好比较史学的视角，研究亚洲这两个封建国家到底是如何实现封建体制本身的型变升级和兴极而衰的，进一步比较两者内生早期现代性因素夭折和现代化转型的失败史事，为后进现代民族国家及社会转型提供某种历史启示。

本书第一章交代了全球格局背景及其生变土壤。中印比较有一个重要的参照系与背景需要厘清，即同期西方现代民族国家的转型与生成是完全不同的，但都有作为现代化主体担当的重大意义。首先，西方500余年重大历史事件不是单一零碎事件，反而有内在因果联系的结构体系。从逻辑上看，西方资本主义各国的崛起是从经济萌芽到思想解放，再到政治斗争实践的产物，是"雇佣关系工具理性化及其劳动异化""社会生产经验的科学技术理性化"与"商业资本转型为产业资本"三对制动要素增长与质变的结果。"生产方式的工业化及其劳资阶层分化"的社会结构定型，并

---

[1] [英]杰弗里·巴勒克拉夫.当代史学主要趋势[M].杨豫，译.上海：上海译文出版社，1987：216.
[2] 何兆武.明末清初西学之再评价[J].学术月刊，1999（1）：35.

实现"经济发展及其资本的实践理性化"①"重商主义及供需方式的市场导向化"与"经济网络的开放性与全球化",然后才形成了资产阶级的西式"制度理性化"。这才是西方社会结构经天纬地的系统性内生的转型逻辑。事实上也是这样:14、15世纪以来,欧洲在资本主义萌芽出现后逐渐规模化发展,培育出了工场手工业、商业新业态及其阶级主体。1453年,两大事件,即英法百年战争(1337—1453)打出了英法两个独立的民族国家,以及东罗马帝国被奥斯曼帝国所灭,分别宣告英法"中世纪封建关系的结束和民族国家的自立","基督教圣城陷落,东部屏障和窗口消失"。作为欧洲主要国家,英法失去了到东部发财谋利的机会和陆路去往东方的交通。

西方为发财兴业而寻求新通道,推动了大航海(15—17世纪),开辟了新航路,发现了美洲新大陆(1492—1502),为殖民者海外冒险发财与商业资本积累提供了广阔空间和外部条件。为适应主体内驱需要与客体条件改善,14—18世纪的欧洲掀起了文艺复兴、科技革命、宗教改革、殖民扩张、启蒙运动、政治革命、工业革命,反对宗教愚昧,宣扬人文主义,崇尚科学理性,批判君主专制,主张用工商业来夯实世俗生活,树立了"人文主义及其新教伦理"、科学实验与社科学术研究、"资本主义"的实践理性,促进了思想解放和社会进步。资产阶级梦寐以求当家作主的理想与实践,掀起了根本不同的两场革命:尼德兰革命(1566—1609)使荷兰摆脱了西班牙哈布斯堡王朝对其领属并进行殖民地化的梦魇,通过民族自决和解放战争,建立了共和国。英国则通过资产阶级革命(1640—1688),在不列颠王国原基上消灭了君主专制,实行君主立宪制,进一步转型为新型民族王国。随着政治环境改善与生产发展推动,商业资本渗透和投资到生产技术领域,最终促成18世纪中晚期的工业革命。产业资本得势成流的工业化催生了欧美工商业态及其主体的民主、民族意识,促成了法国大革

---

①在本书中,"实践理性"不是康德原创意义上伦理学的"道德意志",而是指"可以实践的理性和理性规划了的实践",是与人类的实践和选择有关的知情意,即认识论、价值论、方法论和能动性。

命（1789—1794）与美国独立战争（1775—1783）等，由此启动了西方的全面现代化，形成了全球化的资本主义世界体系。

其次，深入民族国家转型的逻辑理性，来看转型主体的担当和核心动力作用：西方封建国家转型为民族国家是其资产阶级主体血与火的勇敢担当和历史胜利的体现。但是，在唯物历史观视阈下，主体政治以及整体现代化的造就和胜利，实质上是其特定客观环境（天时地利人和）的时势造化、本体力量（人和）的具备促成、客体（认知水平与实践经验、生产力水平与思想觉悟等）条件的推动催生的。核心动力是主体（劳资）关系从封建依附向自由与雇佣关系转型，客体（生产力）从"农民或作坊工匠的经验手工半机械力"向"专业技术工业力"转型。这始终是资产阶级及其民族国家的历史实践推动获得的[①]，是在全球性环境与世界市场的分工发育推动中获得的。从马克思和恩格斯在《共产党宣言》中积极肯定资产阶级的历史作用及其世界历史的论说成果来看[②]，15—18世纪以来，现代化作为世界历史纵向、全球化作为世界历史横向的发展方向的相互交织[③]，最终使人类区域历史形成全球化的世界历史[④]。在这种千年变局中，东西方生产方式、供需方式、价值诉求等社会生活的方方面面都在变化，国家的疆防战略重心开始从陆防转向陆海防并重，领海主权的重要性在增长。

第二章探讨了三个阶段性的主体构建及其契机、危机。与之相对照，回到中印封建国家主体视角，从全球化与现代化转型的二维大视野上来看，对两个封建大陆国家转型的基因残片进行解读，提出：历史社会学的"体行知用"就是"封建国家主体及其执行战略导向（政治社会转型和定型）"的钥匙。环视17世纪以来的亚洲与世界之格局，我们看到：从缔造

[①] 关于"民族国家的形成对现代化的起步具有关键意义"，已为历史学者所公认，民族国家是主体。

[②] ［德］马克思，恩格斯. 共产党宣言［M］. 北京：人民出版社，1997：28—32.

[③] 杨和平. 现代化、全球化与世界历史的纵横发展［J］. 西华师范大学学报（哲学社会科学版），2008（3）：49. 无论是就"现代化"与"全球化"的内涵，还是就"现代化"与"全球化"之间的关系而言，尽管它们有着自身明显的独特性，但从实质上讲，它们基本上就是所谓的世界历史的"纵向发展"与"横向发展"。

[④] 在《〈政治经济学批判〉导言（1857—1858年经济学手稿）》中，马克思指出："世界史不是过去一直存在的；作为世界史的历史是结果。"

到转型，两个王朝先后走向强大。二者在统一初期屡有暴政，康雍乾、阿克巴到沙贾汉盛世时繁荣安定，再到乾隆帝与奥朗则布前期，为东亚和南亚的带来了繁荣和辉煌。但达到鼎盛后，它们却再难进一步发展。其主体的实践和认知仍然处于封建制度及其意识形态的控制过密化的扩张中，徘徊在现代民族国家的边缘，制度创新缓慢而结构功能日益内卷化，主流价值导向挫失于没有"开海兴商"或"限洋自强"，致使以工商业为代表的资产阶级主体缺失。

同时，用客体视角来观察和检视中印封建国家"型变三步转"的危机。对清与莫卧儿两个大陆王朝国家开展比较，从唐德刚先生"历史三峡"的转型论启示出发①，把王朝国家转型成败分成三个层级或阶段：第一阶段是从用武力征伐建国统一走向（中央集权为核心的）制度承淀"梯度封建化"，形成军功贵族暂时把持与幼主继位的"武备文治"二世王朝。第二阶段是从（中央集权的）制度承新和改革走向（皇权专制）制度化，建成封建（军事官僚）制完善的四世帝国，依赖其理性（皇权专制）励精图治，实现经济和人口增长，出现新因素和契机。第三阶段是完备的封建（中央集权专制）六世帝国，结构功能"内卷化"②和排斥吸收西方新因素负熵，使封建帝国内生萌芽绝育，内缘型现代化走向"绝缘化"，经济社会与文化价值理性断裂，"转型主体"缺失，民族国家转型生成失败。

第三章探讨了中印封建国家转型变局下的四重奏。中印封建国家的触角与实践始终未能跨出亚洲的封建大陆边界，仍然扮演着海内区域性力量的地域政治主角，仍然囿于传统文治武功引领田园牧歌的耕织社会模式，

---

① 唐德刚. 晚清七十年 [M]. 长沙：岳麓书店出版社. 1999. 在 1990 年代成形"封建、帝制与民治的'历史三峡'"论，认为中国全部文明史可分为三个阶段，中间经过两次转型。第一次转型从战国时期到秦汉大一统帝国，大概经过 300 年，转型完成即创建了农业大帝国的定型，造成"行同伦"的社会。近代的大动乱是从中华帝国到现代国家的第二次转型，造成了行为不再同伦的多元化的社会。

②"内卷化"（过密化，involution），是指事物的功能、结构与活动方式重复而长久未发生质变或转型缓慢的规律。本书重点揭示封建国家在"体行知用"上的内卷化状况。

属于封建帝国的历史范畴。① 同时迎来的则是中印两王朝不断整合国内的族群/地方分裂集团与宗教关系，日益内耗，任由社会内卷化固滞不前、绝育化老死无生、绝缘化失之交臂。转型演变为四重奏：帝国中央政府衰败，中印社会分别内部边缘化和对外被殖民地化，人民大众日益革命化，经济主流价值缺位并沦为全球的边缘区。在印度封建链条断裂的链式反应下，80余年后，中国在英帝国挑起的鸦片战争中成为半殖民地国家。

第四章对中印两国文明的转型困境异同进行了比较和评述。通过考察中印千年文明的深层动因，看到地理环境与气候变化形成的"梯度力"，造成中国"天下王土"与印度"率土裂疆"格局分殊；外来征服者与聚居宗族社会差异明显；多宗教种姓制与宗族宗法制的功能不同；征服王朝与宗藩封贡的体制殊异；古印度耗散结构与明清非耗散结构完全不同。16世纪起，两帝国已然面临前现代"封建化梯度力"与"全球化梯度力"的双重作用。但到鼎盛期，中印两国仍然戒惧主体民族的文化影响：乾隆厉行文化专制，乐于万邦来朝盛景；奥朗则布把异教徒踩在脚下。

究其根源和动因，不得不回到朝贡宗藩模式与征服王朝长时段的千年殊异以及封建化梯度力造成东方的百年同归的千年变局上来，看"体行知用"的主体得失，但都百年同归于一个非耗散结构的形成，主体"知行用"仅满足于"农体商用""儒体西用""穆体西用"及其"大陆征服""夷夏大防观"的陆基征/防战略导向：一个向殖民者换钱筹饷用于征服功业，一个面对通商使团僵化到决意"闭目自听"。这表明封建制度与全球化和现代性相克，而君主"知行合于封建权欲驱使"，丧失卓越的理论理性和实践理性，"体用受限于狭隘'本末旧念'"，主体丧失更高追求的价值理性和工具理性，成为封建内卷化的宿命论的过客。

---

① 20世纪90年代全面兴起的美国"新清史"主张打破中国20世纪以来形成的"汉化论"的清史观。笔者则认为，无论是"汉化论"还是"内亚特性"，均不能否定清朝作为中国王朝的"封建性"。

相关理论与概念的界定

一、比较史学

"比较史学" 是一种按照政治、社会、经济、文化和心理的规范和范畴[①]，对两个或多个相似或相异的研究对象展开假说、验证和解释，发现不同社会的独特性或共同性规律，提出和解答新问题的研究方法。就其维度来说，"比较史学"是对各种社会历史现象进行时间序列上前后阶段的纵向（垂直）比较，或者空间系列上同一阶段的横向（水平）比较，或者纵横维度上综合比较的一整套历史研究的理论和方法论体系。

"比较史学"与"历史比较研究"，两者有着基于历史认识论与本体论的理论与方法上的区别。"历史比较研究"早在西方史学兴起和发展的希罗多德、塔西陀时代就有了运用与理论探索。但专注对历史本体或意识形态做"历史比较研究"，真正形成"比较史学"这门独立、系统的史学认知、学科体系及其流派，则是20世纪初到第二次世界大战结束期间。

1900年，在海牙召开了"国际比较历史学代表大会"，这标志着比较史学作为一个史学流派开始出现。法国史学家马克·布洛赫于1928年发表《建立欧洲的比较史学》一文及其30年代末出版《封建社会》一书，被认为是西方比较史学形成和发展过程中的标志性事件。在中国，自1981年3月，周谷城先生在《光明日报》著文[②]，号召开创中国比较史学发展的里程碑，开展中外历史的比较研究以来，在庞卓恒等史学界前辈及近年来的史学界专家和学人的努力下，已有不少学术成果发表，如范达人、易孟醇

[①] [英]杰弗里·巴勒克拉夫. 当代史学主要趋势 [M]. 杨豫，译. 上海：上海译文出版社，1987：275—268.

[②] 熊家利. 中国比较史学发展的里程碑——评范达人、易孟醇新著《比较史学》[J]. 求索，1992（4）：128.

的著作《比较史学》。

二、封建国家转型

现代化转型 转型是指事物的结构形态、型制、运转模式以及人们主动求新求变、观念根本性转变的创新过程。"现代化转型"主要是指16世纪西方世界航海与地理大发现以来，出现的"（雇佣）劳动异化""社会生产的经验与技术理性化""生产方式的工业化及其劳资分化""经济及其资本的工具理性化""供需方式的市场经济化""经济网络的开放化与全球化"与"西式制度理性化"纵横全球的系统性变化。这实质上是全球化与现代化趋势，形成截然不同的工业信息化社会。这就转换成另外一种社会型制。

事实上，现代化与全球化主要是西方历史规律的环境和条件性构造及其资产阶级的历史实践，并变成了西式社会内部渐进生成、打破以往各大洲相对封闭和交往受阻或受限状态的潮流。也就是说，西方"现代化"是社会内源、内生、内缘型的"生产力科技化""生产方式工业化""地域联系城市（镇）化""经济生活市场供需化""经济网络开放性与全球化"与"社会政治与物权关系制度理性化"的过程。

"封建国家转型" 主要是指中国与印度在16—19世纪由多民族统一的封建王朝帝制国家向"多民族/族群共和"的现代民族国家转型。20世纪初，列宁和威尔逊的"民族自决权论"深刻影响了全世界的民族解放运动，但引起极大争议。新清史对清史研究采用文化人类学诠释框架及其"族性认同"的理论范式也易引发边疆主权法理认知的误读。中国与印度事实上没有顺利完成社会内部的现代化，因此，中印这个转型过程具有东方的共性与各自的殊异性。但这并不是说，中印封建帝国即王朝国家没有转向现代民族国家的可能。分别检视其三域社会：政治社会、经济社会和

"族民社会"①，还是有一些现代性因素如军事技术与民间发明、资本主义萌芽等。本书已旗帜鲜明地破除"民族自决论"误区，以为镜鉴。

如果对其王朝兴起、沿革与鼎盛、衰败各阶段进行细分，就会发现中印封建王朝按照主体结构与制度模式的"行知体用"，形成了三个明晰的转型阶段性过程：第一阶段是从用武力征伐建国统一到"后封建化"沉淀的中央集权制。第二阶段是从制度传承到创新及经济增长，建成封建国家基本制度：主体上皇权专制化、统治集团特权腐化、社会经济与民生内卷化。第三阶段是封建制度的结构功能内缘型现代化"绝缘化"而固滞不前、内卷化为主体缺失的"转型"。即经济社会转型绝缘化、国家认同断裂化、现代民族国家主体缺失。最后，王朝气数耗散，走向衰败和崩溃。

三、体行知用

"**体行知用**"是由传统中国哲学"体用"论与"行知"论两对哲学范畴内在的主客关系和结构功能互构而成。中国古代哲学范畴中，"行知"指的是"实践与认知"。王阳明在1508年（晚明正德三年）提出"知行合一"的学说，其内涵主要分两方面：一是"知中有行，行中有知，知行合一，知必笃行，良知无不行，自觉行即知"。二是"知为行体意，行为知用功；知为行始，行为知成，乃致良知"。他还按照"知行统一"的程度，把人分为圣人、贤人和凡人三个层次：生知安行者、学知利行者、困知勉行者。②"体用"论中，"用"原指"本体及其作用、功能、属性"和"实体（本质）及其现象"。③而特定主体及其"实践认知及其价值致用"，构成了"体行知用"的主客体关系，实现了主体结构及其功能的区分。"体

---

①"族民社会"是一个基于"市民社会""人民社会"等现代性社会关系映射到古代社会解析出的对应范畴。在全球各古代社会形态下，囿于自然经济条件下生存条件的严重限制，人摆脱不了对人的"依附关系"。社会存在着"聚居血缘宗族""封建领主/地主与家奴仆属和佃农""封建官宦与家臣僚属""种姓领属""业缘主仆如女子卖身前的主仆关系""自耕农与封建国家""宗教领袖与其教徒"等联属，可统称为"族民社会"。

②（明）王阳明. 传习录全译［M］. 于民雄，注. 顾久，译. 贵阳：贵州人民出版社，1998：18.

③方克立. 论中国哲学中的体用范畴［J］. 中国社会科学，1984（5）：185.

行知用"实际上属于历史社会学中研究社会变迁与转型的学术范畴。

系统总结"体行知用"：主体都有实践、认知与价值驱动，它们均依附于主体，是主体属性得以体现的结构及其功能实现的方式与途径。实践、认知由主体的价值驱动产生，即"行知为用，经世致用"。而实践对认知形成的价值理性具有先导性作用，一切经验与客观价值无不都是在人类的实践中得到的，实践是人类的本质特征。主体"欲"与"力"是重要的内驱力。主体的实践活动、认知活动都会体现出一定的价值需求，终极价值需求是"占有和支配欲/力"。这成为世事变迁与社会发展的内在动因，为人们所察觉发现。三个客体在主体结构内在的互相驱动，形成了"知行合一，体行知用，体用不二"定理。确认研究对象的"主体性"，对其微观个体、中观群体（族群与阶级）到宏观国体/文化/社会/文明进行立体关照与探讨，就是重视王朝国家的政治社会、经济社会与族/教民社会。探讨"主体及其'知行用'为核心的主客关系、主客矛盾的动力与阻力作用"，有重大的理论和实际应用价值。

第一章　文明梯度力作用下的全球背景

15世纪以来，东方封建大陆国家——清帝国与莫卧儿帝国，其国势峥嵘，将开出什么样的花来？是全球化阳光普照下与西方殖民者同享利益的并蒂之花，还是隐匿于全球化暗角，封建腐化、内卷化，吸腐而生、孤芳自赏的水晶兰花？在得出答案之前，首先得将目光聚焦到全球背景上来：实际上，对比欧洲，当尼德兰革命与英国革命造就的政治社会正在发生巨变之时，其经济社会早已确立。而中国与印度的封建皇权政治尚在构建之中，经济与市民社会还未有现实根基①，但尚有一线生机。

我们可以看到，纵观15世纪中叶的全球背景，实际上是两大格局与叙事演绎的二重奏二变局：一是现代性的国际关系主体——欧洲民族国家不断创建形成了"民族国家叙事"。二是亚欧传统国际关系主体——封建大陆王朝国家兴衰及其君主专制度的再构建。早期于"陆上开化"担角的蒙元游牧文化退出中原北迁，中国回归农耕文化的"帝国游戏"，明朝步入了前期的发展和盛期之中，最终构建起更加集权图治的宗藩国家。而随着社会的日益伊斯兰化，印度教文化不断与外来文化融合冲突，加之中东和中亚各色人在北印度的短暂王朝兴替，印度这个名义上的国家更加分裂。

---

①［英］杰弗里·巴勒克拉夫. 当代史学主要趋势［M］. 杨豫，译. 北京：北京大学出版社，2006：213. 印度历史研究当前阶段的根本特点和前面叙述的其他亚洲国家一样，从叙事史向针对问题开展研究的历史学转变，是从政治史向社会史和经济史转变。

第一节　欧亚封建大陆国家兴衰及其海陆变局

中印封建民族国家在转型上的时序反差，实际上就是"文明梯度力"的作用表现，具体体现在：①封建化梯度力：农耕文化及其政治封建化的梯度扩散力，封建梯度促变力与反征服后坐力、游牧民族梯度破坏力、梯度力模式的递减效应、文明梯度模式终极负态效应力、环境气候梯度力推动力和催变力。②全球化梯度力：全球化梯度力使东西方发展不平衡，造成文明（汤因比）"挑战与应变模式"下东方落后挨打的耻辱与反抗斗争。最终产生了两种变局：一是东方中印大陆国家的王朝兴替——海上贸易、明帝国的航海实践，与大陆王朝兴衰相伴随的制海权重构与丧失。二是西方民族国家的主权意识与资产阶级民主主义的兴起，西方的海上霸权最终在全球崛起，形成欧洲亚洲衰败、新老牌殖民帝国的兴替变局。

一、文明梯度力是如何发生作用的？

清帝国与莫卧儿帝国的兴衰周期对比表[①]（表 1-1）和对照图（图 1-1）如下所示。

表 1-1　清帝国与莫卧儿帝国的兴衰周期对比表

时间轴	清帝国的国祚	莫卧儿帝国的国祚	清兴衰起止	莫卧儿兴衰起止
缔造者生卒年	67	48	1559—1626	1483—1530
兴起	50	51	1619—1669	1511—1562
鼎盛	80	80	1713—1793	1601—1681
转衰	49	50	1793—1842	1707—1557

[①] 表格数据来自中印两个王朝兴衰型变的关键时间节点。

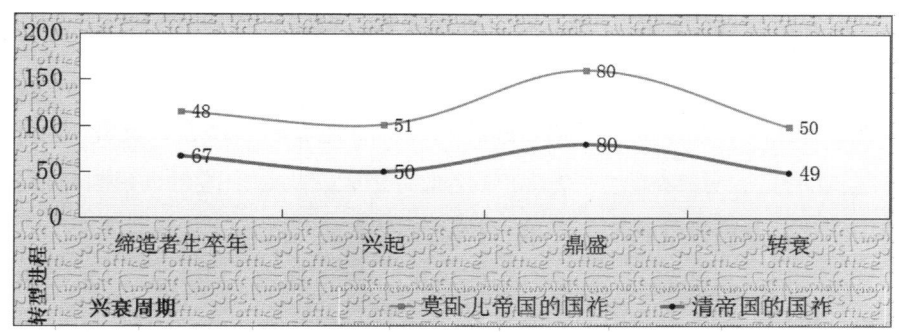

图 1-1 莫卧儿帝国与清帝国对比图

第一层,用数千年长时段的文明史视角审视中印两大文明应对内亚游牧民族的"千年殊异"及其走向 16 世纪的最近结局,得从地理环境与气候(气压梯度力)对各个文明造成巨大的历史影响考量。我们"不妨承认人类天生脆弱,不足以抵御自然的威力。不论好坏,'年景'总是主宰着人"[①]。其深远影响成为我们显明捉摸到的六大"文明的梯度魔力":东方封建化的梯度扩散力、封建化的梯度促变力、后进民族的冲击力与梯度破坏力、梯度力模式的递减效应、梯度生发模式的终极负态效应力以及梯度催变全球化发生。

第二层(全球史中时段视角),我们看到,地理与气候的梯度催变力催生出早期全球化,而全球化的"梯度力"又促使东西方发展更加不平衡。16—18 世纪的 300 年间,在由大航海开启的全球化下,东方的历史活动,无论是农耕文明还是游牧文化,都与西方处于同台比武的共时态。由于西方海航技术进步及其推动的远洋贸易的增长,于是在其海上霸权与海军军力的支配下,在东方形成内亚(草原游牧或定居)民族、农耕民族与西方商业民族三大超地缘力量的斗争,影响巨大。

溯及开创期,都与 16、17 世纪以明王朝为轴心的封建化的梯度扩散力有关:内亚游牧族群与辽东农林族群南下的冒险征服与西方东来活动持续推进,成为亚洲继蒙古式征服余影而来的更大噩梦。中印王朝兴衰 300 余

---

① [法] 费尔南·布罗代尔. 15 至 18 世纪的物质文明经济和资本主义(卷 3)[M]. 施康强,等译. 北京:三联书店,1997:52.

年，客观上是建立在暴力和血腥征服基础上的封建特权制度。王朝后期都形成特权养腐的危局。东方社会自身内生现代性因素失去了像欧洲那样的客观外部条件，资本萌芽遭遇封建化梯度力（王朝更替战乱、文化或宗教专制）的打击。最终遭遇东方3000年未有之大变局，宗藩封贡帝国与征服帝国任凭其制度理性断裂，不能抗拒衰败四重奏发生。

第三层（历史社会学的短时段视角），对主体行知致用、行知受限、体用局限的自负失察情况考察和评估，即清朝与莫卧儿朝代表性的几代皇帝的主体认知实践与时代局限、主体价值需求与实践理性的导向问题的评估。中印与西方殖民势力都强调征服，但"征服"和控制的主体动机却存在巨大差异，中印征服是欲建立陆基封建大帝国的单极统治秩序，而西方殖民势力则是为创建"殖民—资本"世界体系，有并吞海陆一切的野心。

莫卧儿帝国皇帝的贪婪小胃远不及西方殖民势力的贪天大胃。两朝都建立起一元正统的统合型帝国。若将单极的征服王朝与宗藩封贡对比，征服王朝要游刃有余得多，宗藩封贡则更具顽强抗力。但是，在殖民势力软磨硬泡到耳边与明火执仗到脚下，中印统治者为什么失察？洞穿主体结构与外部环境协变的问题，去理解其转型契机下"行知体用"的主体与客体内涵，才能说清楚中印封建国家转型与主体缺失的原生性困境和代价。

二、欧亚封建大陆国家兴衰及其海权变局

17世纪中叶，清朝处于初兴走向统一、印度处于莫卧儿帝国鼎盛阶段，很庆幸的是，印度的商品经济在此期增长较快，与清朝的康、雍、乾三朝相似。中国政治统一，历史时间从皇太极过渡到顺治，走向康熙，一派兴盛气象。清、蒙两大封建王朝似乎有了帝国契机。

17世纪中晚期，与西方的资产阶级及其民族国家崛起同时上演的是，海权对全球历史的影响已经日益突显出来。在欧洲，海权之争成为英国等

后起的海上霸权崛起国家的经典模范之实践。① 而封建大陆国家的王朝叙事及其君主专制构建却同时在上演。欧洲尚未形成对亚洲的压倒性优势，因此，这两大格局与叙事同步并存，共同谱成了全球历史主体叙事的二重奏。这一叙事主要包含两个主体的构建，一是亚欧专制集权君主国"封建王权与民族民主主义的主权"并构，二是欧洲专制集权君主国"世俗王权的重塑及其国家主权兴衰"同在。

封建大陆国家的总体格局与叙事是，本世纪封建大陆帝国五强即法兰西帝国、沙皇俄国、奥斯曼帝国、莫卧儿帝国与清帝国，在全球具有与民族国家相当的优势。欧洲大陆法兰西帝国如日中天之时，沙皇俄国正在开启近代化。而亚洲传统文明中心区域屹立着四大帝国。首先是东亚的清帝国正在实现明清皇朝的更迭重构与统一。其次是伊斯兰教三大帝国：南亚莫卧儿帝国正如日升天，西亚奥斯曼帝国逐渐走向衰落，波斯萨非帝国从 17 世纪中叶走向衰颓和没落。

首先，欧洲波旁王朝与罗曼诺夫王朝的大陆霸权先后崛起。法兰西在 17 世纪时逐渐获得了欧洲大陆的霸主地位。法兰西王国是欧洲典型的封建专制国家，拥有广大的海外殖民地，构建起了欧洲较强的殖民帝国。"太阳王"路易十四（1643—1715）在位 72 年，其终生的执政实践与积蓄的国家实力代表了欧洲经典封建君主专制制度的巅峰。法国在三十年战争中获得巨大红利，取得了西属尼德兰的部分领土与阿尔萨斯—洛林，领土大大扩张，打破了奥地利的意图，成为欧陆霸权。

17 世纪中叶的沙俄，在完全征服西伯利亚之后，将领土扩展到太平洋。俄波战争（1654—1667）后，沙俄又将领土扩展到左岸乌克兰。罗曼诺夫王朝第四代沙皇彼得一世（1672—1725），于 1689 年实行欧化改革。他充分利用其从欧洲中心区学到的先进文明，积极兴办工场，发展贸易，发展文化、教育和科研事业，同时改革军事，建立正规的陆海军，削弱大

---

① ［美］马汉. 海权对历史的影响（1660—1783）[M]. 安常容，等译. 北京：中国人民解放军出版社，1998：2. 这早为 19 世纪末期至 20 世纪初期的美国历史学家、海军战略理论家马汉（Alfred Thayer Mahan）发现，其海权理论解释了英国如何从一个地处偏僻的海岛崛起为世界强权。17 世纪，西方海上霸权崛起，以几艘铁甲舰的坚船利炮就扳倒东方一国。

贵族的势力，加强了封建专制的中央集权制，又发动了针对立陶宛、波兰和瑞典的战争，夺得波罗的海出海口，给俄罗斯帝国奠定了坚实基础，把国家推到欧洲强国的前列。

其次，在亚洲封建大陆王朝叙事下，主要是王朝兴替与统一构建。其实质是封建大陆国家皇权与教权的国本与主体构建。亚洲国家均有多民族统一的历史传统，与之相适应的就是形成大陆中央集权的政治特性，封建王朝叙事几乎就是封建帝国叙事，区域时间就是帝国的王朝纪事时间。

17世纪雄踞亚欧非三大洲的奥斯曼土耳其帝国由盛转衰。欧洲列强未占据明显的优势。因奥斯曼土耳其帝国自大航海时代开始以来的100多年就一直横亘于中东西亚北非，其海陆战略与优势地位自然让几代欧洲航海强人莫不侧目慎对，1680年极盛时有效领地达到550万平方公里。这个强权帝国令欧洲各国大为忌惮。然而在17世纪晚期到达巅峰之后，奥斯曼帝国日趋衰弱，落后于新崛起的奥地利和沙俄。中国与印度处于清朝初兴统一与莫卧儿帝国鼎盛阶段。

17世纪，波斯萨非帝国衰败终结。帝国所倚重的波斯湾航道，在航海与地理大发现后，因东西方之间的贸易道路的航线变更，贸易减少和商业衰落。虽然在阿巴斯一世建立的正规军于短期内获得了军事胜利，但是面对不断增加的数个强敌——奥斯曼帝国、乌兹别克人、波斯人、莫斯科公国和印度莫卧儿帝国四面残食侵吞，以及国家繁重的税收和对各省的控制，国家力量逐渐衰弱。17世纪下半叶，萨非帝国开始走向终结。

第二节　欧洲民族国家主体叙事下的大变局

17世纪（全球历史格局与叙事），作为背景的全球化和民族国家格局与叙事已经拉开序幕。在西方，专制王权与资产阶级、帝国内封建王朝与民族资产阶级的斗争日益激烈，殖民主义扩张早已在全球霸洲占洋。这是殖民主义发展并逐渐张牙舞爪的世纪。这对大陆封建国家中印王朝来说，意味着什么？本世纪少许势力在印度洋、东南亚与南中国海之间活动，对中印如隔靴搔痒而已。这主要是因为中印经济还保持着强劲的增长势头。而且，此时的西方传教士、穆斯林商人、郑氏海上霸权都有一些无法忽略的影响力，欧洲各东印度公司与中印帝国保持着微妙关系，还得仰赖东方天朝上国给予各种特许权。

在西方人眼里，17世纪经历了一场"普遍危机"。其实，这场危机正是西方社会转型分流的大变局。欧洲乃至整个西方正处于从封建经济向资本经济全面转型分流的关键阶段。这一道路促使西方形成了一个格局叙事与两大变局：一个叙事——资产阶级成为历史的主角及其民族国家成为历史的主体；两大变局——大陆霸权逊位于海上霸权与封建帝国让位于民族国家。西方新崛起的民族国家及其殖民开拓正在取代老牌殖民帝国在全球的海上霸权，竞争促使新老更替的横向历史变局，制海权成为与传统陆防不同的战略主权，但其实质同样是关于民族国家及资产阶级与封建帝国及封建主旧贵族历时性的兴替与同台竞争的转型变局。

一、欧洲殖民封建帝国衰败让位于民族国家

17世纪西方的总体格局与叙事是，新老牌殖民国家不断兴起，16世纪航海家和冒险家及其封建殖民帝国的格局与历史叙事，让位于资产阶级成为历史的主角及其民族国家成为历史的主体的格局与历史叙事。殖民主义扩张早已在全球兴风作浪，而且本世纪正是殖民主义发展并逐渐张牙舞爪地称雄东方的时期。本世纪新兴的殖民国家有荷兰、法国、英国以及正在走向近代化的沙皇俄国。欧洲继续向世界各地扩张势力，不断通过殖民活动与商业资本累积在全球壮大。

16世纪优势崛起的西班牙和葡萄牙到17世纪开始衰落。诞生航海家和冒险家的欧洲先锋——西班牙和葡萄牙，通过地理新发现和殖民活动的历史实践，将古陆分裂以来各洲封闭的世界联系成一个整体。不管怎样，大约从1509年起，当葡萄牙人在第乌战胜了埃及舰队时，葡萄牙海军就在印度洋具有"无可争议的霸权"。此外，在16世纪（但是对马六甲海峡来说，则直到1570年），葡萄牙商人们不仅在这里出现，他们还出现在中国海、非洲的东西海岸、南大西洋、纽芬兰，当然也在欧洲。一种葡萄牙经

济到处可见。①

不论是葡萄牙人，还是他们17世纪的后继者，都不能召集足够的军力以占领可观的土地。由于这一点，他们不能建立起一个体系，像在美洲或者东欧那样，用一点儿武力就可以把大量剩余据为己有。② 但他们在客观上推动了世界历史转向全球互动新时代的快车道。西班牙人和葡萄牙人凭借先进的海上力量建立殖民帝国，成为16世纪的世界头号强国。但因两国中央集权与封建力量的强大和干扰，西班牙和葡萄牙难免在17世纪的欧洲竞争中败下阵来。葡萄牙海权的衰败并不是由于防御体系上有什么错误，而是由于本国政府机构的失灵，及其无法维持在大西洋上的权威地位所致。③

经16世纪下半叶反对西班牙统治的尼德兰革命（1566—1609），荷兰共和国建立，资产阶级第一次以民族解放为使命的民主民族革命取得胜利。这标志着第一次资产阶级革命取得了封建势力汪洋大海中孤岛般的立锥之地，欧洲资产阶级逐步崛起，打破了封建帝国对本阶级的牢笼控制和经济掠夺。但是，"荷兰人虽然由于掌握了非洲海岸、锡兰、马六甲，多少也承袭了一些阿布奎克的传统……由于法国的崛起以及英荷之战的结束，荷兰人实已丧失了它在大西洋的牛耳地位"④。

二、欧洲民族国家意识增长与民主革命的兴起

西方多国体系或地区内出现了民族国家的主权与国内资产阶级宪政民主的兴起，是关涉全欧洲的宗教与世俗、主权与王权、民主与专制、教俗封建政治与民主民族政治之间斗争的纵向历史变局，是关于从封建势力向资本势力、传统生产方式向现代生产方式的整个社会形态转型的大变局。

---

①［美］沃勒斯坦. 现代世界体系（第1卷）[M]. 罗荣渠，等译. 北京：社会科学文献出版社，2013：419.
②［美］沃勒斯坦. 现代世界体系（第1卷）[M]. 罗荣渠，等译. 北京：社会科学文献出版社，2013：427.
③［印］潘尼迦. 印度和印度洋——略论海权对印度历史的影响[M]. 北京：世界知识出版社，1965：55.
④同上.

其中，最易引发认知误区和争议的，当属对封建国家转型为民族国家的"民族自决自治"理论①，而实现从封建帝国中分离的民族自决，并独立建国实现向现代民族国家转型的历史原型，当属尼德兰革命通过民族解放斗争建立荷兰共和国的历史。

16世纪初，北方省属于西班牙哈布斯堡王朝领地（封建领地演化成殖民地）。16世纪以来资本主义工商业的发展，促使尼德兰摆脱了封建桎梏和殖民束缚，民族国家意识增强。1568年的捣毁圣像运动揭开了反抗西班牙统治的斗争的序幕，也掀起其新教徒对西班牙天主教压迫的抗争。1581年7月26日，来自荷兰各起义城市的代表在海牙宣布废除西班牙国王对荷兰各省的统治权，联盟正式宣布独立，成立荷兰共和国（正式名称为尼德兰联合共和国）。经过尼德兰人对民族独立战争推进与国家解放的不懈斗争，尼德兰最终于1648年与西班牙国王菲利普四世签订《明斯特条约》，尼德兰七省联合共和国得到承认。

17世纪开启了海上领航者荷兰人的"黄金世纪"。这主要依托其在海外建立的殖民地。荷兰凭借着航海技术和对外贸易，继葡萄牙帝国和西班牙帝国之后，通过荷兰西印度公司和荷兰东印度公司进入海上，开始建立其殖民帝国。到17世纪下半叶，荷兰海军力量迅速崛起，并建立起全球贸易市场，对外输出了殖民制度和文化。"海上马车夫"的角色彰显出其海上的战斗力和航海技术方面的先进生产力水平。荷兰充分利用自身在国际商路上的关键据点，并依托平底船和先占的垄断贸易公司，主导全球贸易，开创了主导全球的"荷兰世纪"。但是在先后被英法打败后，荷兰海外殖民地开始萎缩，主要剩下荷兰东印度公司的荷属东印度（今印度尼西亚）等殖民领域，国势渐衰。

17世纪，欧洲新兴强国在不断扩大。17世纪中叶，当属上升阶段的不列颠王国——英国，国王围绕着王权与新兴的资产阶级争取国家主权和

---

① 1914年，列宁在其发表《论民族自决权》中指出："所谓民族自决，就是民族脱离异族集合体的国家分离，就是成立独立的民族国家。"美国总统威尔逊于1918年提出的"十四点原则"大力提倡民族自决，主张赋予原德意志帝国、俄罗斯帝国、奥匈帝国境内的受压迫民族以自决权，建立独立的民族国家。

宪政民主的斗争日益激烈，造成议会派与保皇派之间一系列的武装冲突和政治斗争，是为英国内战（1642—1651）。在内战中，以克伦威尔为代表的革命派领导新型军队，根据军事实战创新的战略战术，于9年后，赢得了对国王的胜利。此后，通过1688年"光荣革命"、1689年《权利法案》、1701年《王位继承法》，英国的上层建筑大换血，确立了稳定的君主立宪制的议会代议制度。从此，世界历史演变为资产阶级在数国内占主导地位而构建起来的近代民族国家的新时代。① 其海上力量不断增强。这对全欧洲都产生了巨大的冲击和影响。

法兰西帝国"太阳王"路易十四构建起欧洲的大陆霸权。路易十四在红衣主教黎塞留和马萨林卓著的外交捭阖支持下，将法兰西建立成一个君主专制的中央集权王国。他把大贵族和官僚机构集中控制在麾下，强化了法王的军事、财政和机构的决策权。他亲政期间（1661—1715）的法国发动了三场大战：法荷战争、大同盟战争、西班牙王位继承战争，以及两场小冲突，使他在1680年开始成为至高无上的欧洲霸主。

欧洲三十年战争（1618—1648），使欧洲格局与历史叙事转型成以新教为代表的资产阶级新主角及其民族国家这个主体。波希米亚（现属捷克）人民反抗神圣罗马（第二）帝国奥地利哈布斯堡王朝的封建统治的链条，最终牵引出新教选侯及其国际盟友对抗王朝的内战，进而演变为全欧洲历史上第一次大规模的国际大战。最重要的是推动了欧洲民族国家的形成。战后，《威斯特伐利亚和约》的缔结，确立了"国家领土、主权与独立"等国际关系中的根本原则，使国际社会的行为主体演变为主权独立的民族国家。

观察中印同期大背景中西方崛起的主客体因素，我们会得到一个全面的参照系。回溯14、15世纪以来的变局，能明确欧洲资本主义萌芽、大航海与发现美洲大陆的重大意义。它改善了欧洲的内部与外部环境。随后，民族国家孕育而生，在全球建立了经济联系，促进了国际早期分工的发

---

①正因为用革命史视角看，资产阶级作为全球历史新主体而具备划时代意义。中国世界史学界一般将这次革命开始的1640年作为世界近代史的开端。

展，打开了各地区的封闭之门，使之卷入资本主义世界链条中来。西方逐步跨入经济全球化行列，日益成为殖民列强。英、法、西班牙等国先后成为统一的民族国家，并出现了以专制君主为核心的加强其民族国家中央集权的趋势。民族国家这个强劲主体在其开明的国家顶层导向的引导下，在强有力的制度与文化创新实践中，充分利用工业化的科学技术成果，促成物质文明的日益增长和精神文明的提升，西方社会呈现正态发展。

本章小结

16、17世纪未能形成长足增长与转型，但西方民族国家的主权与宪政民主的兴起（民族国家崛起），资产阶级梦寐以求当家作主的理想与实践，最终掀起了根本不同的两场革命：尼德兰革命（1566—1609）使荷兰摆脱了西班牙哈布斯堡王朝的统治，通过民族自决和解放战争，建立了共和国。英国资产阶级革命（1640—1688）则在不列颠王国原基上消灭了君主专制，实行君主立宪制，进一步转型为新型民族王国。西方的海上霸权在全球崛起，欧洲新老牌殖民帝国兴替（殖民封建帝国衰落），东方大陆封建帝国强劲兴替，与大陆王朝兴衰相伴随的制海权被重构。

表1-2 17世纪中叶起的帝国兴衰世界格局

国别	西班牙帝国	葡萄牙帝国	荷兰共和国	不列颠王国	法兰西帝国	沙皇俄国	奥斯曼帝国	波斯萨非帝国
格局	转衰	转衰	黄金世纪	崛起	强劲	壮大	转衰	转衰
称霸支点	航海家殖民征服掠夺	航海家殖民征服掠夺	东印度公司占商路据点主导全球贸易	东印度公司殖民掠夺	大陆霸权殖民掠夺	欧亚大扩张与掠夺	争霸战争过频中衰败	航路改道致商业衰落

第二章 中印多民族封建国家的兴衰型变

16世纪，与莫卧儿建立印度王朝同期，西方地理大发现、殖民主义兴起，全球化启动，科学思想萌动，人文主义兴起，教会权威逐渐衰弱，现代性因素增长。17世纪，清朝兴建、莫卧儿朝鼎盛的百年契机，也是深伏的百年危机——西方封建制危机与向现代转型。18世纪，欧洲政治与科技革命已成大势，清步入全盛，莫卧儿开始衰崩。若深伏于中印历史的窗口审视：中印王朝兴衰型变何其神似，又何其神离？[①] 把两王朝兴革、承盛、衰崩分成三个明晰的阶段来释读，极富比较意义。

第一阶段（16、17两世纪各20年代起）：从用武力征伐建国统一走向（中央集权为核心的）制度沉淀，形成了军功贵族辅佐幼主的"武功文治"二世王朝。巴布尔和努尔哈赤为代表的封建贵族枭雄，其下层建筑是军功贵族和文官集团，他们都讲武功杀伐的实践理性，造就了百万人血泪与尸骸及废墟的之上的王朝。

第二阶段（16、17两世纪各60年代起）：从统一（中央集权）制度走向幼主（成年后）专制化，建成三或四世封建军事官僚主导的帝国。康熙与阿克巴革除军功贵族和废除武功杀伐的实践理性；实践了专制君主的制度理性，阿克巴建立"曼萨达卜尔"军官品级制度；康熙承袭明朝的宗藩封贡制度。二者实现了经济和人口增长，迎来了制度与经济契机。

[①] 本书未全面梳理魏特夫、拉铁摩尔、巴菲尔德等人关于古代中国华夷分殊的思想。自20世纪60年代费正清提出"中国世界秩序"的"同心圆理论"后，20世纪80年代，美国学者巴菲尔德提出中原王朝与游牧帝国是一个彼此依存的"两极模式"，而周边游牧民族根据自身实力，对中原王朝采用"内疆策略"与"外疆策略"，发展与中原王朝的关系。这对日本汉学者如村上正二等人也有影响。另外，美国近现代汉学或中国古代史研究学者对20世纪90年代形成的新清史学派有重要影响，新清史学派一方面通过直接研究满文档案实现了研究材料的创新，另一方面提出"清帝国不是传统的中原王朝，而是征服王朝帝国"，又实现了理论观点的创新，但本书不细究新清史学派这种创新引来的观点争鸣。

第三阶段（17、18两世纪各30年代起）：奥朗则布和乾隆时代，文化繁荣，人丁兴旺，鼎盛之主都用专制贬低主体民族文化，都在开疆拓土，版图至极，建成了完备的封建（中央集权专制）六世帝国。中印还有封建丛林、扬鞭挥斥的空间和力欲，有行知自信；依靠封贡宗藩体制与征服王朝的余烈"治国平天下"，有制度自信；封建经济的东方优势还有余力，封建国家主体还有体用自信。因此，其对西方商业版图的逐步扩充没有理性预见，疏于防范。

第一节 从武力统一到制度承淀经济恢复

第一阶段是初级型变，即从武力征伐统一建国到制度沉淀与经济恢复的型变。两个王朝在这一阶段大致历时50余年，历经三代君主。莫卧儿王朝历经巴布尔、胡马雍、阿克巴三代君主而崛起：巴布尔在波斯军的帮助下，于1511年10月收复撒马尔罕，崛起并转入阿富汗。1526年，巴布尔在第一次帕尼帕特战役中战胜洛迪苏丹称帝，标志着莫卧儿王朝统治印度的开始。1560年3月，阿克巴开始亲自掌权；1562年，他完全掌握了军政大权，确立了统治地位，标志着莫卧儿王朝由初兴走向强盛。清朝历经努尔哈赤、皇太极、顺治到康熙四代三位君主的帝国营建：1616年，努尔哈赤统领大部女真称汗。1619年（万历四十七年/后金四年），萨尔浒胜明，为后金兴起标志。1669年（康熙八年），康熙帝除鳌拜亲政，开启了清朝的盛世之基。

中印王朝兴起，建成一个完全中央集权的帝国，是政治社会得以稳定的主体担当与保障。由此才能实现封建制度传承与沉淀，促进经济与民生的恢复。因此，从"武力统一到制度沉淀"的初级型变，是从一种社会势力——内亚定居突厥化蒙古藩王集团与辽东农耕民族女真联盟集团，发展成王朝国家，也是社会力量的转型。清朝继承的封贡宗藩模式不同于莫卧儿王朝征服模式，但两者都保持着农耕文化互动联系，并深受其定居生活影响。清朝成为雄踞东亚的老大帝国，比莫卧儿帝国具有更强势、更紧密的国家结构形式，为后世走向鼎盛期时的制度自信奠定了坚实基础。详见初级型变共时相似比较表（表2-1）：

表2-1　清朝与莫卧儿王朝初级型变共时相似比较表

王朝	世纪	起止	君主（生年、在位起止年）				
莫卧儿初兴开国建政	16世纪上半叶	1511—1562	巴布尔 1483 1526—1530	胡马雍 1508 1530—1556	阿克巴 1542 1556—1605		
（后金和）清朝初兴开国建政	17世纪上半叶	1619—1669	努尔哈赤 1559 1616—1626	皇太极 1592 1626—1643	多尔衮 1612 1643—1650	福临 1638 1650—1661	玄烨 1654 1661—1722

一、两位枭雄的武功杀伐缔造王朝基业

莫卧儿王朝与清朝，两个非本国主体民族首领缔造的王朝，享国300余年[①]，打破了"胡虏无百年之运"[②]的片面论断。相对于莫卧儿王朝的缔造者，后金和清的缔造者，开基时间恰巧分别相差90年和100年：1526年，巴布尔征服印度并称印度皇帝；1616年，努尔哈赤称汗建后金；1636年，皇太极称帝建清。缔造者立国前的活动无疑都具有非凡的胆略、志气和魄力。在那个北印度业已伊斯兰化、中国晚明王朝气数渐尽的时代，两个缔造者凭借其个人武功杀伐与制度化实践，最终站稳脚跟，并与前王朝分庭抗礼。

但同时，两位枭雄像历史上所有开国缔造者那样，主要是"武皇帝"性质的奠基者。在丛林般的封建乱世时代，信奉武力与杀人掠地都是不长久但却震慑人心的手段。这是两位枭雄的相似之处。但完全不同和相反的是，巴布尔知书达礼，是一位诗人和察合台文大师，写有《巴布尔回忆

[①] 从王朝缔造者成年后的社会活动生命线算起：从时年28岁的巴布尔借助波斯军于1511年10月收复撒马尔罕，直至1857年王朝灭亡。从1583年（万历十一年）五月24岁的努尔哈赤公开与明朝对抗至1912年。

[②] 原话出自宋濂给朱元璋起草的《奉天讨虏北伐暨谕中原檄》一文。

录》。但他在行政与制度、文教方面却没有精心运筹,死后政局失稳。与此相反的是,努尔哈赤精明用人,其中任用汉族文人范文程最为典型和有重要影响,但对汉族文人多有杀戮,最重要的是创建了八旗军制,治军有方,战斗力较强。

(一)巴布尔:11 岁继位到 28 岁借兵复国,43 岁称印度斯坦皇帝

扎希尔·丁·穆罕默德·巴布尔(1483 年 2 月 14 日—1530 年 12 月 26 日),出生在帖木儿帝国的一个藩国王室家庭,是西察合台的蒙兀儿人。[①]其父乌马尔·沙伊赫·米尔扎,是帖木儿五世孙,是中亚费尔干纳(大宛)的统治者。其母是成吉思汗的后裔。巴布尔 11 岁丧父继位,因此在磨难中较早熟,即位后矢志仿效先辈帖木儿和成吉思汗,统治大帝国。他力挫四方枭雄吞并阴谋,在中亚锡尔河上游称王,统治着费尔干纳。

1511 年 10 月,巴布尔借助波斯军队,收复撒马尔罕,力量崛起并能够顺利转入阿富汗。1525 年 11 月,他率领一支仅 12000 人的"游击军",第三次攻入印度西北部的旁遮普地区,大败洛迪苏丹道莱顿·汗·洛迪守军。1526 年 4 月 21 日,巴布尔率领仅 12000 人左右的征服军征服印度。双方在德里北帕尼帕特遭遇,巴布尔利用骑兵侧翼进攻战术,第四次征服印度。亦即印度历史上第一次帕尼帕特战役。巴布尔之所以能不太费劲地征服印度洛迪王朝,是因为"伊卜苏丹·拉欣是一个没有经验的青年人;他毫未作战斗准备,无论行军和驻扎,都是杂乱无章;无论攻城和野战,都是漫不经心"[②]。

1527 年,巴布尔在亚格拉以西的康努亚村击溃印度诸侯联军。1529 年,又在巴特纳打败比哈尔的阿富汗族首领和伊卜拉欣·洛迪的嗣君,奠定了莫卧儿王朝的基础。1530 年 12 月 26 日,巴布尔死于亚格拉。此后,莫卧儿王朝历经三世,早已视本朝为印度正统王朝,不断开展南征服大计。莫卧儿建政印度的同年,辽东总兵李成梁出生。中印历史黯然巧合于

[①]巴布尔本人并不认同自己是蒙兀儿人,而是以突厥人自居。海答儿. 中亚蒙兀儿史——拉失德史(第一编)[M]. 乌鲁木齐:新疆人民出版社,1983:4.
[②][印]巴布尔. 巴布尔回忆录[M]. 王治来,译. 北京:商务印书馆,1997:464.

此。是时，明王朝江山代有才人出——后世诟病甚多的嘉靖（明世宗朱厚熜）帝登基执政不过五年。正是因李成梁给女真各部供以"封建机制化的造血功能"，建州女真才崛起于白山黑水诸部女真之间。1559年，中国的历史大地上降生了爱新觉罗·努尔哈赤。

（二）努尔哈赤：24岁起兵反明，统一女真，57岁称汗建后金，威服辽东

清朝缔造者女真人清太祖爱新觉罗·努尔哈赤（1559年2月21日—1626年9月30日）出生，两位王朝的开创者生逝际遇于一代人功夫。努尔哈赤的父亲是赫图阿拉（今辽宁抚顺地区）建州左卫都指挥使塔克世。两个王朝的缔造者都是封建时代的世袭贵族出身。不过，巴布尔的藩国王子身世更加显赫，而努尔哈赤的之父塔克世、祖父觉昌安都是明朝边疆官僚，努尔哈赤显然是边疆世袭的官僚世族出身。1574年（万历二年），明辽东总兵李成梁率军数万，攻打王杲（喜塔喇·阿古，努尔哈赤的外祖父，官至建州右卫都督）的寨子，人畜杀掠殆尽。努尔哈赤的父亲塔克世、祖父觉昌安背叛了亲家翁王杲，为明军向导。

1583年（万历十一年），王杲之子阿台为报父仇，屡掠边境。李成梁再率大军出击，取阿台的古勒寨及其同党阿海的莽子寨，杀阿台，尽杀王杲子孙。觉昌安、塔克世再次为明军向导，战乱中被明军误杀。明廷自知对边事失策而理亏，于是归还其祖父和父亲的遗体，并"敕书三十道，马三十匹，封龙虎将军，又给都督敕书"，对努尔哈赤加以恤抚。努尔哈赤复遇额亦都等人旧部拥戴，其所领导下的建州女真部受到明朝边防力量的压制驯服，表面上向明朝竭尽忠顺，实际上是在刻意隐藏本部崛起的野心。

努尔哈赤袭其祖、父，受封为指挥使，用祖、父所遗的十三副甲胄起兵，开始统一建州女真各部的战争。此后相继兼并海西女真人四部，征服东海女真，通过这样的战争与安抚，整合并统一了分散在东北地区的女真各部，形成一个与明朝对抗的大东北统一政权形势。明朝廷边政的战略性短视竟引发此后一个王朝兴起。不能不说，这是一个重大的历史玄机，它一方面暗示的是明朝边疆治理失序与朝政失纲、政治无远见；另一方面则

显示了建州女真人在努尔哈赤的精明与胆略过人的领导运筹下善借时势之东风。1616年2月17日，努尔哈赤在赫图阿拉建大金国（后金），称大汗。两年后，发布"七大恨"檄文，公开反明（同年，莫卧儿朝第六代皇帝奥朗则布出生）。

二、胡马雍二度掌政与皇太极从称汗到称帝

初级转型至少是发生在第二代，因为在打江山的时代，缔造者们将精力主要用于战争或争夺人口与地盘。这正是开国者在中国历史上一贯被称为"武皇帝"的缘由。从1526年到1626年，对于中印历史比较的全局，意味着什么？亚洲在"百年战争"的封建王朝更替往复的老态中，不似英法百年战争打出两个独立民族国家，而是打出两个占各自区域鳌头的封建王朝。

对清与莫卧儿缔造者们的第二代继承者进行比较，胡马雍不如皇太极勤勉、勇武上进与英明雄才。① 胡马雍生在阿富汗，生性喜好中国和波斯艺术，缺乏他父亲所具有的智慧、谨慎以及坚强的决心和坚韧不拔的精神。而皇太极本人有很好的文化素养。1530年12月29日，莫卧儿开国皇帝巴布尔去世，享年47岁。三日后，时年24岁、巴布尔的长子胡马雍（1508—1556）即位。胡马雍本人不善谋划，遇事寡断，终至二度入印称帝，且前后执政不到13年。

莫卧儿入主印度100年后，爱新觉罗·皇太极（1592—1643）继承后金大汗，创建清朝。1626年（天命十一年）8月11日，努尔哈赤因宁远之战失败而病逝，享年68岁。9月1日，时年35岁的皇太极在大政殿即汗位，宣布次年为天聪元年。皇太极开清朝之基，承命建政，1636年（于莫卧儿入印110年的后金天聪十年/明崇祯九年）5月15日，皇太极改元崇德，称帝，定都于沈阳，改名盛京，正式改国号"大金"为"大清"，改族名为"满洲"，建立清朝。皇太极在位17年，为清朝入主中原奠定了坚实的基础。1643年（崇德八年）农历八月九日夜，勤于政务一天的皇太极

---

① 尚劝余. 莫卧儿帝国[M]. 西安：三秦出版社，2001：20.

在清宁宫南炕突然死亡。皇太极从称汗到称帝仅十年，却势如破竹，建立了一个根基稳固且不断壮大的清朝，领土在明清战争中不断扩大。

胡马雍没能稳固其父留给他的基业，1540年，被叛将舍尔沙赶出了印度，辗转流亡波斯15年。1545年5月，其政敌舍尔沙在攻入拉杰普特人堡垒后，因爆炸意外身亡。此后，其国陷入混乱。胡马雍在波斯皇帝塔赫马斯普一世的支持下卷土重来，招募到一支波斯军队，于1545年攻占喀布尔。1555年1月，胡马雍打败了舍尔沙的继承人之一扎培达尔汗，占领了德里，夺回了父皇创立的国家。据说他吸鸦片中毒，1556年因跌倒摔伤而去世。巩固国家的重担落在了他年幼的儿子阿克巴身上。

三、中印王朝的军政主体制度化及其沉淀

清朝在代际制度沉淀上要优于莫卧儿王朝。巴布尔的统治是短暂的，其生前戎马倥偬，忙于战争，无暇沉淀和创新行政制度。而胡马雍时政局不稳，他二度打回印度才坐稳了江山。在客观原因上，主要是莫卧儿人在印度立国较短，仅4年，人心未稳。主观原因则归咎于胡马雍自身的软弱和优柔寡断。胡马雍在其父巴布尔死后，比较优遇他的三个兄弟卡姆朗、阿斯卡里和兴达勒，可是他的弟弟们却很不领情，甚至在他遭遇极端困难时抛弃他。

在他的身上，我们看不到胡马雍有受到其父巴布尔遗传基因影响的痕迹。史学家说，胡马雍虽然知书达礼且喜爱文化，甚至在流亡波斯期间仍潜心研究中国和波斯的艺术，可是缺乏他父亲所具有的智慧、谨慎以及坚强的决心和坚韧不拔的精神。① 这一切在当时的情况下是较为紧迫和急需的。一生忙于流亡和征战的巴布尔虽然在1526年建立了莫卧儿王朝，但他无暇制定新的法律和整顿行政，因而留给长子胡马雍的是一个既不稳固又不完善的政权。直至阿克巴时才有起色。

清朝从皇太极开国建政到入关，原政权实际已历二世之传承与沉淀。

---

① [印]R·C·马宗达，等. 高级印度史[M]. 张澍霖，等译. 北京：商务印书馆，1986：460

由努尔哈赤奠基，皇太极创建清朝，并从其父汗那里传承了关于八旗这个基本军政主体，创建了以中央集权为核心的系列制度。由多尔衮等人摄政，在顺治十八年统治到康熙五十二年（1713年），实现了从武力统一建政、经济破坏向制度传承、沉淀创新与经济恢复转变的新格局。逐步使清朝从地方武装割据政权转型为统领全国和宗藩体制的中央政权，雄踞东亚。

（一）军国主体——八旗制度与莫卧儿军制的创制传承

从王朝共时性相似比拟看，巴布尔与努尔哈赤和皇太极的儿子们极相似，胡马雍与皇太极和顺治父子都统治短暂，但后两者进一步让政权在入关前后站稳脚跟，使本集团转向国家主体构建，为整个王朝的进一步发展奠定了坚实的历史基础。而胡马雍因二度入印，却逊色得多。清朝建立伊始，其制度承继以往较为明显：八旗制度将军政合一，借鉴了辽朝时的"八部大人"制、金朝时的"猛安谋克"制，机构称谓名称有参照明代卫所的总旗、小旗以及朝鲜的三院制。

八旗制度是清朝的兴军建政之国本主体，后金与入关前的国家主体就是八旗制度。努尔哈赤将金朝旧制猛安谋克制结合到牛录制中，建立了八旗制度。在统一女真各部的战争中，取得节节胜利。随着势力扩大，人口增多，他于1601年（万历二十九年）建立黄、白、红、蓝四旗，称为正黄、正白、正红、正蓝，旗皆纯色。1615年（万历四十三年），努尔哈赤为适应满族社会发展的需要，在原有牛录制的基础上，创建了八旗制度，即在原有的四旗之外，增编镶黄、镶白、镶红、镶蓝四旗。把后金管辖下的所有人都编在旗内。

1636年（崇德元年，即天聪十年）四月初八，满蒙汉众官共同推戴皇太极为皇帝，建立了大清。归附皇太极的蒙古人和汉人官兵日益增多，以至八旗无法容纳。于是，皇太极在八旗满洲的基础上，于1635年（天聪九年）建立八旗蒙古（25000人），又于1642年（崇德七年）建立八旗汉军（33000人）。清朝的国家主体是满洲八旗、蒙古八旗与汉军八旗。1644年清军入关时，顶多两万满洲旗人却控制了约两万蒙古旗人、三万汉军旗人。①

巴布尔的军队则主要是多族群混合的雇佣兵共同体。巴布尔军队的主要力量，来源于其过人的纪律和编制——这是巴布尔从其最初的敌人乌兹别克那里学来的。为了加强纪律，巴布尔会采用很残忍的刑罚。精锐的骑兵使用人马具装甲。火炮的威力已经广为人知，而且一些火绳枪已经有足够的威力贯穿同时期的胸甲和盾牌。巴布尔最初的军队规模非常之小，由突厥人、蒙古人、伊朗人和阿富汗人组成。大多数的突厥勇士被称作耶格台，即察合台突厥语中的勇士之意。他们中的军官被称作拜伊。这支部队由他最好的士兵组成，以10人编成一队，并以50人为单位配置一名教官。但大体上，巴布尔的骑兵似乎被编成较大的"土蛮"（tuman），并由土蛮长指挥。这是自成吉思汗时代以来没有发生什么大改动的蒙古军制。1507年，巴布尔在阿富汗最初的军队约2000人以内。但当他第五次征服印度时，有1.5万至2万名兵员。

（二）从努尔哈赤的八旗合议到顺治的君权集中

清朝是中国最后的王朝，由以满洲贵族为主体的满汉官僚联合执政，专制主义中央集权达到了一个很高的程度。清朝政治制度仍是以皇权为核心，既有传统王朝共主性，又有满洲民族特色，维系了267年。

1. 由大汗主持的八旗合议制

努尔哈赤建立后金国之时，满族正处于由奴隶制向封建制转变之际，尚存有浓厚的奴隶主贵族军事民主的理政传统，实行的是军民合一的八旗制度。金国的军国大事，都由诸贝勒等人共议裁决。诸贝勒大都是努尔哈赤的子侄等宗室贵族。因此，政治权力集中于王公贵族，重大决策由这些王公贵族共同讨论决定。努尔哈赤称汗后，以金国汗的身份，制定和颁行了相应的法律，设立了理国政听讼大臣五员，都堂十员。对于各旗上交而来的案件，先由都堂审理，次达五大臣鞫问，再达诸王贝勒。一些重大案

---

① 曲波，清馨. 大清十二帝 [M]. 北京：中国华侨出版社，2013：51.

件，还要由努尔哈赤亲自听讼判决。努尔哈赤既是后金国的最高立法者，又是后金国的最高执法官。

2. 以王权为核心的"议政王大臣会议"的确立

皇太极继承汗位后，积极仿效明朝政治制度，一方面极力扩大后金国的封建统治基础，积极促进从奴隶制向封建制的过渡；另一方面不断打击八旗贵族分权势力，确立和巩固王权。从努尔哈赤时代的政治构建，我们可看出这种转变与正统王朝的不同之处，"议政王大臣会议"是将议政王与大臣同列，都居于大汗权力之下，加大了大汗与一般王公的区别，大汗实权逐渐上升为王权。1629年（天聪三年）农历四月，皇太极设立文馆，命儒臣记注满洲政事。1631年（天聪五年）农历七月，仿明朝制设吏、户、礼、兵、刑、工六部，长官皆称尚书，副长官皆称侍郎，由满洲贵族担任。1636年（天聪十年）农历三月，改文馆为内三院，即内国史、内秘书、内弘文，各置大学生、承政、理事官等员。仿照明制施政，不仅反映了加强王权的需要，还反映了其统治基础的扩大，当时保留着由诸贝勒兼领部务的规定，但各部之下设的承政、参政、启心郎等官职，却已经按照一定的比例，分别由满、汉、蒙的官员充任了。1636年（崇德元年），建立都察院，监察的范围不但包括文武百官，还包括"贝勒大臣骄肆慢上者"。明文规定并保障职司监察的部门和官员有权奏弹贝勒等高级贵族，首次突破满洲贵族政治特权惯例，政治进一步制度化。

皇太极将原八旗旗主贝勒封王，并令除八旗固山额真继续兼议政大臣外，每旗另设议政大臣三员。"议政大臣"之职首次实现抑裁大贝勒们权力、提高议政大臣的地位，将与皇帝地位接近的所有大贝勒权力限制在"大臣"的权力级限之中。清朝宗室贵族中的"王"再无特别议政理政机构，而是由此与八旗固山额真、议政大臣共同议政，形成"议政王大臣会议"。同时，"议政"必须经过皇帝的任命或撤销，因此代表正式职衔，有一定的权力和地位。

理藩院实现从蒙古衙门扩大为宗藩体系的藩属事务管理机构。1638年（崇德三年），理藩院在原蒙古衙门的基础上扩建而成，专门负责管理蒙古及更多藩属事务。还增加和创建了一系列封建国家机关，进一步吸收和采用明朝的法律，开科举，重用汉官和汉族知识分子。使军政权力日益集中于王权。

3. 皇帝直管八旗与中央行政机构的齐全设置

1644年（顺治元年），规定六部尚书及侍郎满、汉各一，实现了一定的权力平衡。增设并立于六部的中央行政机构：大理寺、太常寺、光禄寺、太仆寺、鸿胪寺、国子监、钦天监、翰林院、太医院、理藩院、宗人府、詹事府、内务府、都察院。官分"九品十八级"，每级有正从之别，未入流的上附于从九品之列。

1650年（顺治七年），顺治帝改革八旗制，亲自统领正黄、镶黄、正白三旗，形成了"上三旗"和"下五旗"，八旗不再由不同王公掌握，旗主不再有实权，议政王大臣会议实际演化成议奏会议，参奏机要事件。1658年（顺治十五年）农历七月，清朝将内三院更名为内阁，办理一般性的日常公事。规定内阁由大学士、协办大学士、学士、侍读学士等组成，其成员多由新建立的翰林院官员兼充，大学士分兼殿阁衔，还可兼任六部的尚书或侍郎，其工作内容和办事程序大体上仿照明朝的制度。但由皇帝直接控制的议政王大臣会议和内阁同时存在，不容内阁插手。

四、从"旗田农奴制"向封建地租制转型

莫卧儿建国至第三代阿克巴登基之时，都处于政权未稳的战争状态，1556年1月，胡马雍死后，德里被阿富汗人喜穆侵夺。2月14日，拜拉姆汗等人在卡拉瑙尔的一个花园内，为阿克巴举行了登基典礼，阿克巴遂成为印度皇帝，时年13岁。大权仍掌握在保护人拜拉姆汗手中。北印度大部分地区还在阿富汗人的统治之下。德里苏丹国时期，封建制经济有了进一步发展。阿克巴于1562年颁令禁止把战俘变为奴隶，取消奴隶贸易。1563年，取消了对印度教教徒征收的香客税。① 经济恢复与增长是阿克巴亲政前后才出现的。

清朝初期，入关以前，在努尔哈赤与皇太极的治理之下，辽东经济得

---

① 林承节. 印度史[M]. 北京：人民出版社，2004：171.

到了发展。但入关后,满洲贵族在对转型为全国政权的形势适应上存在生产方式的冲突。而且从社会生产的现实需要上来看,满洲贵族在多尔衮的领导下恣意妄为,肆意圈占土地,这本身就是满人从地方武装割据转型为全国政权后需要整改的。顺治政府先后颁布了几个条例性文件,理顺了经济恢复和发展的关系,促进了全国尤其是北方经济的发展。天下由乱向治的转型尤为突出。

满洲贵族入关抢占胜利果实,最大的欲求是圈占土地,促使生产力恢复缓慢,同时实行民族高压政策,致使人口大量外逃,加之明皇室亲贵覆灭,形成众多无主之地。1644年(顺治元年),顺治帝"设指圈之令。其有去京较远,不便指圈者,如满城、庆都等24州县无主荒地,则以易州等处有主田地酌量给旗人,而满城等处无主地不给就近居民。凡民间坟墓在满洲地内者,许其子孙随时祭扫3年"①。圈地分为三类:①贵族圈给地与关外圈补农地;②贵族圈占京内农地置换京外或瘠薄地的"全换地";③划归贵族和八旗官兵圈占的明室皇庄各州县"无主荒田"。圈地令实施产生了消极的影响,使得生产破坏,民生艰难,赋税锐减。

①恢复明代的地主土地所有权。清朝定都北京之后,顺治帝多次诏令政府,凡为"贼党""霸占"的田业,一定要归还原主,以恢复明朝封建地主的"故业",维护明朝的土地制度。各地方政府也纷纷命令曾分得地主土地的农民归还土地,否则"严惩不贷"。②基本保留明代土地鱼鳞册分类制度。明代土地分官田、民田两类,清朝的土地分类沿袭明制,也分官田、民田两大类。③沿袭明代的黄册赋税制度。清廷入关后,顺治帝颁布诏令,赋税征收悉准明朝万历旧规,完全继承了明朝的服役制度。清初的税种、税率及征收办法总体上承袭明代赋税制。

五、奖励垦荒的经济恢复

莫卧儿王朝到阿克巴时,政府提供贷款以鼓励开垦荒地。阿克巴指令

---

① 所谓"履勘",事实上既不"履",也不"勘",而是"跑马圈地",马力所至就是"从公指圈"范围。

各级官员鼓励扩大耕种面积,保护农民的合法利益,不得任意勒索。对于贫困的农民,要给予帮助,使他们能继续从事耕种。兴修水利受到重视,阿克巴要求各级官员把鼓励农村兴办水利当作一项重要任务去完成。①

清廷入关后,各地不断上报的民生概况反映出晚明以来积弊丛生、民生艰难的情况和顺治政府之忧:"乙酉年(顺治帝)谕天下朝觐官员曰:天下人民,困苦极矣。朕既出之水火,而随与监司守令,共图治平,盖四载于兹。奈明季之积弊难除,风犹煽。有司则贪婪成习,小民之疾痛谁怜,司道则贿赂熏心,属吏之贞邪莫辨……虽婪墨间有纠弹,而奸猾每多。"② 历来改朝换代,战乱历久,新王朝政府都会以奖垦荒、招抚流民的方式恢复社会经济。清初多尔衮摄政时期同样如此,为了解决内忧外患、增加财政收入,调整政策,实行招民垦荒的措施:宣布开放荒地,招民开垦,积极鼓励关内汉族人民出关开垦土地。

当时久历战乱,社会残破,民生窘迫。陕西山阳县向朝廷奏报:"百姓十不存一,钱粮催提如旧,下吏难支?"白河县奏报同样反映出:"于县治地方逐处步行,但见白骨遍地,草木迷天,百十里无熟地一席,鹿豕成群,行一日无居民一家。"可见,民生艰难,因此响应垦荒政策也是非常缓慢的社会反响过程。顺治元年,河南巡抚罗绣锦疏言:"府县荒地九万四千五百余顷,因兵燹之余,无人佃种,乞令协镇官兵开垦,三年后量起租课。"疏下部议,不果而终。

1644年(顺治元年),户部议复山东巡抚方大猷条陈:"州县卫所荒地无主者,分给流民及官兵屯种,有主无力者,官给牛种三年起科。应如所请,仍敕抚按率属实力奉行,报可。"③ 1653年(顺治十年)则颁布了《辽东招民开垦例》,按招民的多寡,授以大小官职,并发给移民耕牛、种子、口粮等,以破格奖励和优待的办法,鼓励关内汉族人民出关开垦。还逐年

---

① 林承节. 印度史 [M]. 北京:人民出版社,2004:174—175.
② 清世祖实录(卷二十九,顺治四年正月至二月)(影印版) [M]. 北京:中华书局,1988:251.
③ 清世祖实录(卷十一,顺治元年十一月癸卯)(影印版) [M]. 北京:中华书局,1988:11.

叠加优典。1669年（康熙八年），垦荒屯田等已成为国家要务，禁圈地谕称："比年以来，复将民间房地圈给旗下，以致民生失业，农食无资，深为可悯。自圈占民间房地永行禁止。"① 奖励垦荒，兴修大规模配套水利设施等。改逃人法，改革赋役制度等。

表2-2 垦荒谕令制表

任务/奖惩 职衔/级别		任务达标	绩效优异	惩罚治罪（范围）	
		记功备案	晋升一级	贪图谋官谎报者	垦荒不种复荒者
1	总督/巡抚	2000顷以上	6000顷以上		
2	道台/知府	1000顷以上	2000顷以上		
3	知州/知县	100顷以上	300顷以上		
4	卫所官员	50顷以上	100顷以上		
5	文武乡绅	50顷以上	现任者记功致仕者给匾旌奖		
6	贡生/监生/地富	开垦本主地无力垦者由政府招民开垦颁发印照定为永业田			

1649年（顺治六年），鼓励农民垦荒谕令规定："无主荒田，州县官给印信执照，开垦耕种，永准为业，耕至六年之后，有司官亲察成熟田数，抚按勘实，奏请幸旨，方议征收钱粮。"② 即凡参与垦荒者，垦田归己所有，六年之后才纳赋服役。1657年（顺治十四年），又重新修订和颁布了更为详细的垦荒劝惩条例③，根据条例列表可以清晰地看到详情如表2-2所示。

从垦荒谕令量化表里，我们可以清晰地看到，清廷把垦荒与官员考核和民生生计紧密结合起来，同时赏罚分明，有利于鼓励垦荒，契合政治进步与民生亟需。下令各级地方官员亲自主持"劝垦荒田之典"，先树模范，激励践行，还有惩戒治罪措施，以示垦荒重视和奖惩明信，重建官民关

---

① 林铁钧，史松. 清史编年·第二卷（康熙朝·上）[M]. 北京：中国人民大学出版社，1988：110.
② 清世祖实录（卷四十三中，顺治六年四月壬子）（影印版）[M]. 北京：中华书局，1988：17—18.
③ 清世祖实录（卷四十三中，顺治十四年四月壬午）（影印版）[M]. 北京：中华书局，1988：16—17.

系。人口增长则十分缓慢。人口基数（人丁数）在1620年（光宗泰昌元年）时是5165万人，至1661年（顺治十八年）减少到1920万人。1711年（康熙五十年），人丁数才增长至2462万人。①

第二节 在时地优势与增长中建成多民族统一帝国

第二阶段是中级型变：因中印经济在地缘和时局的优势契机中得到增长，中印都在第三代时开启了盛世之基。阿克巴与康熙先后从幼年君主依托权臣的（中央集权的）局势下加强皇权专制，促进宗藩封贡会盟制度化与内亚征服制度化，建成制度完善的帝国。两位君主不但有武功杀伐的东征西讨，而且以其制度理性（强人领导，集力治理），实现了经济和人口增长，营造了亚洲全球化前集权帝国的最后红利，出现新契机。两大帝国雄居一域，享有200多年陆上优势的最后辉煌。这一时期的欧洲，"并不管欧洲的军事有什么优势，因为我们必须记住，这一军事优势，只是海军优势"②。

表2-3 两朝中级型变共时相似比较表

稳固创制建成	17世纪全	1605—1707年	阿克巴 生于1542年 于1556—1605年在位	贾汉吉尔 生于1569年 于1605—1627年在位	沙贾汗 生于1592年 于1628—1658年在位	奥朗则布 生于1618年 于1658—1707年在位	巴哈杜尔·沙 生于1643年 于1707—1712年在位
	18世纪全	1713—1793年	康熙玄烨 生于1654年 于1661—1722年在位	雍正胤禛 生于1678年 于1722—1735年在位	乾隆弘历 生于1711年 于1735—1799年在位	嘉庆颙琰 生于1760年 于1796—1820年在位	道光旻宁 生于1782年 于1820—1850年在位

---

①杨子慧，张庆五. 中国历代的人口与户籍[M]. 天津：天津教育出版社，1991：97.
②[美]沃勒斯坦. 现代世界体系（第1卷）[M]. 罗荣渠，等译. 北京：社会科学文献出版社，2013：421.

一、中印经济在地缘和时局的优势契机中增长

在南亚，从 1562 年起，阿克巴以印制印，与印度教拉其普特人联姻制衡不服的拉其普特人。到 1601 年攻陷阿西尔伽尔城，阿克巴在莫卧儿帝国境内建立起一套有效率的管理机制，遏止了国家的分裂，促进了经济繁荣。在东亚，1661 年，清军灭掉南明，完全占领西南地区，并迁移湖广人口填川。清廷奉行奖励垦荒、减免捐税的政策，并且正式开科取士。直至 1721 年，平定西藏。两位君主先后开创了盛世大业。然而，这是中印当时所处的地缘优势与格局的"天时地利"的成全。

印度陆上通道自古一直有开放着的门户旁遮普。兴都库什山脉最大的开伯尔山口，是南亚连接西亚、中亚的最重要通道。历史上的入侵者雅利安人、波斯人、希腊人、蒙古人和阿富汗人都经此南下侵扰。因此，马克思才说：印度的历史"不过是一个接着一个的入侵者的历史"。"这里是外界通向印度的主要门户，注定要成为征服者永远的战场和第一个立足之地。"[①] 不同文明的冲突与融合首先发生在这里。西方对印度的了解，始于公元前 6 世纪末，波斯国王大流士一世征服印度河平原，以及公元前 327 年亚历山大东征侵入印度。新航路开辟也正是为了寻找与印度直接贸易的途径。

中国则有长城边关，与印度陆上开放性相反，但却可以通过汉代兴起的丝绸之路实现陆上贸易往来。北部边疆一直是游牧民族南下的广袤通道，中国修建长城来防御北方游牧民族的入侵。从太平洋到帕米尔高原，又从帕米尔高原南下，到达分隔中国与印度的高寒地带，这个范围包括满洲、蒙古、新疆和西藏。这是亚洲中部的隔绝地域……有的时期，中国大陆有着很清晰的分界线。若干世纪以来被认为是人类最伟大标志的长城，就是中国历史的这种象征。[②] 最早在西周，就设立了具有边疆防御功能的

[①] Khushwant Singh. A History of The Sikhs, Vol. I: 1469—1839 [M]. Princeton University Press, 1963: 13.
[②] [美] 拉铁摩尔, 唐晓峰. 中国的亚洲内陆边疆 [M]. 南京：江苏人民出版社, 2010: 3.

烽火台。春秋战国诸侯争霸促使各诸侯沿国界所限边缘修筑长城。秦灭六国、实现统一后，连接和修缮战国长城，才有万里长城。而明长城是海权战略突显下最后的大规模陆防工事。

在让帝国走向繁荣的格局下，全球范围内，早期殖民者与整个世界历史性的海上活动日趋频繁。且尚有融入殖民分工体系中获得相对优势的机缘。莫卧儿人建国也是西方殖民征服不断扩大的同时代，葡萄牙人与荷兰人最早打开印度这个东方第一锁链。莫卧儿帝国注意保持一支庞大的常备陆军来捍卫它的政权，但忽视了建立一支强大的海军来保护它的海岸的重要性。170多年（1498—1668）长时段与西方接触，"印度柚木森林作为在果阿的造船厂建造船只的木材供应者似乎在某种程度上被并入了欧洲世界经济体"[①]。西方殖民者在印度海岸和港口进行贸易，加之海盗抢劫活动，使印度融入其中，但印度尚处于优势地位。

中印在本阶段帝国日盛，在对外贸易中处于优势地位。17世纪末，印度一度控制整个印度洋的大宗商贸交易，而这个世纪的西方在不断蚕食鲸吞印度沿岸线上易于设港贸易的港口土邦和据点。我们清楚地看到，17世纪期间，亚洲在国际贸易上的优势地位依然显著。[②] 这既是契机，也是使两国开海兴商或限洋自强的导向趋向迷失的诱因。欧洲人忍受着东亚与南亚的优势经济压制的时日在逐渐减少。从亚洲到里斯本的最大宗进口货是胡椒和香料……亚洲的产出量在这一世纪中增加了一倍。反过来，亚洲从欧洲得到的基本是银块和金块……亚洲这时还不是欧洲世界经济体的组成部分，因为从1500年到1800年，欧洲与亚洲国家的关系通常是在亚洲诸国制定的框架中和条件下维持的。除了那些生活在少数殖民据点的欧洲人

[①]［美］沃勒斯坦. 现代世界体系（第2卷）[M]. 吕丹，等译. 北京：高等教育出版社，1998：426.

[②]孙义飞，王晋新. 多元化、多样化、拓展化与开放性——西方学术界"17世纪普遍危机"论争及其启示[J]. 安徽史学，2006（1）."开始逐渐摆脱传统的社会转型或文明转型理论，转而寻找'第三条道路'，如布罗代尔倾向的长时段循环模式、勒鲁瓦·拉迪里等人推崇的生态学和人口学的模式等等。"

以外，欧洲人在哪里都处于勉强忍受状态。①

17世纪中叶起，由于尚未统一明郑台湾，台湾在社会经济领域与明郑的互动活跃。而印度则一直保持着开放状态，招引了西方早期殖民活动的到来。中印的契机若现。阿克巴及其子贾汉吉尔（1605—1627年在位）、孙沙·贾汉（1628—1658）在位时，印度国势日盛。从1594年到1720年，全国耕地面积由1.27亿比加增加到2.78亿比加，增长了118%。② 17世纪初，印度人口约13500万人。③ 在中国，清代从1662年（康熙元年）至1734年（雍正十二年）的72年间，人丁增长了37.6%，田地增长了67.6%，赋额增长了8.8%。④ 1713年（康熙五十二年），康熙帝宣布"盛世滋生人丁，永不加赋"，标志着丁口入田赋的税制对于明朝税制的传承与发挥，国势走向强盛。

二、两位青年英主革黜权臣专政与向皇权专制转型

中印到第三代皇帝时出现相似转型，即加强中央集权和实行皇帝专制，实现开明君主的励精图治，进而促进经济增长。其内部动因，一方面是随着主体民族汉族与印度教教徒参政官员的增加，国家统治基础和官僚队伍壮大后，必须依靠更加理性的封建制度维系内部驱动；另一方面是少年皇帝长大后，意识到本人无权无威的艰险政局，必须尽快结束武将治国的粗暴方式。改革前代武人治国制度，使之转型为封建集权专制的制度本体。依靠封建制度理性，行知致用，坐稳江山。

阿克巴（1542—1605）与康熙（1654—1722）生年相差112年，但都是将帝国推向鼎盛的宽仁之主。中印都在第三代君主时开始走向盛期，这归功于两位青年英主雄才，改革了三朝元老当权辅佐、把持朝政的局势。

---

① [美] 沃勒斯坦. 现代世界体系（第1卷）[M]. 罗荣渠，等译. 北京：社会科学文献出版社，2013：421.
② 林承节. 印度史 [M]. 北京：人民出版社，2004：182.
③ 林承节. 印度史 [M]. 北京：人民出版社，2004：174.
④ 人丁数据依据《清实录》，田地和赋额依据：彭雨新. 明清两代田地、人口、赋额的增长趋势 [J]. 文史知识，1993（7）.

拜拉姆与鳌拜代表的都是打江山时代军政体制下以武功杀伐论军功的顾命武臣,他们恰恰是君主坐江山实现天下大治,所要革除的武将当权的军功贵族体制下桀骜不驯的权臣。两位青年英主均在其父短暂当政后年少继以大任,后罢黜权臣,促进辅政体制转型为皇帝的集权专制。在文化专制上,康熙不如阿克巴那样开悟和宽怀。但两者都有罢黜权臣亲政后励精图治,使帝国延续并创造辉煌的成就。

(一) 阿克巴废除拜拉姆的"保护人专制"

拜拉姆(？—1560),是效力于波斯国王的土库曼人,随波斯军队援助巴布尔并在其旗下做官,因勇猛机智和忠诚,成了胡马雍的波斯总顾问和阿克巴的保护人。在胡马雍逃到波斯时,拜拉姆因故国关系,成为他的总顾问。胡马雍在昆达哈尔和西尔兴德的胜利,都归功于忠实而富有才干的拜拉姆。在胡马雍去世后,政权就由拜拉姆汗把持,拜拉姆实际成了莫卧儿的相国。

拜拉姆领导了印度历史上重要的第二次帕尼帕特战役,夺回了德里。拜拉姆在胡马雍去世后面临着很严峻局势,首先是德里再度失陷。苏尔王朝(阿富汗普什图人)舍尔汗的后继者势力分裂内争,其长子阿迭尔属下的印度教将军喜穆乘机攻占德里。其次是喜穆随后在卡耳皮和坎奴附近打败易卜拉欣·苏尔,成为莫卧儿王朝角逐北印度的重要威胁。据守旁遮普的拜拉姆自知力量悬殊,却勇敢地前去迎击喜穆。战前,他作了一次激昂慷慨的演讲,驱散了失败主义的阴云,从而在旁遮普取得了决定性的胜利。① 1556年11月5日,喜穆率5万骑兵及战象千余头,与拜拉姆率领的1万骑兵会战于帕尼帕特。喜穆在战斗中被流矢射中眼睛,其部队失去指挥,仓皇溃散。拜拉姆率兵乘胜追击,大败喜穆军,并擒获喜穆,夺回了德里。

但是,在帕尼帕特战前,拜拉姆处死军队中抵抗喜穆不力的将领塔尔提·培格,的确树立了军威,强化了军纪,又以少胜多打了胜仗而获得了

---

① [印] 恩·克·辛哈,阿·克·班纳吉. 印度通史(全4册)[M]. 北京:商务印书馆,1973:576.

个人威信。此后,拜拉姆和胡马雍的外甥女萨利玛公主结婚,在权势增长后更加专横。1558—1559 年,拜拉姆指派什叶派的沙伊克·加台担任"萨德尔—乌斯—萨德尔"(所有司法官员的首领和对教会及慈善机关授予土地的管理人),冒犯了塔尔提·培格和沙·艾卜勒—马利等正统逊尼派官员,引起了宫廷集团反对拜拉姆暴虐独裁的暗流激涌。1560 年,年满 18 岁的阿克巴向拜拉姆请求给一笔用款,遭到拒绝,更加怨恨拜拉姆把持朝政。

1560 年,在包括阿克巴母亲哈米达·巴努公主、乳母马哈姆·阿那伽等在内的亲族集团的劝诱下,阿克巴想要亲政,于是让拜拉姆汗到麦加朝觐。拜拉姆汗服从了,但阿克巴派遣的皮尔·穆罕默德·舍万尼傲慢地驱逐了他。深受排挤和侮辱的拜拉姆叛变,在查兰达附近战败被俘。不过,阿克巴宽恕了他,仍允许他以合乎其身份的排场到麦加去。拜拉姆在去麦加的途中,在古吉拉特被一个阿富汗人刺死(1561)。[①] 此后,宫廷充斥着穆斯林和印度教教徒的敌视与内斗,但阿克巴采取合作与制衡策略培养了几位忠诚的大臣"瓦齐尔",任用一批穆斯林贵族和印度教官吏共同管理行政和军事,既消弭二者的矛盾,又培植了拥戴自己的力量。1562 年,阿克巴亲自处理行政、军事大事,确立了以他为核心的君主专制。

(二)康熙智擒鳌拜后亲政

鳌拜(?—1669),清初权臣,出身瓜尔佳氏,苏完部族长索尔果之孙,以战功封公爵,顺治朝遗嘱的顾命辅政大臣之一。鳌拜早年曾追随皇太极攻察哈尔部、征朝鲜,均有战绩。1637 年(崇德二年),鳌拜响应阿济格"声东击西、两路进击"之策,领精锐以轻舟快进攻下皮岛,晋爵为三等男,赐号"巴图鲁"。鳌拜于松锦会战再建奇功。1641 年(崇德七年)6 月,鳌拜升为护军统领。随后,鳌拜在追击大顺和大西农民军时又居首功。鳌拜战斗骁勇而忠心耿耿,在皇太极逝世后的争位斗争中,因多尔衮而三受罪责。顺治亲政后,闻知鳌拜忠勇可嘉,视其为重臣,让他直接参

---

①[印] 恩·克·辛哈,阿·克·班纳吉.印度通史(全4册)[M].北京:商务印书馆,1973:581.

与国家各类事务的管理。

1661年（顺治十八年）正月初八，福临去世前立下遗诏，指定由皇三子玄烨嗣位，以索尼、苏克萨哈、遏必隆、鳌拜为辅政大臣。于是，恰巧在拜拉姆擅政100年后，相似的政局出现。鳌拜比拜拉姆，罪在擅权之外结党营私，有三事可鉴：

第一是利用权力诛杀小皇帝康熙身边的侍卫及其家族，引起玄烨痛恨。康熙亲近侍卫倭赫（费扬古之子），招致鳌拜记恨。1664年（康熙三年）四月，鳌拜以倭赫等人擅自骑用御马弓矢的罪名，株连其处死，又以"怨望"罪名，株连其父费扬古，兄弟尼侃、萨哈连，将没收的家产转予胞弟穆里玛。第二是鳌拜制造"京畿圈地案"（1644－1645），罗织罪名处死汉族大臣。这与拜拉姆引起教派之争相比，更罪大恶极。鳌拜对户部尚书苏纳海、直隶总督朱昌祚、巡抚王登联三人违拗自己提出的换地要求极为恼怒，未得康熙允许，竟矫旨将三人处死，并强行换地。第三是鳌拜凭借前半生的军功，专横霸道，打击苏克萨哈。1667年（康熙六年）六月，索尼病重，劝诫玄烨仿照其父福临，14岁亲政。同年七月，康熙亲政，仍命辅臣佐理政务。苏克萨哈便上疏引退，致鳌拜记恨，给苏克萨哈罗织了"心怀奸诈、欺藐幼主"等24项罪名。康熙无力保全苏克萨哈及其族人性命，皆被鳌拜凌迟、族诛。

此后，鳌拜更加肆无忌惮，为所欲为。鳌拜与康熙之间的矛盾急剧上升。于是，康熙在黄锡衮、王弘祚等大臣的支持下，主政定计，于武英殿智擒鳌拜，命议政王大臣等审讯。审实宣布鳌拜30条罪状，应革职、立斩。但鳌拜以居功至殊，苦求觐见康熙，让康熙亲睹他为救皇太极而留下的累累伤疤。康熙感念鳌拜屡立战功，资历深厚，查无篡弑之迹，确系忠勇之臣，予以免死，禁锢于囚牢。其党羽则或革职或处死。1669年（康熙八年），鳌拜在禁所死去。

三、两位君主都北战南征，建成多民族统一帝国

康熙与阿克巴都曾征战四方，建成了统一国家。两位皇帝都活了60多岁，都把一个非主体民族或宗教的多民族/宗教国家引领到一个政治共主

的集权帝国上来。这既是对完颜氏金王朝（1115—1234）与帖木儿帝国（1370—1507）的超越，又是对蒙元王朝（1206—1368）的大突破，为本族生命力正了名。16世纪下半叶到17世纪中叶，康熙王朝走向兴盛，而莫卧儿朝则已经到达鼎盛，中印经济在此期增长较快。清与明、南明从"地方割据政权"向中央政府的"国内斗争"转换，而莫卧儿朝则面对着阿富汗苏尔王朝与波斯更为复杂的国际关系。两位君主在晚年都遭遇了王子夺位之争，具体各有四阶段，详见表2-4。

表2-4 阿克巴与玄烨建成帝国相似比较表

印度—莫卧儿朝			中国—清朝		
穆罕默德·阿克巴 （生于1542年，1556—1605年在位）			爱新觉罗·玄烨 （生于1654年，1661—1722年在位）		
印度共主16世纪后半叶—17世纪初			中国共主17世纪后半叶—18世纪前期		
1556年	15岁	登基—帕尼巴特战争	1661年	8岁	登基
1560年	19岁	娶斋普尔王之公主	1663年	10岁	丧母
1562年	20岁	亲政，罢黜拜拉姆	1667年	14岁	亲政
1568年	27岁	破拉其普特要塞齐图	1669年	16岁	罢黜鳌拜
1570年	29岁	平定（印度教）拉其普特	1674年	20岁	平定（汉族）三藩
1572年	31岁	平定古吉拉特叛乱	1683年	30岁	统一台湾
1575年	34岁	平定孟加拉叛乱	1686年	33岁	驱逐沙俄
1579年	38岁	宣布自己为正义之王	1689年	36岁	勘定清俄边界
1580年	39岁	请牧师布道引孟比叛乱	1691年	38岁	多伦会盟：蒙古行盟旗制
1582年	41岁	任托达尔·马尔改革税制	1696年	43岁	亲征噶尔丹昭莫多之战
1585年	44岁	西北兼并克什米尔	1698年	45岁	西北征噶尔丹破准部
1587年	46岁	灭乱喀布尔的阿富汗人	1703年	50岁	治理黄淮工程初步竣工
1597年	56岁	长子叛乱复坎大哈	1712年	59岁	九子夺嫡，宣布永不加赋
1601年	60岁	夺德干阿城｜长子自立	1720年	67岁	赴哈密驻西藏｜四子自立

(一) 阿克巴的征服统一大业与专制形成

莫卧儿王朝在帕尼帕特战役打败喜穆后攻占了德里,但领土与势力还仅限于德里和亚拉格两座城市以及奥德一部分地区,以中亚蒙古—突厥人为主体伊斯兰教贵族,得到波斯人、阿富汗人、北印度教王公的支持。阿克巴 18 岁亲政后,开始先北后南的北征南战,统一印度大部。但莫卧儿朝是一个穆斯林王朝,想统一人口占优势且各不相属的印度教拉其普特人,必须恩威并举,逐一征讨。这一过程可分为 4 个阶段:

第一阶段(1562—1570):主要是争取与威服印度教拉其普特人的势力。主要敌人是印度西部拉贾斯坦境内的拉其普特人。阿克巴较开明的政策惠及愿臣服的拉其普特人,免除人头税、尊重印度教庙宇、废除陋习等,争取了人心。1562 年,阿姆培尔(今斋普尔)拉其普特王公比哈里·乌尔归顺,两个王子受到重用。阿克巴还娶了他的女儿。这桩政治婚姻利于穆、印两教共处。随之引发群归效应,阿克巴任用归顺的拉其普特酋长们为"曼达尔沙"(军事首领)。拉其普特骑兵增至帝国骑兵的三分之一。武力征服顽强抵抗的部分拉其普特人。1567 年 10 月到 1568 年 2 月,阿克巴攻下拉其普特人的要塞——齐图。阿克巴的战略战术与指挥能力充分得以体现,但他却领军大规模屠杀非战人员。1570 年又攻占两处要塞,基本上消除了拉其普特势力。

第二阶段(1572—1575):主要是镇压叛乱,整合统治秩序。1572 年,应总督伊马德汗请求,阿克巴出兵镇压古吉拉特王国内乱。1573 年,将古吉拉特纳入莫卧儿管辖。再次引发叛乱,阿克巴率 3000 骑兵千里奔袭,平定数万叛军。1575 年,阿克巴宣布独立孟加拉王公。1577 年,镇压比哈尔驻军队哗变。

第三阶段(1587—1594):消灭阿富汗入侵军队和扩张领土。1587 年,阿克巴派军攻打骚扰喀布尔的阿富汗人,全军覆没,后另派了一支部队才将之消灭。1591 年,阿克巴侵入信德南部;次年,征服逃到奥利萨的阿富汗军残部。1594 年,夺回波斯侵占的坎大哈。

第四阶段(1585—1587):兼并克什米尔。除恢复巴布尔的帝国疆界外，还扩张到印度西部，巩固了那里的统治。

阿克巴废除了印度教教徒的朝拜税，让印度教教徒和穆斯林享有宗教信仰自由。还将穆斯林大贵族的采邑（贾吉尔）收归国有，改付他们以薪金。阿克巴废除德里苏丹时的包税制度，加强了中央集权，并增加了财政收入。他对外积极开拓领土，实行宗教宽容政策。但也有征服过程中屠杀过重、形象晦暗的历史印记。随着莫卧儿王朝的兴起……16世纪，这些新皇帝们把次大陆的多数地区都纳入了自己的统治之下。他们的推进是与一种史无前例的人口和经济的高涨相一致的。这一高涨把人口总数从1500年的1亿人提高到1650年的1.45亿人。① 阿克巴享年63岁，当时的莫卧儿帝国东起布拉马普特拉河，南至戈达瓦里河，西至喀布尔，北抵克什米尔，成为一个庞大的帝国。

（二）康熙建立起多民族统一帝国

康熙建立起的多民族统一帝国由王朝国家初级形态转向封贡帝国的中级形态。康熙8岁登基，14岁亲政，在位61年。他少年时就挫败了权臣鳌拜，加强了专制基础。但中央政府仍处于危机四伏中：南方"三藩"割据渐离，东南明郑占据台湾，西北卫拉特蒙古准噶尔部独踞，东北沙俄欲觊觎和入侵。先南后北，康熙用20多年大规模"南征北战"，实现了帝国统一，先后经历4个阶段。

第一阶段：扫南明（1661—1664），平三藩（1673—1681）。坚决以武力消灭南明。1661年（顺治十八年/永历十五年/康熙元年）9月，清军分两路追击南明永历帝朱由榔；12月，朱由榔为前锋吴三桂部入缅所获；次年6月，朱由榔及其子在昆明被处死；7月，安西王李定国在勐腊闻讯，忧愤病逝。仅剩夔东十三家与在台的郑成功。1662—1664年，夔东十三家军被绞杀。"三藩"是清朝进入山海关后扶植和封授的三藩王：云南平西王吴三桂、广东平南王尚可喜、福建靖南王耿精忠。康熙年间，三藩成了影响清廷安危的历史遗留问题。1673年（康熙十二年）3月，康熙帝就尚

---

① [英]麦克伊韦迪，理查德·琼.世界人口历史图集[M]陈海宏，等译.北京：东方出版社，1992：213.

可喜请旨撤藩廷议，深思"三藩久握重兵势大必反"之利害，遂决定"撤藩"。吴三桂才花甲年岁，想继续享受云南"独立王国"之天福，佯请圣旨撤藩，康熙帝顺水推舟地同意了，三藩之乱由此而起。1673年11月，吴三桂在云南公开反清，擅杀巡抚朱国治，四处发布反清复明的檄文。1674年，进攻湖南引发群反效应：四川巡抚罗森、广西将军孙延龄等地方大员，以及福建耿精忠、陕西提督王辅臣、广东尚之信等相继反清。数月后，滇、桂、闽、湘、川、黔六省尽失。

康熙帝采取分化方针：主攻吴三桂，招抚其他叛军，分削其势。于是，命勒尔锦等统领大军至荆州、武昌堵截吴三桂势力，且重点进攻湖南；又命安亲王岳乐由江西赴长沙夹攻；并重用汉将、汉兵参战。1676年（康熙十五年）后，王辅臣、耿精忠和尚之信先后投降。1678年（康熙十七年）3月，吴三桂在衡州称帝，国号周，大封诸将，但在清军围困长沙后急转守势，已无力回天，遂忧愤成疾，于8月病死。诸将立其孙吴世璠继位，退守云贵。湘、桂、川等省复清。1681年（康熙二十一年）冬，清军攻入昆明，吴世璠自杀，三藩平定。

第二阶段（1681—1683）：统一台湾。1681年（康熙二十年）郑经中风病逝后，政局动荡，12岁的郑克塽继任延平王，大权为冯锡范、刘国轩所掌。1683年（康熙二十二年），福建总督姚启圣识破攻台时机，向康熙帝推荐施琅。施琅受命为福建水师提督，在澎湖之战大败刘国轩率领的郑氏海军。延平王郑克塽降清，明宁靖王朱术桂携五妃自杀殉国。1683年（康熙二十三年），清廷在台湾设一府三县，即台湾县（今台南）、凤山县（今高雄）、诸罗县（今嘉义），隶福建省。并在台湾设巡道、总兵各一员，副将二员，兵八千；在澎湖设副将一员，兵二千，加强了中央对台湾的管辖和集权。

第三阶段（1683—1689）：逐沙俄，勘定清俄边界。清军入关后，边域失顾，沙俄侵略军趁势曾多次入侵黑龙江流域，烧杀抢劫，蚕食边域。1683年（康熙二十二年）9月，清廷勒令沙俄侵略军撤离雅克萨等领土，俄军未撤离。1686年（康熙二十五年）8月25日，清军在雅克萨的城西河上派战舰巡逻，以断其外援，在城南、北、东三面掘壕围攻。俄国摄政王索菲亚公主急忙向清廷请求撤围，遣使议定边界，清廷应允。1689年（康熙二十八年）7月24日，双方缔结了《尼布楚条约》，规定以额尔古纳河—格尔必齐河—外兴安岭为中俄两国东段边界，黑龙江以北、外兴安岭以南和乌苏里江以东地区均为清朝领土。①

第四阶段（1687—1698）：西征漠北，巩固西北。清初，西北蒙古发展成与清朝亲疏不同的三大部和诸小支落，漠北喀尔喀蒙古（扎萨克图、土谢图、车臣三部）和漠西厄鲁特蒙古（准噶尔、和硕特、杜尔伯特、土尔扈特四部）与清朝关系密切，已归统于清的漠南蒙古。1688年（康熙二十七年），噶尔丹在沙俄的策动下，亲率骑兵三万占领整个喀尔喀地区。1698年（康熙三十六年）2月，康熙再次亲征噶尔丹，将其打败。噶尔丹众叛亲离，病死。漠北喀尔喀地区纳入清朝版图。此后，噶尔丹之侄策妄阿拉布坦又在沙俄的支持下，于1717年（康熙五十六年），攻占拉萨，杀拉藏汗，在卫藏建立统治。康熙及时派兵进藏协同藏军围剿，将准噶尔势力赶出西藏。

康熙帝三征噶尔丹获胜，创立"多伦会盟"，联络蒙古各部；确保清朝政府在黑龙江的领土控制。加强中央集权；注意休养生息，发展经济，笼络汉族士人。疆域东起大海，西至葱岭，南到曾母暗沙，北达外兴安岭，西北到巴尔喀什湖，东北到库页岛，总面积为1300万平方公里，1721年（康熙六十年）人口增至3亿。

四、阿克巴与康熙"教俗集权专制"及励精图治

在莫卧儿与清朝的中央集权与皇权专制上，两个王朝的第三代皇帝极其相似，虽然先后相差100年，但其历史作用是共通的，而又有所不同。他们采取的政治、军事等措施在总体上都表现出了皇权与教权、政治与文化的话语权掌握必须集中于专制君主的特点。这种权力的掌握对于这两位开明君主来说，给予后世以重大的契机，虽然前后相隔100余年。

---

①刘德喜.论尼布楚条约的历史意义[J].新远见，2008（9）：30—42.

(一) 阿克巴宗教宽怀与集力治理，帝国政通人和

1. 革除种姓陋习。阿克巴善于革陋布新，废除印度教的某些陋习，并进行文化教育改革。多次下令取缔印度教落后的传统风俗，废除如童婚、嫁妆、神灵裁判寡妇自焚殉葬（萨提）等制度。

阿克巴统治时期，莫卧儿帝国政府设立学院和公立小学，并对课程进行了改革。阿克巴统治时期标志着学校和学院教育制度的一个新时代。① 这些使社会生活有了进步。阿克巴利用其个人的政治威望，统一各宗教，整合各种姓人群，依靠自己的创教活动来弥合诸宗教的矛盾。宗教宽容政策得到大多数印度教教徒的支持，促进了印度各种文化的融合。使各教在政治上共同支持统一君主的执政意志。

2. 创教合众（1565—1582）。阿克巴为扩大王权，主张教权必须服从政权，宗教应该为加强君主专制权力服务。② 阿克巴是一位宽仁厚德的伊斯兰苏菲派教徒。他本人对于宗教问题不存成见，因而采取宽容态度。③ 印度本土宗教有婆罗门教、耆那教、佛教、印度教、锡克教、祆教、犹太教和巴哈伊教。基督教兴盛于葡萄牙和英国殖民时期。1565年，阿克巴废除对非伊斯兰教教徒征收的人头税。1576年，阿克巴采纳大臣建议，在法特普尔·西克里修建了一座礼拜堂（信仰之殿），遴选各种宗教思想的代表参加宗教辩论，并亲自主持辩论会，以促进各教的政治共识。④ 1579年9月，阿克巴宣布自己为"苏坦尼·阿迪尔"（意为"正义之王"），是伊斯兰法的最高解释者。

1580年，阿克巴招请基督教牧师布道，引发孟加拉、比哈尔穆斯林贵族叛乱。阿克巴坚决地镇压了叛乱，继续推行宽容的宗教政策。为了统一各宗教，特别是缓和印度教和伊斯兰教之间的矛盾，1582年，阿克巴创立

---

① 尚劝余.莫卧儿帝国 [M].西安：三秦出版社，2001：84.
② 尚劝余.莫卧儿帝国 [M].西安：三秦出版社，2001：66.
③ [德]马克思.印度史编年稿（664—1858）[M].张之毅，译.北京：人民出版社，1957：33.
④ 与传教士对比，两年后的1578年9月13日，利玛窦到达印度果阿和柯枝，学习神学并教授学生人文科学。

新教——"丁-伊-伊拉黑"（意为"神圣宗教"），由他担任最高教主，以一神论为教义，主张素食，在社会上对一切人行"善"，崇拜太阳，等等。新教糅合了伊斯兰教、印度教、基督教和拜火教的教义。由于教徒是精心挑选的，据说包括阿克巴在内仅18名，表明新教只是皇帝的高级思想研习部。

3. "曼萨卜达尔"军事品级制度的建立。莫卧儿帝国军队实行品级"曼萨卜达尔"制度，即各品级的军官制。由于没有正规的营团制度，作战单位的指挥权集中在各级军官手中。曼萨卜达尔官位紧扣其所领有的札吉达尔军事采邑。由此形成官僚贵族阶层，军官职位和帝国官职是按照同一的"曼沙达尔"制度设立的。"曼沙达尔"们自己募集由他们指挥的军队。① 只有高级别的军官才能出席由最高级别的军官组织的军事代表会议。军官的品级决定其拥有的兵丁人数和马匹数。帝国军队拥有战象5000头，骑兵是主力部队，亲自指挥的中央禁军有骑兵四五万人，拉其普特骑兵是中央禁军的劲旅。② 帝国大省地区的防卫和治安由地区警备团长负责，团长由帝国政府直接任命，不受地方行政系统管辖。

4. 政治改革（1582—1585），君主有至上的裁决权。阿克巴亲政20年后，对政治、经济、文化进行了大力改革。第一是中央集权，将穆斯林大贵族的采邑（贾吉尔）收归国有，代之以薪金，使贵族诸侯类似流官，不能坐地壮大，不至于威胁中央。第二是废除德里苏丹时的包税制。1582年，阿克巴任命托达尔·马尔为财政大臣，改革税制。举措是：政府规定统一的度量衡制；下令丈量全国土地，随后按照肥瘠不同分为四等，每等土地的税收标准由政府定制；规定每一个地区都由数个税务单位组成。改革适度减轻了农民的负担，促进了经济的积累和发展。首都亚拉格成为当时世界上人口最多、最繁华的城市之一。

---

①[印]恩·克·辛哈，阿·克·班纳吉.印度通史（全4册）[M].北京：商务印书馆，1973：602—603.

②尚劝余.莫卧儿帝国[M].西安：三秦出版社，2001：66.

中央行政机构：由于帝国高层官员大部分是外国人①，阿克巴为了制衡穆斯林贵族，开始大量任用印度教教徒参与政治管理，宽怀用事。中央行政的实施机构由数名大臣担当："地万"掌握税收和财政；"米尔·巴克希"掌管军事部门；"达罗格—伊—古塞尔—汗那"是皇帝的私人秘书，"阿尔兹—伊—穆卡拉尔"修改皇帝的诏谕，并呈请皇帝批准；"米尔·萨曼"管理工厂和仓库行政；"萨德尔"主管教会和司法部门；"达罗格—伊—达克兆基"主管情报；"米尔·阿尔兹"主管奏疏。其官制是最具征服王朝特性的建制：阿克巴按照军阶授予政府官职，按照军事方式对其进行管理。军阶根据官吏领属部下人数分为33级。最高级领属13000人，最低级领属10人。兵士由官吏自己募集、给养，每个官吏原则上由皇帝任命。地方行政机构：将全国划分为15个省（苏巴），各省省长由中央任命。阿克巴通过分权、较短的省长任期以及定期调动的方式控制各省，并建立公开或秘密的情报员系统，了解下情，监督各级官吏。

（二）康熙集权专制实践实现了清朝强盛

中国两千多年来民生改善、社会进步、经济发展，多是贤明君主治下政治严明、吏治和法度声张的成果。中国士大夫阶层与官僚世家之间一直存在政治与社会联系，且中国自古便有"以吏为师"的传统。因此，康雍之治也以吏治为先导。在李约瑟看来，中国"整个国家只有一个封建主，即皇帝统治。而由一个极其庞大的机构掌握管理，这个机构就是从文士资族中任用的非世袭的文官系统，或官僚系统，或官吏阶层"②。

1. 重视出巡考察，整顿吏治，恢复京察、大计等考核制度。为了了解社风民情和吏治，防止被臣下蒙蔽欺骗，康熙亲自出京巡视，六次南巡、三次东巡、一次西巡，以及数百次巡查京畿和蒙古。亲身到各地巡视的惯例，为皇帝体察民生和吏治提供了政策制定与执行的依据，使康熙朝政治

---

① 庄万友. 莫卧儿人的统治及其对英国人在印度统治的影响[J]. 南亚研究，1994（1）：63.

② [英]李约瑟. 四海之内：东方和西方的对话[M]. 劳陇，译. 北京：三联书店，1987：25.

严明、吏治声张、民生改善。吏治声张，文官制度才能使这个非主体民族统治的国家与汉族王朝无异。而且，文官制度确实有优越性，"确凿的证据说明文官的公开考试制度是西方国家在中世纪有意识地从中国学习来的"①。

2. 设立南书房，推行密折审复制度，由皇帝总揽。随着三藩的倒台与国家的逐渐统一，中央集权有了更广大的地方行政支点。康熙强化皇权，勤于政务，举行御门听政。1677年（康熙十六年），设立南书房，皇帝亲自挑选亲信文人入南书房办事，直接控制这个机要秘书班子，重大政务已不再交付议政王大臣会议讨论，将外朝内阁的某些职能移归内廷，实施高度集权。改为径由南书房传谕或遵旨草上谕。康熙开始注重内容和处理程序上的保密性，由内阁、通政使司等正常途径递送上来的题本、奏本均由南书房收纳。谕令领侍卫大臣、内阁大学士、尚书、侍郎、正副都御史、正副都统、总兵、总督、巡抚等全国各地重臣，把政治和社会经济、民间舆论、官员动态等职务内外所知实况写成密件，直接送到宫门递进，甚至直接由南书房批复发回。

3. 笼络人才，兴科举，抚汉官。康熙对汉族官吏、名士及一般士子，分别采取不同的鼓励措施，笼络了不少治世人才。1670年（康熙九年），为全国贡生在太和殿前策试。对于汉官，康熙多次声称"满汉皆朕之臣子"，谕令"满汉官员职掌相同，品级有异，应行划一"②。汉族士大夫如高士奇、陈廷敬、李光地等先后进入南书房任职。并命翰林院、詹事府、国子监官员轮流入值。1696年（康熙十七年），命开"博学鸿儒科"，以网罗名彦鸿儒，入史馆纂修明史。又召纳大量学者编纂各种图书。其中，陈梦雷编成了最大类书《古今图书集成》。科举制度"二千年来搜罗了社会各阶层中最优秀的人才为之效力"③。收揽汉官和汉族士子人心，扩大了满

---

① [英] 李约瑟. 四海之内：东方和西方的对话 [M]. 劳陇, 译. 北京：三联书店, 1987：25—26.
② 林铁钧, 史松. 清史编年·第二卷（康熙朝·上）[M]. 北京：中国人民大学出版社, 1988：123.
③ [英] 李约瑟. 四海之内：东方和西方的对话 [M]. 劳陇, 译. 北京：三联书店, 1987：27.

汉地主阶级的统治基础。

4. 提倡以儒学治国，施教化以御用于专制君主。康熙亲政后，雄心实现天下"至治"的期望，制曰："朕惟帝王诞膺天命，抚御四方，莫不以安民兴贤为首务。朕缵承祖宗鸿绪，孜孜图治，民生休戚日廑于怀，而治未臻于郅隆……兴贤育才，原以为民，今既崇经学以正人心，重制科以端始进，乃士风尚未近古，以致吏治不清，民生未遂，果陶淑之未善欤？"①认为"法令禁于一时，而教化维于长久"。为此颁布了《圣谕十六条》："举凡敦孝悌以重人伦，笃宗族以昭雍睦；和乡党以息争讼，重农桑以足衣食；尚节俭以惜财用，隆学校以端士习；黜异端以崇正学，讲法律以警愚顽；明礼让以厚风俗，务本业以定民志；训子弟以禁非为，息诬告以全良善；诫窝逃以免株连，完钱粮以省催科；联保甲以弭盗贼，解仇忿以重身命。"②以通俗语言向民众晓以社会文明的利害，并责成内外文武各官督率实行。③这对清代社会生活有开科化俗的深刻影响。

五、中级转型比较：宗藩封贡会盟制度与内亚征服模式

阿克巴与康熙先后建立了强有力的中央集权，实行皇权专制，这是中印封建政治在制度核心上的相似之处。而不同之处在于两帝国的外部关系及制度文明差异：清朝承继了明朝的宗藩封贡制度。宗藩与封贡在主体的结构功能上是"体用"辩证关系，即宗藩为"体"，封贡为"用"：封贡制度是宗藩关系的基础，是其制度化表征；宗藩礼制则是封贡关系的实质性所在，二者互相依存。宗藩与封贡在客体上处于华夷秩序的中华文化圈，即东亚封建王朝时代主要的华夷秩序及其地缘文化的世界观。13世纪前期蒙古征服王朝、14世纪中晚期"蒙古—突厥"帖木儿征服王朝，以及17世纪最初30年（后金）满洲崛起后形成的制度模式和政治格局，与封贡宗

---

① 林铁钧，史松. 清史编年·第二卷（康熙朝·上）[M]. 北京：中国人民大学出版社，1988：123.
② 林铁钧，史松. 清史编年·第二卷（康熙朝·上）[M]. 北京：中国人民大学出版社，1988：130.
③ 这篇圣谕直接影响了雍正帝。为发扬其父谕旨，雍正在此基础上作《圣谕广训》。

藩体系又是完全不同的。

(一) 征服王朝：从蒙古系到帖木儿系的"蒙兀儿"

中国和内亚之间形成的征战和贸易实际上是相互影响和交换的模式，这一模式影响到了彼此。蒙古游牧文化的后进实质决定了其后世的分裂性趋势，正是受农耕定居文明的影响，分裂造就了"突厥化蒙古"的莫卧儿人的兴起。正如马克思所说："野蛮的征服者，按照一条永恒的历史规律，本身被他们所征服的臣民的较高文明所征服。"① 终蒙元一代，蒙古人始终未实现全面汉化。但正是蒙古人非全面汉化而袭用汉族王朝的典章制度，给内亚色目人造就了治理与崛起的空间。他们依赖色目人如突厥化蒙古人、畏兀儿、回回等与其汉人属民沟通，促使色目人的社会地位逐渐提高，在行政管理上受到充分任用；而身处内亚的色目人、突厥人的主要群体并未获得独立，而是在蒙古西道四王家族混战之间备受战乱压迫与掠夺之苦。

征服王朝大都与封贡宗藩体系保持着文化互动联系，才分流出深受其农耕定居生活影响的"认同波斯文化的西察合台汗国蒙兀儿人"与"游牧生活的东察合台汗国蒙兀儿人"。拖雷家族与窝阔台家族权争使察合台汗国两种生产方式各成一派：一是西察合台汗国（后为帖木儿朝取代）倾向于定居生活，其贵族控制河中、费尔干纳、巴达赫尚等地，西部定居居民则逐渐自称"察合台人"或"突厥人"。二是东察合台汗国倾向于游牧生活，其贵族控制蒙兀儿斯坦、阿尔蒂莎尔两地，东部的游牧民自称"蒙兀儿人"（即纯正蒙古人）。最终，在帖木儿王朝兴亡100余年历经六世之后，造就了"西察合台蒙兀儿人"和"突厥化蒙古的莫卧儿人"② 的兴起。巴布尔的后代巩固并扩大了莫卧儿帝国的统治，但并未遵循蒙古人的习俗称汗，而是称"帕的沙"（皇帝）。

---

①[德] 马克思，恩格斯. 马克思恩格斯选集（第二卷）[M]. 北京：人民出版社，1995：768.
②由于印度本土居民对蒙古时代察合台汗国多次入侵记忆犹新，尤其对帖木儿1398年入侵极为仇视，因此对来自西北的巴布尔等入侵者统称莫卧儿。而巴布尔认同自己是察合台人，而不是落后的蒙兀儿人。

(二) 清朝承袭宗藩封贡制度，创新会盟制度

清朝承袭明朝宗藩封贡制度模式，是借用、承袭和内化汉族王朝的制度文明的实例。在努尔哈赤征服蒙古与皇太极降服朝鲜时，满洲政权就有着袭用明朝宗藩体制的先例。但清朝的宗藩封贡体制与明朝相比较，又有新的发展和不同点："曾经在明朝时期存在的中原王朝与边疆地区的半隶属关系和封贡关系被清代的中央与地方关系所取代。同时，由于清政府更加重视封贡的政治依附关系，将封贡与通市予以区分，明确藩属关系与通商关系的差异，清朝将西洋诸国从封贡范围内逐渐剔除。"①

清朝的封贡宗藩关系分为封贡国、藩属国和附属国三类。礼部管理与封贡国朝鲜、日本、俄罗斯等的来往，视它们为独立的国家。封贡国可接受朝廷政治和外交礼仪上的称号，以及在经济贸易上的特许敕令，互通有无。理藩院管理藩属国及蒙古、回部和西藏等少数民族。藩属国对清廷称臣纳贡，清廷对其国主和重要使臣册封赏赐，但享有较大的内政自治权，是独立国家。另外，藩属国享有清廷的军事保护权。宗藩封贡体制实现中华帝国对邻国的"不治而治"，与近代西方的宗主国与殖民地关系有着本质的区别；宗主国主要通过文化、教育、外交等间接影响藩属国。

会盟制度是清代皇帝总监甚至直管蒙古事务、扼制蒙古内部强藩崛起的政事会商制度。在宗藩体制内还需皇帝出巡盟会内藩蒙古，以对理藩院职能实施统管和总监。会盟制度化是由多伦（详称多伦诺尔）会盟正式形成的，康熙帝为加强北方边防和对喀尔喀蒙古的管理而创制。清初，喀尔喀蒙古各部纷争，牵扯到俄国干涉和噶尔丹插手。不能诉诸武力，只能协商调解。1691年（康熙三十年）四月，康熙帝亲临塞外，率官兵到多伦诺尔驻营会商。他在御营殿帐依次召见内蒙古、外蒙古王公贵族，并赐宴。召集土谢图汗察珲多尔济、哲布尊丹巴等35名喀尔喀三部贵族会盟。

---

①马彦丽. 明清封贡制度之比较[J]. 湖北教育学院学报，2007 (4): 42.

第三节 "征服者世界与天朝上国"的契机及自信

第三阶段是高级层次的型变,即千年变局从传统社会向内生(失)现代化的转型过程,是封建制度的结构功能"绝缘化"而固滞不前、内卷化为主体缺失的"转型"。中国与印度最后两个由非主体民族入主的正统王朝走向盛世都历经了六世,都惊人地用了94年。但是,六世王朝引领者,如何运转各自的帝国枢机,这是一个深层转型问题。中印都是胜骄满损的典型,历经盛世之后,都开始趋向衰落。

表2-5 清与莫卧儿(六世)王朝高级型变的共时性相似比较

扩张健全鼎盛	18世纪上半叶	1707—1757年	奥朗则布 生于1618年 1658—1707年在位	巴哈杜尔·沙 生于1643年 1707—1712年在位	贾汗达尔·沙 生于1661年 1712—1713年在位	法鲁克锡亚 生于1685年 1713—1719年在位	拉菲·乌德·道拉 生于1664年 1696—1719年在位	穆罕默德·易卜拉欣 生于1703年 1720—1746年在位
	19世纪上半叶	1793—1842年	弘历乾隆 生于1711年 1735—1796年在位 1799年逝世	嘉庆颙琰 生于1760年 1796—1820年在位			旻宁 生于1782年 1820—1850年在位	奕詝 生于1830年 1850—1861年在位

一、"世界征服者"与"十全老人"的帝国功业

奥朗则布(生于1618年,1658—1707年在位)与弘历(生于1711年,1735—1796年在位,1799年逝世)相似颇多。奥朗则布与弘历的人生始终有暗合之处:两人各是本朝的第六代皇帝;各自出生在17、18世纪的头十年;奥朗则布于1636年任德干副王,恰巧在100年后,乾隆于

1736年登基;奥朗则布自封为"阿拉姆基尔",意为"世界征服者",而"乾隆"年号是"天道昌隆"之意,两位皇帝皆有"统治世界或君临天下"的帝王盛气;都好大喜功,在任内乾纲独断;都可分两阶段"先北后南"征讨和平定天下,将帝国疆域拓展到极致,成为巅峰之帝;都是把帝国推向衰败深渊的争议君主。

(一)奥朗则布的"世界征服"功业

奥朗则布(1618年11月3日—1707年3月3日),印度莫卧儿帝国第六任君主,沙·贾汗的第三子。奥朗则布成长在帝国的"盛世",自幼受到宫廷的良好教育,学识渊博,通晓经训和伊斯兰教法,足智多谋,尤精于武略。曾率军同乌兹别克人和波斯人作战,表现出一定的才干。1636年任德干副王,努力扩大自己在军中的势力。1657年,其父沙贾汗卧病不起,奥朗则布凭借沉着、精明,与兄弟们争夺皇位并赢得了胜利。他把长兄达拉苏科残忍地绑在小象背上,于德里游街示众后处决。此后,他不顾情面地处决了二哥沙舒贾和幼弟穆德拉。其父沙贾汗被他软禁在亚格拉,直至1666年去世。1659年6月,奥朗则布即位称帝,号"阿拉姆吉尔"(意为"世界征服者")。名至实归的是,奥朗则布的一生也充分践行着"蒙古—突厥"内亚征服王朝气质。奥朗则布时代可分为两个几乎相等的阶段:

第一阶段:经略和开拓北印度(1658—1681)。前半期,莫卧儿的军事活动和经略中心在北印度,主要是东北边疆、西北边疆和拉其普他拿。

1. 东部边境战争(1661—1666):①征服卡姆拉普王国。莫卧儿达卡省督米尔·朱木拉于1612年打败卡姆拉普军队,将其并入版图。奥朗则布的军官们征服东部边境的库奇比哈尔王国和阿萨姆王国。②征服阿胡姆王国。奥朗则布指示达卡省督米尔·朱木拉于1662年3月开始收复失地,其下属——勇猛的迪勒汗率领莫卧儿军队,彻底打败了由东阿萨姆印度教化的蒙古人统治的阿胡姆王国,迫使国王拉贾·贾雅德瓦吉签订屈辱条约。③占领孟加拉吉大港和松迪普岛。孟加拉省督刹伊斯塔汗在奥朗则布的许可下,扩建孟加拉新船队,于1666年1月迫使阿拉干国王割让海盗重镇吉大港，并占领孟加拉湾松迪普岛。但终奥朗则布一生，海盗活动一直很猖獗。

2. 西边征服阿富汗（1667—1676）。帝国西北边境的战乱在东部边境战争时就接踵而来，敌人主要是余苏富扎伊帕坦人，他们是勇敢、尚武、好战且数百年来以抢劫和掠夺为生的部落民。阿克巴以来，通过给部落领袖发放抚恤金以羁縻安抚，但放任他们劫掠。奥朗则布则不能容忍，先对付阿萨姆人，然后对付阿富汗人：①1667年4月初，指示阿托克省督卡米尔汗调动邻近的所有部队，并派出了约1万人的炮兵部队，在哈伦河渡口重创敌军。5月到9月末，援军从拉合尔和喀布尔赶到。阿富汗人被征服，莫卧儿取得对余苏富扎伊人的完全胜利。②1676年，亲自来到哈桑·阿卜达勒，花一年坐镇指挥在阿富汗国土服过役的老将阿加汗，间内就恢复了白沙瓦附近的和平。费达伊汗被任命为喀布尔副王，使开伯尔山口畅通无阻。次年，彻底瓦解阿富汗人的抵抗，奥朗则布恩威并施的政策最终取得胜利。直至1707年，边境始终和平安宁。

第二阶段：向南扩张和经略德干平原（1681—1707）。1681年起，奥朗则布及其精锐将兵都住在南方，与德干什叶派穆斯林国、马拉特人开展了漫长的斗争。奥朗则布亲自南下征服比贾普尔、高康达两个德干土邦（同年，康熙平定三藩）。此后，马拉特人领袖贾特帕拉蒂·西瓦吉（1630—1680）创建印度教的马拉特人土邦，以反抗莫卧儿王朝的扩张，促使莫卧儿帝国一直在南方奔忙不休地与马拉特人作战：

①征服两个什叶派穆斯林土邦王朝（1681—1686）：莫卧儿军队历时6年，最终占领海德拉巴，征服了比贾普尔；王国高康达在围困中，被奥朗则布以反间计从内部攻破，消灭了比贾普尔和高康达两个什叶派穆斯林土邦王朝。②与印度教马拉特人的战争（1686—1707）。印度教马拉特人新生政权不断在战争中壮大。马拉特武士得到德干什叶派穆斯林国家的征用，渐渐控制了艾哈迈德纳加尔、比达尔、高康达和比贾普尔等穆斯林国家的各个部门。莫卧儿帝国前后费尽20年，同马拉特人进行旷日持久的争战：军队长期在干旱的沙漠里，耗费大量时间、军力、金钱去夺取马拉特人要塞和消灭其有生力量。不过，18世纪起，穆斯林等势力成为马拉特人

的附庸，陆续加入游击战反攻。帝国军队徒费劳苦却弃甲失地更多，消耗了实力且元气大伤。

（二）弘历实践的"十全功业"

乾隆时帝国已经历六世，乾隆帝是康雍治世日益上升的继承者，奋六世之余烈，平准噶尔，定回部，扫金川，靖台湾，降缅甸安南，受廓尔喀降，统驭海内，使帝国雄踞东亚，体量庞大，生民陡增，经济发展。乾隆得天下安平盛世之快意，自称"十全老人"，自视为将清帝国推向巅峰的满蒙汉八旗共主和大皇帝。同奥朗则布一样，乾隆治世也可分为两个阶段。但从其统治时代从北到南领土开拓的战争来看，有两个重大局限：一是建立内防为主的疆防战略，二是守疆大将日益腐败。

第一阶段：巩固蒙、疆（1736—1762）。征讨蒙古与新疆的分裂势力和巩固北方民族的统治，二平准噶尔，一定回部，二打金川。

1. 平准噶尔。1745年（乾隆十年），准噶尔部首领噶尔丹策零病逝，准部内讧，大贵族阿睦尔撒纳兵败，内附清朝。1755年（乾隆二十年）2月，乾隆帝委任阿睦尔撒纳领军出兵伊犁准噶尔汗国。5月，占领伊犁，平定达瓦齐势力。随后，清廷晋封阿睦尔撒纳为双亲王，要求释放被准部扣押作为人质的南疆回教领袖大小和卓。但阿睦尔撒纳想当可汗，于1755年8月发动叛乱，并击溃清军留守部队。1757年（乾隆二十二年），乾隆帝派蒙古人成衮札布、满族人兆惠领兵进攻。阿睦尔撒纳战败，逃往沙俄后因染天花病逝，沙俄将其尸体交给清朝。至此，清军完全控制了天山南北两路。乾隆帝下令尽杀准噶尔余下顽固抵抗者。

2. 定回部。被清军解救的小和卓也参加了阿睦尔撒纳的叛乱，兵败后投奔统治新疆西部回族人的兄长大和卓。在小和卓的怂恿下，二人于1757年（乾隆二十二年）又发动叛乱，试图脱离清朝的控制。但二人的统治却很凶暴，不得人心。1759年（乾隆二十四年），在南疆人民的支持下，兆惠率清军击败叛军。大小和卓逃奔至巴达克山（今阿富汗东部）。清军派人与当地部族交涉，巴达克山部族首领执杀大小和卓，把尸首送交清朝。清朝统一了西域，将其命名为"新疆"，完全归入清朝版图。乾隆帝于

1762年（乾隆二十七年）设伊犁将军，作为管理新疆的最高军事长官，加强和完善了清朝对新疆地区的管理。

第二阶段：收藩平台湾（1764—1795）。用兵南方与沿海，靖台湾为一，降缅甸、安南各一，即今之受廓尔喀降。向南方开拓是这两个征服王朝最后的秩序构建、封建秩序触角的张力与最后的出路。

1. 降缅甸。1765年（乾隆三十年），缅甸军队开始不断入侵中国云南普洱地区，云贵总督刘藻与新任云贵总督杨应琚因轻敌，先后兵败，又谎报大捷，后畏罪自尽。1767年（乾隆三十二年），明瑞接替云贵总督，兼兵部尚书，率清军分两路出境攻缅，与诸将士大部阵亡。1769年（乾隆三十四年）2月，乾隆帝任命傅恒为经略，再次大举征缅，因热带雨林中的瘴气而惨败。缅甸因东部暹罗起义，忌两线作战，提出议和。清军30000多人因中瘴气而仅剩13000人，故未等开议即班师回朝。

乾隆80岁生日时，缅甸国王因担心清朝与暹罗夹击，主动派使者祝寿进贡，要求恢复通商和册封。乾隆即册封其为缅甸国王，恢复正常贸易。中缅纠纷遂以缅甸纳贡投诚，正式成为清朝属国而完结。此时距清缅战争结束已整整20年。但此事仍被记入"十全武功"，乾隆帝的好面子可见一斑。

2. 靖台湾。1786年（乾隆五十一年）11月，台湾彰化地区天地会首领林爽文率领千余人，在距彰化县20余里的大里杙起义，队伍迅速发展到3000人，攻破台湾北部众多城池。庄大田在南路响应林爽文起义，起义军攻下彰化后，对贪官污吏坚决镇压，没收一些地主的土地给起义群众耕种。清廷先后派提督黄仕简、任承恩，闽浙总督常青，陕甘总督福康安带领官军渡台镇压。福康安于1787年（乾隆五十二年）11月到达台湾，对起义军进行分化瓦解，庄大田负伤被俘就义。次年正月初五，林爽文被俘，在押往北京的途中遇害。

3. 降安南。1787年（乾隆五十二年），广南王国（今越南南部）亲王阮文惠攻打安南王国（今越南北部），直捣其首都东京（今河内）。安南国王黎维祁逃到广西，请求清政府干涉。乾隆帝本着"兴灭继绝"的义务，派两广总督孙士毅率兵12000人，云南提督乌大经率兵8000人，并集结黎氏王朝残余势力，于1788年反攻。但他们轻敌冒进，在次年遭到惨败，逃回国。阮文惠并不愿与清朝为敌，因而派侄阮光显"赍表入贡"。阮文惠改名阮光平，于1792年（乾隆五十五年）亲自到北京祝贺乾隆帝的八十寿辰，乾隆帝封他为安南国王。

4. 降廓尔喀。1788年（乾隆五十三年），廓尔喀（今尼泊尔）攻击清朝，清廷派去谈判的官员巴忠竟私订赔款退敌却谎报战功，致使廓尔喀在其难兑现赔款后再次进攻。巴忠畏罪自杀。1792年（乾隆五十七年），福康安率兵追击廓尔喀，翻越喜马拉雅山连续作战，大败廓军。清军深入廓尔喀境内，因轻敌而劳师损兵。不久后，廓尔喀与清朝议和，于1793年（乾隆五十八年）正月制定《钦定藏内善后章程》，规定驻藏大臣与达赖喇嘛地位平等，并制定"金瓶掣签"制度来认定达赖、班禅的转世灵童，加强了清政府对西藏的统治。1792年（乾隆五十七年），廓尔喀再次侵藏。福康安等再次率兵入藏，打败廓尔喀。

5. 盟旗制度是分化蒙古族和控制其上层贵族的政治制度。1624年（天命九年），按八旗组织原则，对归附的蒙古部在原有社会制度基础上编旗，后同样陆续安置归附的蒙古诸部。至1771年（乾隆三十六年）蒙古土尔扈特部归附，全蒙古部众盟旗体制完备，历时140多年，维护了蒙古各部与北部边疆的稳定。

二、中印帝国契机和"体行知用"之自信

莫卧儿王朝与清朝的兴盛期前后相差100余年，但都交汇于18世纪早期。在西方的全球化格局及其"世界历史时间"叙事中，15世纪末、16世纪初叶到18世纪末、19世纪初叶属于"现代早期"。这一历史阶段，国家转型在总体上体现出"早期现代性"时代主体特征，西方主要早期国家（及其新帝国谱系）西班牙、荷兰、英国和法国从封建关系的藩篱及其政治丛林中逐渐构建起来，后两国则担当起现代政治的发动机。

中印两国有没有自己的"早期现代性"呢？对此，东西方学界争议不

断,多否定其存在。① 就中印的国家主体而言,虽然乾隆皇帝与英国使团有过接触、对西洋文艺非常有研究,奥朗则布皇帝也与西方殖民者交流颇多,但事实上他们却未能重视和预见西方将来的大变局。但不得不说,中印两个大帝国先后在17、18世纪确实处于东亚与南亚的中心地位。那么,两国到底有哪些契机和自信呢?

(一) 中印王朝有扬鞭挥斥的空间和"行知欲力"的自信

巅峰之帝各自建成亚洲两大帝国。以千年来世界第一强国的持续度统计,莫卧儿帝国(1587—1648,阿贾沙三代)与清帝国(1696—1757,康雍乾三代)均有61年。从乾隆与奥朗则布时期的中印地缘优势来看,中国的政治经济重心在东亚和南中国海,印度的发展重心在南亚次大陆及印度洋,中印之间存在着巨大的战略缓冲地带。这使两国在雍乾以前鲜有交集。两国君主都相信君权神授的天命观,却又各有不同:奥朗则布皇帝"唯伊斯兰教至上求纯则统",实则是赋予真主使命和征服者的正统观;而清朝皇帝则是"满族为主包容求统",实则是强调满族天命所归的中华正统观。

奥朗则布皇帝与其曾祖父阿克巴乃至中国皇帝构建"多民族统一政治"相反,他要践行的是尊奉伊斯兰教逊尼派为唯一国教,强制同化印度教、锡克教等。他"首先是个热诚的逊尼派的穆斯林,他的宗教政策没有受到对尘世的得失的任何考虑的影响。他取得王位是作为正统逊尼派的斗士,他所反对的是自由派的达拉,因此他试图严格实行《古兰经》的法律,根据该法律,每个虔诚的穆斯林都应该少'努力走真主的道路',换句话说,都要对非穆斯林国家进行圣战,直到它们都变为伊斯兰王国为止"②。

莫卧儿帝国在奥朗则布50年统治期间,为将伊斯兰教逊尼派确立为唯

---

① [美] 司徒琳. 世界时间与东亚时间中的明清变迁 [M]. 赵世玲, 译. 北京: 三联书店, 2009: 256.
② [印] R·C·马宗达, 等. 高级印度史 [M]. 张澍霖, 等译. 北京: 商务印书馆, 1986: 532.

一尊奉的国教，全面推行歧视乃至迫害异教徒的政策，把人口占少数的穆斯林推到印度诸教大众的对立面。同时，帝国的领土面积扩至印度历史之巅，囊括整个南亚次大陆。且统一时间长达330年，是印度历史的最高峰。莫卧儿王朝的六世余力奥朗则布是一位开疆拓土的雄主，如果他能够通过征服德干，让印度教教徒和穆斯林、锡克教教徒利益共享的话，这个帝国共主或许有机会让印度走向持久繁荣。至1687年，莫卧儿王朝版图西起波斯，东至孟加拉，北达克什米尔，南至科佛里河。整个南亚次大陆及阿富汗几乎全部统一在莫卧儿帝国的政权之下，帝国增至21个省（苏巴），下设县以及管辖多个县的专区，县以下设税区，直接由中央税务署管理。帝国如日中天，到达了极盛。莫卧儿帝国，人口1.45亿（1700），面积370万平方公里（1700）。

而雍正帝则在《大义觉迷录》中强调"有德者可得天下大统"，这实际上是受《论语》中"正名"思想影响而形成的"正统观"，即"名不正则言不顺，言不顺则事不成"，是以满族为正统和主体构建有蒙藏汉回参政的多民族统一国家的法理与道统。"舜为东夷之人，文王为西夷之人，曾何损乎德乎！"强调清朝的统治是应受天命，不容毁谤，"夫天地以仁爱为心，以覆载无私为量，是以德在内近者则大统集于内近，德在外远者则大统集于外远……上天厌弃内地无有德者，方眷命我外夷为内地主"[①]。

清帝国入主中原，同莫卧儿王朝王室先世一样，作为一个外来非主体的少数民族的政权，以国家名义强力推行"剃发易服"等民族同化政策，盛世的名下仍然潜藏着满汉分殊和对汉族的文化专制。然而，其政治上实行满洲贵族集体统治（议政王大臣会议制度）与经济上暂行满洲贵族圈占土制最终均被废除，转型升级为中国历代典型的中央集权及其皇权至上的核心制度，并贯彻以科举制度为主的文官体系，以儒家思想为主的伦理价值体系，兼具重农抑商的经济体用思想，文化上则以藏传佛教的保护者和佛教信仰的支持者自居。

---

①[清]世宗. 大义觉迷录（上谕·卷一）[A]. 沈云龙. 近代中国史料丛刊（36辑）[C]. 台北：文海出版社，1966：4—9.

乾隆帝承继康雍治平盛势，建成了幅员辽阔的大帝国。清朝沿袭了封贡宗藩制度模式，使其体系涵盖了东亚大部分国家和地区。当时清朝的疆域北接西伯利亚，南至海南岛及南海诸岛，西跨葱岭，东至外兴安岭、库页岛，东南至台湾及其附属岛屿。乾隆时期，国内辖地包括顺天府（今北京市）、本部十八省（直隶今河北省），还有藩部的内蒙古、青海蒙古、喀尔喀蒙古、乌梁海、西藏、新疆等地。已经成为一个幅员广阔、国势强大的统一的封建大陆国家。面积1003万平方公里（1688）。人口增长迅速，1793年（乾隆五十八年）激增至4.1亿人左右。

（二）依靠宗藩封贡体制与征服王朝的余烈"治国平天下"，有制度自信

1. 宗藩封贡体制的制度自信与"福及千叟"的圣明形象

"中华帝国"作为封贡制度体系的核心结构，之所以有强大的向心力，是因为帝国中央集权，皇权至上。清代皇帝专制集权体制已经发展到顶峰，裁撤军事民主合议制残留物的议政王大臣会议制度。1729年（雍正七年），又设立军机处，以作为皇帝选派心腹大员参与决策的机构，使权力日益集中于皇帝。议政王大臣会议虽然继续存在，但所议之政，已只限于军务、皇帝出巡、旗务、少数民族事务及重大刑审案件等具体事务，无关乎军国大事。至1791年（乾隆五十六年），乾隆帝下旨取消议政王大臣职名及其会议制度。

文字使用也融入一个共同体高度。鄂伦春、赫哲、蒙古厄鲁特部、土尔扈特部等是经过近百年的时间才臣服和融入的"被统合者"，但仍然是内服礼制内的族群。清朝皇帝直辖中国本部（天下体系中的"内臣之地"或"天子之国"），剩下的有的通过理藩院进行间接统治（如蒙古、吐蕃、回部、西南土司），有的仅仅进行封贡贸易和军事保护。藩属封贡国与宗主国存在着以小事大的不平等关系，要向中国"称臣纳贡"，受中国的册封，并赐予印玺。其结构功能是通过变相扩张和间接统治，即"进行传播、扩散、赠与，这就是进行统治"①。通过传播和扩散封建礼制、敕封和

---

① [法]费尔南·布罗代尔. 菲利普二世时代的地中海和地中海世界（下卷）[M]. 吴模信，译. 北京：商务印书馆，1996.

资财赠与,并通过政治敕令特许经济贸易,稳定持久地维系中国和周边各国的政治经济关系,达到"不治而治"。

《皇清职贡图》彰显封贡宗藩体系之完备。1751年(乾隆十六年),乾隆下令绘制《皇清职贡图》,至1793年(乾隆五十八年)完毕。共4卷,画面301段,图说为满汉文合璧。该图卷绘制和记载的,除朝鲜国、琉球国、安南国、缅甸国、暹罗国、大西洋国、小西洋国、英吉利国等之外,主要有西藏地方政府所属的门巴等"族",伊犁等地厄鲁特蒙古台吉,哈萨克头人,布鲁特头人,乌什、哈密、肃州等地回民,及"关东"的鄂伦春、赫哲等"族",福建、台湾、湖南等省下所辖畲民,甘肃、四川等省与青藏高原交接地带的土司所属威茂协大金川,以及云南、贵州两省府州所辖的"黑猡猡"等"族"。①

康乾祖孙二帝大办千叟宴是制度自信的重要体现,以体现其"心怀天下与朕同庚老人福寿"。千叟宴是清宫中规模最大、与宴者最多的皇家御宴,共举办过4次。第一次:1713年(康熙五十二年)康熙帝60岁生日时举行,席间赋诗《千叟宴》,并称:"自秦汉以降,称帝者一百九十有三,享祚绵长,无如朕之久者。"第二次:1722年(康熙六十一年)农历正月康熙帝预庆70岁生辰时举办,时年12岁的皇孙弘历与宴。第三次:1785年(乾隆五十年)正月初六日,适逢乾隆喜添五世元孙,为表四海承平、天下富足、皇恩浩荡,在乾清宫举办3000余人参与的千叟宴,场面空前。第四次:1795年(乾隆六十年),乾隆于85岁寿辰时禅位给第十五子颙琰。1796年(嘉庆元年)正月初一,身为太上皇的乾隆在宁寿宫皇极殿举办千叟宴。中和韶乐奏响,在嘉庆帝的侍奉下,太上皇乾隆帝登上皇极殿宝座。嘉庆帝亲率领3056名银须白发的耄耋老人山呼万岁,为太上皇祝寿。

---

① 齐光. 解析《皇清职贡图》绘卷及其满汉文图说 [J]. 清史研究, 2014 (4):28—38.

表 2-6　封贡宗藩体制国家一览表

序号	藩属国名	序号	藩属国名
1	朝鲜（1636—1895）	12	浩罕（1760—1876）
2	琉球（1652—1879）	13	布鲁特（1876—1758）
3	越南（1660—1885）	14	安集延（1759—1876）
4	苏禄（菲律宾，1726—1851）	15	坎巨提（1761—1891）
5	南掌（老挝，1792—1893）	16	玛尔噶朗（1759—　）
6	暹罗（泰国，1646—1855）	17	拉达克（　—1834）
7	缅甸（1769—1886）	18	那木干（1759—　）
8	兰芳共和国（1776—1888）	19	塔什干（1758—1864）
9	廓尔喀（尼泊尔 1792—1908）	20	阿富汗（1759—1878）
10	不丹（1736—1772）	21	巴达克山（1759—1892）
11	哲孟雄（锡金，1700—1861）	22	博罗尔（1759—1878）

2. 征服"印度世界"的实践理性与制度自信

征服王朝的技术自信，主要来自中国本部、从蒙古征服战争中传播得来的火炮技术。自 16 世纪初起，中亚以穆斯林为主的突厥—波斯征服王朝及其文化与以佛教教徒为主的蒙古征服王朝及其文化的斗争，蒙古征服王朝内部定居文化与游牧文化的斗争，最后导致西察合台汗国的继承者——莫卧儿枭雄巴布尔南下，入侵阿富汗并站稳脚跟，对征服印度充满了自信。他的梦想是成为如帖木儿一般的征服者。

然而，他在中亚的战绩不佳，被乌兹别克人打败，逐出中亚，成为无家可归的流浪者，四处漂泊。[①] 但对于南亚，巴布尔却十分自信。巴布尔开始整编军队，生产火器，改进战术。他三次亲赴旁遮普，视察印度的各项事务。[②] 这种自信主要建立在其当时先进的火炮技术上，巴布尔的成功可能不仅由于德里伊斯兰教王国的削弱，而且由于他拥有一种在当时的印

---

① 尚劝余. 莫卧儿帝国 [M]. 西安：三秦出版社，2001：4—5.
② 尚劝余. 莫卧儿帝国 [M]. 西安：三秦出版社，2001：6.

度还未曾使用过的新型的改良大炮。① 印度人还是用弓箭刀枪厮杀，而巴布尔则有各色骑兵与炮手。

征服王朝有其最大的实践理性与军制自信。由阿克巴建立的"曼萨卜达尔"军官品级制度实际上是精专于战争的征服机器。曼萨卜达尔制度的主体和中坚是巴布尔率领的1200骑征服军。1526年创建莫卧儿帝国时，这支作为巴布尔家底的军队是"横行于中亚草原的游牧劫掠部队，组成者中包括突厥人、蒙古人、乌兹别克人、波斯人、阿富汗人等各部落的流浪者，以及少数阿拉伯人与阿比西尼亚人"②。这个军制充分反映了征服王朝对历史上征服者军制的传承性与改进："阿克巴创建曼萨卜达尔制度，可以追溯到成吉思汗的蒙古军制，也可以追溯到阿拔斯王朝受罗马影响的十进位军制。然而，更重要的是阿克巴从艰苦中奋斗成长，他注重实际，他的改革切合印度情况。"③

而这个军官品级制度，最大的优势在于能够充分基于战事需要，将帝国各级军官集中于皇帝麾下，保证军事整体忠于皇帝，而不会像西欧封建军事采邑制那样使军功贵族的势力做大。如果失去曼萨卜达尔官位，即失去他所领有的札吉达尔军事采邑。札吉达尔军事采邑的土地所有权封赐给曼萨卜达尔，所以曼萨卜达尔对札吉达尔并无土地所有权，只有田赋征收权。④

征服王朝的继承制度不具有稳定性，但能够实现王朝前期的优胜者称帝和励精图治。这方面不似中华帝国那样的嫡长子继承制，更不同于清世宗雍正帝建立的秘密立储制度，与清初的皇位争夺有些类似。这既有客观上的政治生态选择的结果，又有继承者强势反击或计谋夺取的主体行动过程和结果。差不多在每一个莫卧儿王统治之后，总有皇子们争夺皇位，致使中央势力被削弱。但是，朝廷仍然声势显赫，莫卧儿大帝的威名远播于

---

① [印] 尼赫鲁. 印度的发现 [M]. 齐文, 译. 北京: 世界知识出版社, 1956: 306.
② 张荫桐. 莫卧儿帝国的曼萨卜达尔制度 (下) [J]. 南亚研究, 1986 (3): 20.
③ 同上.
④ 尚劝余. 莫卧儿帝国 [M]. 西安: 三秦出版社, 2001: 67—68.

整个欧洲和亚洲各地。① 而且，皇位既定之后，落败的皇子们要么选择完全效忠于当权者，要么都被迫害致死。

巴布尔之子胡马雍等的斗争便是如此。其后，阿克巴的异母兄弟哈基姆在喀布尔的亲王图谋篡夺印度王位时被打败，直至哈基姆发誓效忠皇帝之后，其在喀布尔的统治才得到恢复。而且，皇子叛乱并将帝国的敌人牵扯进来也是各代经常发生的事。阿克巴在与其皇子萨利姆反复斗争后被迫禅位、奥朗则布与皇子阿克巴二世之间的斗争便是典型例子。这在客观上使每位成功登上皇帝宝座的莫卧儿前期皇帝都有强烈的自信。莫卧儿王朝历代统治者都自称为"真主在大地上的影子"和"伊斯兰教的捍卫者"。而且，祖孙相继的三位皇帝称号也充分表达了这种自信：萨利姆王子登基称帝后启用贾汉吉尔之名，意即"世界征服者"；他的儿子"沙贾汗"在波斯语中的意思是"世界的统治者"；他的孙子奥朗则布在登基后自称"阿拉姆吉尔"，意即"世界的征服者或世界主宰"。

（三）封建经济和文化还有东方优势的余力，封建主体尚有"体用自信"

1600—1707 年，莫卧儿帝国在奥朗则布治下继续致力于征服南印度的功业，达到了其历史上的最大版图，并以 1.45 亿人口，一度荣登世界第一人口大国的宝座。1700—1800 年，清帝国仍凭借其庞大的疆域和人口维持着强国地位。清帝国正处于"康乾盛世"时代，文治武功建树颇多，处于东亚独一无二的中心地位，政治、社会和思想体系高度稳定，统治人口占世界的 36.7%，经济总量也高居世界第一，疆域面积也达到 1300 多万平方公里，令世界各国难以望其项背。"至少到 1800 年，亚洲在世界上还占有优势。"② 两国盛世皇帝都有其"封建农本至要"的经济与文化认知理性及体用自信，与构建本族文化为最高认同核心、重塑正统的大帝国实践理性体用及自信。

在英国工业革命到来之前，中国与印度凭借其过密化的劳动要素禀

---

① [印] 尼赫鲁. 印度的发现 [M]. 齐文，译. 北京：世界知识出版社，1956：340.
② [德] 安德烈·贡德·弗兰克. 白银资本：重视经济全球化中的东方 [M]. 刘北成，译. 北京：中央编译出版社，2000：306.

赋，通过政治中心城市的角力与港口，在对外贸易中占据一定的优势地位。"在欧洲之前的世界经济中，亚洲是极其重要的，甚至接近于称霸。"①在印度，"在十五和十八世纪期间……印度的地位始终保持不变；占杰拉特、马拉巴尔海岸与科罗曼德尔海岸的印度商人几个世纪内始终压倒无数竞争者；红海的阿拉伯商人，伊朗海岸和波斯湾的波斯商人，往来南洋群岛的中国商人……亚洲的外围空间那时就比平时更倾向于分裂成各行其是的区域"②。

"哈比布（1969，1980，1990）对莫卧儿帝国时期印度经济和殖民主义入侵前期印度商人群体所作的研究毫无疑义地证明了商业和金融业的'发展'。市场是开放的、竞争性的。既有豪门巨商，也有小商小贩。信贷被普遍使用。"③在许多世纪里——在上千年的时间里（Frank，1993）——印度贸易向西延伸到中亚、波斯、美索不达米亚、安纳托利亚、黎凡特、阿拉伯半岛、埃及和东非④。

而到18世纪末期的中国，人们已经把乾隆皇帝视如认知愚钝的、具有交往恐怖症的天朝上国的迷梦者。1763年9月22日，乔治三世派出特使马戛尔尼，希望与中国建立某种稳定的外交关系。马戛尔尼传达了英王乔治三世的信件旨意：希望传播英国的先进技术，并同中国进行技术交流，希望在澳门、广州的贸易正常化并使之扩大到其他港口，改善欧洲人的居留条件，开辟新的市场等。最后，乾隆都以百余年法度不可擅变为理由而拒绝。人们回顾这段历史时，都普遍因乾隆帝的那种君临天下而妄自唯我

---

①[德]安德烈·贡德·弗兰克. 白银资本：重视经济全球化中的东方[M]. 刘北成，译. 北京：中央编译出版社，2000：11. 弗兰克1993年读了布罗代尔三卷本《15至18世纪的物质文明、经济和资本主义》的第3卷《世界视野》，又重读了沃勒斯坦的一些著作，对布罗代尔和沃勒斯坦有关以欧洲为中心的世界经济体系的论点完全不赞同。反驳观点发表在一篇批判文章《欧洲霸权之前的亚洲的世界经济体系》（1994）里。
②[法]费尔南·布罗代尔. 15至18世纪的物质文明、经济和资本主义（卷3）[M]. 施康强，等译. 北京：三联书店，1997：558.
③[德]安德烈·贡德·弗兰克. 白银资本：重视经济全球化中的东方[M]. 刘北成，译. 北京：中央编译出版社，2000：294.
④[德]安德烈·贡德·弗兰克. 白银资本：重视经济全球化中的东方[M]. 刘北成，译. 北京：中央编译出版社，2000：296.

独尊的认知而有抱憾终天的惊奇喟叹。事实上，封建专制皇帝对开放海禁唯恐失控的心理，最终造成中国无缘亲历航海与远洋商业实践。

但实际上，英国使团来访正是为了扭转其在中英贸易中处于出超位置和白银外流的情况，而中国则有事实基础上的优势余力。乾隆故作傲慢，主要是源于"国力自信"。沙俄使团早于英国使团 42 年到访中国，乾隆也拒绝了沙皇叶卡捷琳娜二世提出的俄国船只在黑龙江航行之事。"此事表明，清朝与俄国之间的关系是一种更为平等的关系。"[1] 这些自信的背后，是因为中国虽然实行闭关锁国政策，但"银子"仍源源不断地流入王朝国库。

西方势力在印度洋、东南亚与南中国海之间对中印的海上优势分别始于 18 世纪初和 19 世纪初。但是，中印经济的庞大体量与根基在此前尚未完全动摇。欧洲与莫卧儿帝国保持着上百年正常的特许经营权关系。中国从明初和明中叶到清代中晚期（1400—1800），是"毫不消减的中华超级霸权之一，是时，'整个世界经济秩序是——毫不夸张地说——以中国为中心的'"[2]。

中国以科举制度选拔人才，不但有利于抑制汉族门阀势力，而且有利于加强中央集权，还有利于让社会上的寒门子弟有机会参与国家政治、经济、文化等的管理，更有利于促进官僚集团的血液更新和代谢。这与印度的种姓社会导致种姓与阶层固化是完全相反的。无怪乎英国女王伊丽莎白一世和法国国王路易十四都曾感叹："中国科举制度是世界各国中所用以选取真才之最古最好的制度。"甚至称之为"中国的第五大发明"。

本章小结

莫卧儿朝与清朝的兴衰型变分为三个阶段：第一阶段（前期/初兴）：从武力征伐统一建国到制度沉淀与经济恢复：莫卧儿朝历经 3 代君主 51 年，清朝历经 3 代君主 50 年。第二阶段（盛期/中兴）：从构建治理的制度

---

[1][美] 欧立德. 乾隆帝 [M]. 青石，译. 北京：社会科学文献出版社，2014：193.
[2][美] 司徒琳. 世界时间与东亚时间中的明清变迁 [M]. 赵世玲，译. 北京：三联书店，2009：23.

传承到制度创新与经济增长，先后各历经 3、4 代君主 80 年。第三阶段（晚期/衰败）是"失败的高级阶段"，前者历经 17 代君主 331 年，后者历经 11 代君主 285 年。中印都致力于开疆拓土，版图至极，建成完备的封建（中央集权专制）六世王朝。但由于中印王朝的封建空间和力欲行知自信、封贡宗藩体制与征服王朝的余烈和制度自信、东方封建经济的优势余力和主体致用自信，其对西方商业版图的逐步扩充没有理性预见和疏于防范。

第三章　中印帝国转型主体缺失的衰变四重奏

俗话说："国强不过六朝，家富不过三代。"这是有深层的历史结构与规律可循的。纵观中国古代王朝史之汉唐宋元明清六朝，汉、唐与清较为相似。17世纪中叶起，与英国内战掀起议会派与保皇派代表的王权斗争相对照，印度已经完成穆斯林为主体的上层建筑与广大印度教王公为主体的基础建筑的王朝国家构建，清朝则处于开疆拓土的统一实践与制度沉淀中，都先后走向从制度传承治理到经济增长制度创新的中级转型阶段，都有极其相似的历史转型契机。但是，其主体各自"以农为体，工商为用，重农抑商"，弃用"海上贸易""不施海防实践"，契机不但没有成为良机，反成深伏的危机。

到19世纪中叶，南亚次大陆已成不列颠东印度公司的囊中之物，东亚大陆历史命运正在转衰。中印整个国家的内生现代化的失败，实质是其转型主体在断裂中缺失，即"体克用失与弃行无知"之必然。最后，莫卧儿朝与清朝的"六朝之殇"表现为逆转直下的统一与分裂、梯度封建化与殖民地化并存的双重走势及其不同的"四重奏"后果[①]。但中印帝国结构功能日益"内卷化"，又排斥西方新因素的负熵，致使帝国中央权威走向衰败，经济社会与文化都断裂了，内部边缘化引发人民大众起义与革命化，内缘型现代化"绝缘化"，进而使内生资本主义萌芽绝育，导致转型主体缺失，经济发展不平衡且失去主体担当，（近）现代化实际演化成从属于全球分工体系的"边缘（殖民地）化或半（边缘）殖民地化"过程。

---

① 转型"四重奏"理论由罗荣渠教授的"（王国中央权威）衰败化、（社会）半边缘化或半殖民地化、（人民大众）革命化、（经济发展不平衡）现代化"的"四重奏"理论引申得来。参见：罗荣渠. 现代化理论续篇——东亚与中国的现代化[M]. 北京：北京大学出版社，1997：102－106.

第一节　莫卧儿朝与清朝中央威权的衰落

自身衰败的过程，指引起"王朝循环"的各种内部体制性危机和经济衰败、国家权力的内溃与社会动乱丛生。中印封建国家已先后历经六世①，历时150—180余年。在成为具有稳定影响的"大陆王朝国家"之时，印度次大陆表现出统一与分裂并存的双重走势。当自命为"世界征服者"的奥朗则布皇帝想要完成他统一印度的梦想而使印度戎马勤勉的时候，帝国已经开始出现"衰败化"。中国史称的"康乾盛世"实则毁誉参半。当乾隆在中英商贸交往中自诩天朝上国、傲慢自大时，莫卧儿朝早已沦为英国东印度公司的半殖民地。

一、莫卧儿朝的衰败与分裂

印度分裂期比清朝漫长。英国利用其社会内部种姓、信仰的不同，将其征服。英国人在印度最初面临的情况与马戛尔尼到中国时一样，没有实力挑战强大的莫卧儿帝国。但是英国人生意经念得好，通过东印度公司与莫卧儿皇帝的友好关系取得了经商特许权，然后主动与已在印度建立了小块殖民地的葡萄牙人和荷兰人竞争，借助东印度公司的雇佣兵，逐渐在斗争中取得优势。

莫卧儿帝国在奥朗则布在世时，对马拉特领袖西瓦吉的傲慢及与马拉特人20年旷日持久的争战，导致德干地区成为撕裂帝国的祸患。奥朗则布久驻南部，忙于征战，也致使北部政治腐败，离心力日滋，各省督和大贵族们也都各自为政。而他去世后，宫廷政局失稳，留下的是一个四分五裂并被马拉特人、锡克人强大势力包围的莫卧儿帝国。由阿克巴天才所建立、由贾汉吉尔和沙贾汗继承的帝国大厦，逐渐突显出衰败的症状。在奥

---

①六世王朝的意义如贾谊在其《过秦论》中所言："及至始皇，奋六世之余烈……仁义不施而攻守之势异也。"

朗则布死后的20年里，莫卧儿政权开始迅速解体。帝国走向衰落是从穆罕默德·沙开始的，最早则可追溯至萨利姆叛乱。①

首先，帝国衰败的第一个噩梦是试图消灭印度教马拉特王国而反遭其辱。1719年，已经成年的穆罕默德·沙继位登基，并先后挫败了他的政敌。1725年开始，穆罕默德·沙与海得拉巴联合攻打马拉特印度教王国。在1731年、1737年及1738年战争中，莫卧儿帝国皆被马塔地王国打败，导致马拉特人攻入德里，穆罕默德·沙不得不赔款割地。

其次，波斯帝国的入侵导致印度东部解体。1739年，波斯帝国的纳迪尔沙远征劫掠了印度西北部诸省，并攻占和洗劫了德里。穆罕默德·沙晚年的外交政策因纳迪尔攻陷德里而变成联合伊朗西面的奥斯曼帝国一同制衡伊朗。入侵导致帝国开始解体。在东部，孟加拉首先于1740年宣布独立。

再次，阿富汗普什图王朝的崛起和入侵加速了莫卧儿西北边省的失控。1747年，阿富汗普什图人的杜兰尼王朝建立者艾哈迈德沙·杜兰尼率兵夺取了喀布尔。1748年，艾哈迈德沙第一次攻占了拉合尔。莫卧儿帝国首相阿萨夫·贾赫一世因战逝世，皇帝穆罕默德·沙在惊扰中病死。艾哈迈德沙于1747年至1769年，先后9次入侵印度，歼灭马拉特大军，4次扫荡锡克人。但是，锡克人最终通过游击战夺回旁遮普。自17世纪60年代起，锡克人独立并开始反抗莫卧儿王朝的统治。

最后，有北印度锁钥和门户之称的旁遮普锡克王国独立。1762—1765年，锡克族起义军英勇抗击阿富汗占领者，挫败了敌人，趁机逐步从他们手中收复了旁遮普的重要地区，统治权在旁遮普的大部分地区得到了巩固。1765年，锡克人在阿姆利则举行了民族理事会会议，哈尔萨宣布锡克教是最高宗教，并铸造钱币，其上文字意为"古鲁戈宾德从纳纳克那里接受了繁荣、权力和迅速的胜利"②。锡克族军事领袖会议宣布旁遮普独立，建立起第二锡克国家（1765—1779）。

---

① Dr. David Nicolle. Mughul India 1504－1761 [C]. Men－at－Arms－263. Ospery, 1993：4.

② 孟庆顺. 论18世纪中叶的锡克独立运动 [J]. 南亚研究，1988（3）：72.

在帝国频繁的宫廷政变和连续几位短命皇帝的内耗中，中央陷入混乱和权威崩溃。随着偏远省份的纷纷独立，帝国开始被群雄瓜分。英国东印度公司坐山观虎斗已久，等帝国内耗得筋疲力竭时，开始了武力征服。1757 年，英国人在普拉西战役中打败了法国支持的孟加拉王公，拿下孟加拉；1764 年的布克萨尔战役中，英国人分化并打败了企图摆脱控制的孟加拉王公米尔·卡西姆与莫卧儿皇帝的联军，衰败的莫卧儿帝国政府只能听命于殖民者。此后历经迈索尔战争和三次马拉特战争，帝国内强大的反英力量基本上被清除。1818 年马拉特人势力灭亡后，东印度公司对大多数印度王公都享有宗主权。英国于 1843 年兼并信德王国，于 1849 年占领旁遮普锡克王国，于 1853 年兼并贝拉尔。

二、清朝中央威权的衰落

18 世纪中晚期，清朝已逐渐完成开疆拓土和武力统一，封建国家的版图达到历史峰值，社会定型，而且经济、人口开始恢复并增长。乾隆以十全武功的"十全老人"自居，"天朝上国"君临天下的自大自负心态赫然眼前。美国"新清史"领军人物之一的欧立德教授在其著作《乾隆帝》(2014)中指出，乾隆朝"晚期的国家秩序与衰败"主要是因为，在乾隆朝末叶，老臣凋零，使得乾隆皇帝日益孤立而专信和珅，致使皇权旁落。其后，官僚腐败与日益增加的人口压力导致民变蜂起。①

乾隆朝的外事格局已大变。乾隆知道西洋各国殖民势力在中国沿海活动的一些迹象②，甚至清楚接纳苏禄国会招致来自西方殖民势力的压力。在马戛尔尼访华之前，乾隆皇帝"也知道清朝之外还存在其他国家，如荷兰、印度或者俄罗斯，而且也很清楚他对于这些国家根本没有丝毫的控制力可言"③。甚至敏锐觉察到诸国中，"英吉利在西洋各国中最为桀骜强悍

---

① 蔡伟杰. 新清史视角下的乾隆皇帝 [N]. 东方早报，2014－06－22（B04）.
② 清高宗实录选辑（上册）[A]. 孔昭明. 台湾文献史料丛刊 [C]. 台北：台湾大通书局，1984：118.
③ [美] 欧立德. 乾隆帝 [M]. 青石，译. 北京：社会科学文献出版社，2014：182.

……不可不预为之防"①。因此，对待马戛尔尼使团访问清朝欲与之外交和通商时，乾隆表示放弃，丧失了培育商业资本的机遇和海上力量壮大的机遇。

清仁宗嘉庆帝爱新觉罗·颙琰（1760—1820）在位期间，正逢英国工业革命兴起。面对危机四伏的政局和社会生态，嘉庆帝提出要"咸与维新"：整饬内政，整肃纲纪。首先，诛杀权臣和珅，罢黜、囚禁和珅亲信死党。其次，诏求直言，广开言路，祛邪扶正，褒奖起复乾隆朝以言获罪的官员。再次，诏罢贡献，黜奢崇俭，要求地方官员对民隐民情"纤悉无隐"，据实陈报，力戒欺隐、粉饰、怠惰之风。并力主严禁鸦片，对英国侵略者在沿海的骚扰活动保持了高度警惕性，明智严词拒绝英国欲帮助镇压起义、帮助澳门葡人抵御法国的想法。嘉庆帝对内政的整顿，未能从根本上扭转清朝政局的颓势。相反，帝国的衰败，社会变乱——白莲教之乱，以及八旗生计、河道漕运等问题也日益凸显。

1816年（嘉庆二十一年）2月8日，英王再派阿美士德使团赴中国谒见嘉庆帝，欲谈判贸易问题。但清英双方在礼节上的认知分歧使会谈未能如愿。嘉庆拒绝了英方提出的建立外交关系、开辟通商口岸、割让浙江沿海岛屿的要求。② 对外一再放弃与英国通商，使中国丧失了中外贸易和参与全球商业游戏的最后机缘，未能使帝国免于殖民—资本的陷阱，鸦片从被征服的南亚邻邦流入，毒害中国。清朝因循法祖，闭关锁国，盲目自大、排外成为不争事实。半个世纪后，中国社会没落，又遇边疆危机，加之鸦片战争以来海防及战事败绩如多米诺骨牌效应般接踵而至，清法战争（1883年12月—1885年4月）胜而亦败。1894年的甲午中日战争显示出洋务运动开启的封建主体地主阶级实力派在体制内的近（现）代化已达极限性，洋务运动终至破产。

---

①清高宗实录（卷550）[C]. 北京：中华书局，1985.
②访华使团离开后，阿美士德于1823—1828年出任印度总督要职。所以，由阿美士德率使团访华，足见英国对英清商贸关系的重视。

表 3-1　中印大衰败期比较表

衰败崩溃灭亡	18世纪下半叶	1748—1857年	穆罕默德·沙 生于1702年 1719—1748年在位	艾哈默德 生于1725年 1748—1754年在位	阿拉姆吉尔 生于1699年 1754—1759年在位	沙·阿二世 生于1728年 1759—1806年在位	阿克巴二世 生于1760年 1806—1837年在位	巴哈杜尔·沙二世 生于1775年 1837—1857年在位
	19世纪初	1816—1911年	嘉庆颙琰 生于1760年 1796—1820年在位	道光奕詝 生于1830年 1850—1861年在位	咸丰旻宁 生于1782年 1820—1850年在位	同治载淳 生于1856年 1861—1875年在位	光绪载湉 生于1871年 1875—1908年在位	宣统溥仪 生于1906年 1908—1967年在位

第二节　主体衰败和社会断裂导致内外边缘化

边缘化、半边缘化过程，指在强大的外来政治经济和军事渗透下，东亚国家原有的进程被打断，国家主权丧失或变形，沦为殖民地、半殖民地。借用"世界体系论"的概念，就是"边缘化"与"半边缘化"。主体（政治社会）断裂是指占统治地位的集团/群间呈现隔离甚至对立的裂变趋势。反映的是不同社会的隔离与对立、地区与城乡反差、不同界别之间无互动和流通，使共同权益受损时亦无协调而日趋走向对抗性。主要包含如下三层含义。第一层次：当社会严重两极分化为完全不同且互相封闭、互不往来的两部分时的断裂。第二层次：地区、城乡之间的断裂。第三层次：政治与社会、文化或社会生活中不同时代的观念与生活方式共存并形成"国不知有民，民亦不知有国"这种无视公害的局面。衰败与断裂引发国内起义与受控于西方殖民势力和国际分工。

"曼萨卜达尔"薪金制的弊端。阿克巴实行的"曼萨卜达尔"薪金制，对文职官员的曼萨卜达尔不封赐札吉达尔军事采邑土地，而由中央政府根据其曼萨卜达尔级别，按月支付现金俸禄。在阿克巴统治末年的各级曼萨卜达尔中，约有三分之二支取现金俸禄，其余三分之一封赐札吉达尔土地。① 作为封建等级特权制度的"曼萨卜达尔"制与八旗制度不同的是，贵族是要服役的，去世时财产被没收并重新赏赐给其子女中的忠诚者。② 但后世高级曼萨卜以制造假花名册套取薪金。"假花名册是一种祸害，莫卧儿军队在其极盛时期也因这一祸害而遭殃。贵族们互相指用士兵，以凑够他们的兵额，或者让集市上贫困的游手好闲的人搞到一匹驮运辎重的小马骑上，也和其他士兵一起算作精锐士兵。"③

在印度，存在着像职业分工活化石一般顽固的种姓制度，不同种姓之间的隔离与限制成为数千年的社会传统。同时，自从穆斯林入侵印度以来，除了穆斯林与印度教教徒、佛教教徒、耆那教教徒等彼此不往来和敌视之外，伊斯兰教内部逊尼派与什叶派、各教派内部之间的纷争也在历史地延续着。马克思在《不列颠在印度统治的未来结果》（1853）中指明："这是一个不仅存在着伊斯兰教教徒和印度教教徒的对立，而且存在着部落与部落、种姓与种姓的对立的国家，这是一个建立在所有成员之间普遍的互相排斥和与生俱来的排他思想所造成的均势上面的社会。"④

印度社会分裂与逃脱不了被征服的命运早为马克思总结道："大莫卧儿的无上权力被他的总督们摧毁，总督们的权力被马拉特人摧毁，马拉特人的权力被阿富汗人摧毁；而在大家这样混战的时候，不列颠人闯了进来，把他们全都征服了。"⑤ 1856年兼并奥德引发1857年印度民族大起义，但东印度公司利用锡克人和廓尔喀雇佣军将这次大起义镇压。英帝国趁机取消其东印度公司的特权，流放了莫卧儿皇帝，委任驻印度总督。从此，印度正式沦为殖民地。而且，印度在1757年普拉西战役的100年后使印度斯坦活活被葬送。1877年，英国的维多利亚女王加冕为印度女皇。

---

①尚劝余. 莫卧儿帝国 [M]. 西安：三秦出版社，2001：67.
②[印] 恩·克·辛哈，阿·克·班纳吉. 印度通史（全4册）[M]. 北京：商务印书馆，1973：604.
③尚劝余. 莫卧儿帝国 [M]. 西安：三秦出版社，2001：68—69.
④中共中央编译局. 马克思恩格斯全集（中文1版）（第9卷）[M]. 北京：人民出版社，1979：246.
⑤马克思，恩格斯. 马克思恩格斯选集（第9卷）[M]. 北京：人民出版社，1995：246.

八旗制的特权，从"铁杆庄稼老米树"的救命稻草变成了衰败的绞索。清入关后，对社会确立了"旗、民分隔"的二元结构。造成二元结构的主因以旗籍制度，将旗人与平民的经济与社会生活，人为地分割为两个互相隔离的部分，形成人为的制度壁垒，限制人口自由流动。"夫彼所谓八旗子弟、宗室人员、红带子、黄带子、贝子、贝勒者乎，甫经成人，即有自然之禄俸；不必别营生什，以赡其身家；不必读书响道，以充其识力；由少爷而老爷，而大老爷，而大人，而中堂，红顶花翎，贯摇头上，尚书、侍郎，殆若天职。"①旗人社会走向断裂：满洲贵族政治仅凭其血腥征服，让各被统治民族被奴役，而自身在封建制度特权中腐败、堕落直至王朝衰败。

图 3-1　清朝满蒙汉八旗制度

八旗的衰败在康熙年间平定三藩之乱时已经被充分暴露出来。自康熙时代末期以来，生民人丁陡增。但更重要的是，土地开垦与私商往来等辛勤创造的农业收成、手工产品，都比不及旗人凭特权获得生活资料来得快。社会边缘的群体完全无视政治变局和王朝循环，尤其是地处偏远的农民和乡村，变成了与帝国完全无关的存在物。"承平日久导致军事力量的周期性衰败"，"以文制武"的策略导致军事力量本身的官僚化，进而使体制僵化与内部管理腐败化，丧失战斗力。最终，历代王朝的军事力量也就很难摆脱周期性衰败的宿命，即"国不知有民，民亦不知有国"的变局

---

①[清] 邹容. 革命军 [M]. 北京：华夏出版社，2002：16.

危机。

到 19 世纪末，东亚（南亚）发生的基本变化是：①以中华帝国为中心、以封贡贸易—册封体制为特征的东亚国际体系完全解体；②东亚被逐步纳入以英国为中心、以远洋贸易—殖民体制为特征的西方资本主义世界体系；③全新的资本主义因素——现代商业与现代工业——在这个地区逐步成长，导致东亚原先的农耕社会逐步解体。这些变化可简称为东亚的内部衰败化与边缘化（即殖民地化）。①

第三节 封建内卷化的报应——各族大众起义

革命化过程，泛指在衰败化、边缘化两种趋势冲击下出现的反抗斗争，包括农民战争、资产阶级激进改革和民族民主革命运动。② 我们必须看到，农民战争无疑是革命动力。如果农民起义可资利用，单凭地主阶级的窝里斗是很难实现改朝换代的。农民作为封建时代人民群众的中坚力量，平等地担当着推动历史发展的基本使命。16—19 世纪的 300 多年里，印度社会出现了"边缘化或殖民地化、人民大众革命化"二重奏，加速了内耗。17 世纪以来，西方已经通过地理大发现、文艺复兴与宗教改革，走到现代社会边缘。而中印两个东方大国都已经在各自王朝的开疆拓土中建成一个相对稳定和强盛的封建国家。在商品经济有所发展的前提下，这刺激了封建主的贪欲。与之相伴随的，是经济上封建地租与赋税机构繁复，日益内卷化；政治集权专制化、文化专制愚民化；民族政策上打压异教徒和少数民族。

马拉特族、锡克族与清代汉族、回族、苗族是中印社会断裂造成各族人民革命化的典型，因处于少数、弱势的地位，其在谋求生存和发展权利的过程中坚韧不拔，生命力顽强。清朝实行满蒙联盟，以承继明朝封贡体

---

① 罗荣渠. 新历史发展观与东亚的现代化进程 [J]. 历史研究，1996 (5)：111.
② 罗荣渠. 现代化新论续篇 [M]. 北京：北京大学出版社，1997：102—108.

制；莫卧儿帝国是征服帝国，奥朗则布以"世界征服者"自居，与以天朝上国之自大精神俯视一切无二。而实际上，"天朝上国"与"世界征服者"的迷梦早就在西方列强到来前，被异教徒和少数民族等各族人民起义所打破。这不仅使中印封建国家"长出"的现代化的社会机能被严重挫伤，更造成了各自的边疆危机，边缘社会族群的起义及崛起加快了王朝的由盛转衰的步伐。

一、起义频频发生使莫卧儿帝国四处哀鸿

奥朗则布的宗教政策实际上变成了对异教徒的政治压迫和经济掠夺，激起大多数印度教教徒的不满和起义。他只懂得践行正统派和忠实的穆斯林的宗教真义，却未曾预料到宗教迫害政策的最终后果，失去了异教徒于政治和道义上的民心支持。贾特人、锡克人、马拉塔人甚至阿罗阇弗人纷纷揭竿而起。奥兰则布为了镇压国内起义、筹饷获得现款，竟然于1690年出让西海岸苏拉特一带和东海岸恒河口继续贸易权给英国东印度公司，给英国殖民势力拓展了活动资本和空间，使其增强。

1669年初，拆毁辉煌的克萨夫·拉伊庙，使马土拉地区的贾特人义愤填膺，揭竿而起。1672年3月，萨特纳米起义。自称萨特纳米的5000名印度教农民发动了起义，幽灵般地占领了纳瑙尔并击败帝国军队，并推进到离德里25英里以内。奥朗则布将祷告词做成护身符，贴在帝国军旗上以鼓舞士气，最终将萨特纳米人赶尽杀绝。

拉吉普特人起义。1679年，拉吉普特人公开起义。马尔瓦尔王国马哈拉贾·贾斯万特·辛格的遗腹子阿吉特·辛格的继承权问题引发梅瓦尔索要保护权的战争，引发拉贾斯坦全民抗战。1679年末，马尔瓦尔被并入帝国。但其间，帝国军队攻防混乱，引发1681年1月阿克巴王子及其约7万人的拉吉普特联盟的叛乱。阿克巴在失败后，辗转逃到马拉特宫廷，最后流亡波斯并去世。1681年，拉吉普特再次起义。6月初，莫卧儿与梅瓦尔割地求和。然而与马尔瓦尔30年战争的结果是承认阿吉特·辛格对乔德普尔土邦的统治权。从此，帝国失去了拉吉普特联盟，破坏了帝国的根基，失去了最优秀和最忠诚的士兵，战略要道也受到威胁。

锡克人在戈宾德·辛格领导下起义。锡克教由首任教宗那纳克师尊（古鲁）创立。16世纪初兴起于旁遮普地区的锡克教最初是商人和高利贷者的信仰团体，作为印度教虔信派支派。到第五任师尊阿尔琼·德夫时，锡克教人口激增，并且遍布整个旁遮普。阿尔琼不得不把锡克教教区组织改为常设性行政机构，由师尊的代表"马桑德"（锡克教区教长）领导。1606年，皇帝贾汉吉尔迫害第五任师尊阿尔琼，致其死亡，引发锡克教的敌对与崛起。17世纪中晚期，在莫卧儿王朝的宗教压迫下，大量贾特农民和其他底层种姓的加入，使锡克教势力持续壮大。1675年，奥朗则布处决第九任师尊特格·巴哈杜尔，导致其子——第十任师尊戈宾德·辛格领导锡克教从和平宗教转型为反对莫卧儿朝廷的尚武宗教，锡克人转变为一个政教合一的、"尚武"的宗教民族。18世纪和19世纪上半叶的旁遮普独立于帝国之外，并对帝国西北面造成重大威胁。

马拉特人起义。贾特帕拉蒂·西瓦吉（Sivaji，1630—1680），是17世纪印度德干地区马拉特（联邦）王国的缔造者，反抗莫卧儿王朝统治的印度教英雄。马拉特人信仰印度教虔信派（巴克提），17世纪已形成一个显著的语言、宗教和生活共同体。西瓦吉以印度西部城市浦那为据点，通过马拉特解放战争实现了统一。1655年起，西瓦吉率领印度教军队，不断向莫卧儿帝国和南方的斋浦尔与高康达穆斯林苏丹国发起进攻。1663年，西瓦吉率兵夺取了莫卧儿王国海滨城市苏拉特。奥朗则布遂调派驻守拉杰普特的大将军米尔查·罗阇·查伊·辛格将西瓦吉围困于普兰达尔山堡。1665年，双方签订《普兰达尔条约》，西瓦吉割让23个城堡及年产值达160万卢比的土地。1666年初，西瓦吉想做德干诸侯，携子赴阿格拉觐见奥朗则布时受到冷遇，仅得5000名三等曼萨卜达尔，在强烈抗议后又遭软禁，险遭杀害。1667年，西瓦吉逃回领地，开始重新组建军队。1670—1673年，西瓦吉收复了浦那等失地，扩张了领土，并建立了强大的海军舰队，驻扎在科拉巴，以遏制詹吉拉海盗势力，掠夺莫卧儿贸易船只。

表 3-2　18 世纪晚期到 19 世纪中叶印度起义情况表

计序	起止年份	起义事件
1	1778—1781 年	拉贾·柴特·辛格的起义
2	1783 年	朗普尔起义、迪纳杰普尔起义
3	1789 年	比什努普尔起义
4	1796—1805 年	帕扎亚土王起义
5	1799 年	奥德维齐尔·阿里起义
6	1799 年	米德纳普尔（县）丘尼尔部族起义
7	1801—1805 年	波里加尔起义
8	1809 年	贾特起义
9	1830—1831 年	迈索尔农民起义
10	1855—1856 年	桑塔尔部族起义

锡克族和苗族在比较史视域中转型为现代性开放社会族群，且异曲同工：少数宗教族群与少数宗法制民族。锡克族与苗族拥有独特的相似之处：保留了佩刀或持火枪的传统。16 世纪，西方早已开始了地理大发现。17 世纪下半叶，英国已经发生了资产阶级革命。西方社会显然已逐渐有了走向现代社会的动向。然而，17 世纪下半叶，中印两国仍处于一个封建王朝开疆破土的时代。清朝顺治帝与印度奥朗则布都在积极地开疆拓土，营建帝国。同时，两国社会内部的民族关系也很混乱。

二、苗回等族起义使清朝盛世倾危

在中国，从 1583 年努尔哈赤起事到鸦片战争前的 1838 年，共发生了 363 起大小战事；清入关统一全国后，战事达 242 起之多，使全国各地，尤其是清水江流域原本发达的木商业生产被打断，社会疲于反抗朝廷而失去和平发展与生产进步的机会，内生的现代性因素被消磨殆尽，步入现代性的阶梯被拆毁。

表 3-3 清代主要君主时期兴衰战事与起义数据表

皇帝	在位（年）	战事（件）	年均频次	起义（件）	年均频次
顺治	18	91	5.15	53	2.94
康熙	61	65	1.15	15	0.25
雍正	13	23	1.77	7	0.54
乾隆	60	31	0.52	12	0.20
嘉庆	25	21	0.84	10	0.40
道光	30	33	1.10	16	0.53
咸丰	11	73	6.64	14	1.27
同治	13	41	3.24	20	1.54
光绪	34	42	1.24	6	0.18

清朝把土司的权力收回中央，派遣流官到地方上去。这些流官拿着中央政府的薪俸，听从朝廷派遣，无实权，也就无法在地方上做大，从而强化了中央集权（中央直接管理云南、贵州、四川、广西等地并增加赋税）。赋税增加，一方面，使一切财富失去了积累和生成商业资本或生产资本的可能；另一方面，使西南、华南地区民生困难；再一方面，土司及权贵等上层因中央政府的改土归流而名实均被削夺和剥夺。于是，他们煽动下层民众，由此掀起了起义。

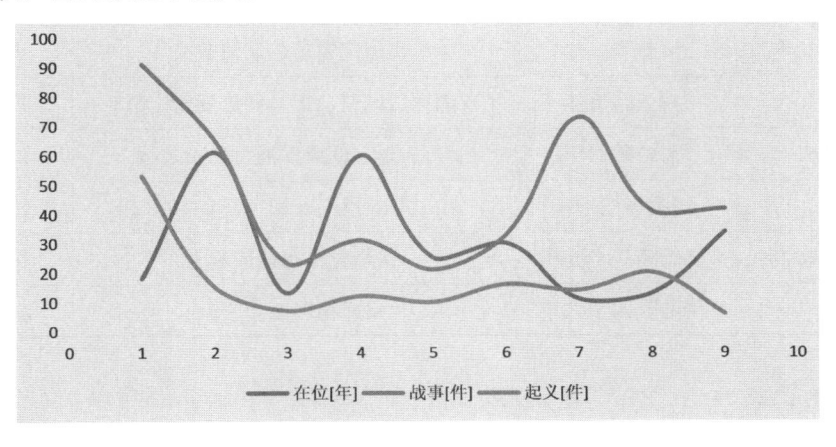

图 3-2 清代兴衰中的战事与起义的 XY 散点图示

九位皇帝在位时间曲线中，康熙与乾隆处于两峰值，起义事件的频次相对较小，在位时间较长。起义事件不是计次，是计事件件数。事实上，自乾隆朝起，起义事件开始增多，而战事更为突出。战事次数在咸丰时达到峰值。光绪时的起义计数是除去兴中会等新式革命的，故此未能真实反映实况。陆战占绝大多数，海战甚少。封建社会生成基础的缺失与转型主体的缺失，北方的回族起义与贵州的苗民起义等，就是转型的一个部分。人民大众的反抗助推了现代化瓦解封建中央集权的步伐，在一定程度上实现了社会民主的需求和趋向，这本身也是现代化转型多重奏的一部分。

表 3-4　清代雍乾时期苗回等族起义概况表①

时间	雍乾皇帝纪年	起义/战事	次数
1726 年	清雍正四年	清军平定云南苗族禄万钟之战	1
		贵州苗族抗清	2
1730 年	清雍正八年	清军进攻云南苗族乌蒙之战	3
		清军进攻贵州苗族古州之战	4
1732 年	清雍正十年	贵州苗族包利反清台拱之战	5
1733 年	清雍正十一年	贵州苗族包利反清莲花坉之战	6
		云南苗族刁兴国反清起义	7
1735 年	清雍正十三年	清军进攻贵州苗族古州台拱之战	8
		湘西苗族反清横塘之战	9
1738 年	清乾隆三年	贵州定番苗族反清起义	10
1740 年	清乾隆五年	湘桂边区苗、瑶、侗族反清之战	11
1741 年	清乾隆六年	苗、瑶、侗族反清竹岔山之战	12
1765 年	清乾隆三十年	新疆乌什回民暴动	13
1770 年	清乾隆三十五年	贵州党堆寨苗族起义	14
1781 年	清乾隆四十六年	兰州回民苏四十三起义	15

① 清代战事参考：中国军事史编写组. 中国历代战争年表（下册）[M]. 北京：中国人民解放军出版社，2003.

续表

时间	雍乾皇帝纪年	起义/战事	次数
1784 年	清乾隆四十九年	甘肃回民田五、马四圭起义	16

作为封建国家，清帝国为统一而做的各种努力都是为了不断加强中央集权，而不是打通国内市场，为资本发展扫清障碍。尤其以洋务派为典型，从地方到中央的成员都是实力派，力量并不弱小，但存在"生成基础与转型主体的缺失"与实施主体的阶级局限性，其中心思想"中体西用"便说明洋务派不可能使国家转向资本主义。清廷剿杀苗民起义不是为了打通国内市场，而仅仅是为了实现中央集权，消除政治动乱和国家分裂的隐患。"（办洋务）可以剿发捻，可以勤远略。"[①]

第四节　莫卧儿帝国分裂的锡克教视角

锡克族是北印度旁遮普地区一支独特的宗教民族，是由锡克教转型、发展来的。锡克教是在印度教与伊斯兰教的两大虔信派改革的影响下，于16世纪初在印度旁遮普地区兴起的近代新宗教。锡克教的始祖是那纳克（Nanak，1469—1539）[②]，教徒"信奉唯一的神、十位师尊、锡克教的圣典和经典"。锡克教因教徒最初均自称为"Sikh"而得名。锡克教历经200多年，发展为一个"神圣的共同体"，大量底层种姓的手工业者和贾特农民加入。在莫卧儿王朝的宗教压迫下，锡克教开始从商人和高利贷者的信仰转型为底层种姓族群的信仰，从宗教文化性质的和平主义的社会团体转变为一个政教合一的、"尚武"的宗教民族。

---

①曾国藩. 复陈洋人助剿及采米运洋折［A］曾文正公全集（卷12）［C］. 台北：文海出版社，1966—1982：2025.

②Sikh Missionary Center. Sikh Religion［M］. Arizona：Sikh Missionary Center，1990：7.

一、锡克民族形成的宗教文化背景

锡克教的产生在文化渊源上与伊斯兰教和印度教有着直接的联系，是在两大教的虔诚信仰派，即伊斯兰教苏菲派的神秘主义思想和印度教虔信派的宗教革新精神的推动下形成的。公元8世纪，伊斯兰教随着阿拉伯人的入侵而进入印度，使印度教几千年来的历史传统首次面对一个与以往不同的外来宗教的冲击。1001年，马哈茂德（Muhammed）第一次入侵印度。自此以后，穆斯林军队的入侵成了北印度生活中的惯常事件，穆斯林军队在所到之处大肆屠杀印度教教徒，洗劫印度教寺庙。这种征服史的"轮回"再度向着15世纪的边缘迈进。

一方面，公元7世纪末、8世纪初，伊斯兰教的神秘主义派别——苏菲派（al-Sufiyyah）形成于阿拉伯半岛。苏菲派最早在1092年时和平地传入旁遮普。① 而在穆斯林军队入侵旁遮普以后，伊斯兰教的和平传播终止。11世纪初，信奉伊斯兰教的突厥人入侵印度，大批苏菲派穆斯林随之陆续来到印度。自穆斯林军队入侵印度后，无论何地，穆斯林征服者都大肆屠戮异教徒，并毁坏他们的圣地。而苏菲派对待印度教教徒如亲兄弟一般，让他们到家里叙谈。② 苏菲派的活动既帮助和支持了穆斯林上层对印度的入侵与统治，又受到印度教和伊斯兰教下层群众的欢迎和拥护，推动了伊斯兰文化与印度教文化的相互渗透与融合。

另一方面，尽管征服在不断循环和反复，但印度教宗教改革也在断断续续地进行。11世纪，印度教兴起了"虔信派"改革运动（Bhakti Movement），吠檀多主义的导师罗摩努阇（Ramanuja）发起了改革。这场改革运动从南向北发展，影响至整个南亚次大陆。15世纪中晚期，在旁遮普民间伊斯兰教教徒和印度教教徒早就开始的交往融合的现世环境中，以伽比尔（Kabir，1440—1518）为代表的虔信改革派倡导反对种姓制度，积极宣

---

① Khushwant Singh, A History of The Sikhs (Vol. I: 1469—1839) [M]. Princeton University Press, 1963: 27.

② Khushwant Singh, A History of The Sikhs (Vol. I: 1469—1839) [M]. Princeton University Press, 1963: 26.

扬和平主义。伽比尔自称为"罗摩与安拉的孩子"①。虔信派改革的内容主要如下：反对偶像崇拜；精神生活不需要禁绝饮食、伴侣和性等；主张一神教，认为神是无处不在和不可形容的；种姓制度不是神圣命定的，因为人类生而平等；通过冥想式的虔诚、向神表达爱和唱赞美诗来获得解脱；接近神的最好办法是顺从神的意志，而理解神的意志的最好途径是成为神的弟子，并寻求导师的指导。②

在印度文明强大的包容特性的驱使之下，冲突着的两大宗教各自的虔信派在宗教精神上开始相互妥协，其宗教价值内涵开始相融。同时，印度教虔信派的精神在实践中并没有完全得到履行，他们仍然继续膜拜一个又一个再生的毗湿奴和湿婆神……很少打算让更多底层种姓的人们成为追随者，很少在重要场合从底层种姓群众的手里接受食物，这就要求（后继者）把虔信派的思想综合成一个合理的制度，并把其训导付诸实践，树立一个典范。③

二、锡克教的兴起、转型与锡克民族的形成

经过 15 世纪印度历史的再度"循环"，在穆斯林征服者的征服与迫害之下，15 世纪末，北印度民族矛盾、阶级矛盾和宗教矛盾十分尖锐，伊斯兰教与印度教虔信派都开始以宗教关怀为驱动，对社会进行不同程度的反思。16 世纪初，锡克教作为印度教虔信改革派的一个新兴教派，兴起于旁遮普地区。锡克教吸收了印度教虔信派和伊斯兰教苏菲派的一些开明的宗教理论和精神，在大量的贾特农民加入后，还吸收了贾特农民的文化特质，使这个新兴宗教在反抗莫卧儿王朝的宗教压迫中，成了底层种姓人民反抗封建压迫的旗帜和载体。锡克民族的形成就是印度历史特性与锡克教

---

①Khushwant Singh. A History of The Sikhs（Vol. I：1469—1839）[M]. Princeton University Press，1963：24.

②Khushwant Singh. A History of The Sikhs（Vol. I：1469—1839）[M]. Princeton University Press，1963：25.

③Khushwant Singh. A History of The Sikhs（Vol. I：1469—1839）[M]. Princeton University Press，1963：25.

信仰矛盾冲突而发生转型的结果。

(一) 和平的锡克教的创始

锡克教本身并不是简单地糅合两大虔信派信仰精神的产物，而是对印度教虔信派弱点的进一步克服以及对穆斯林征服者的杀戮和破坏暴行进行反思的宗教意识形态。而在宗教信仰实体上，锡克教历经十代师尊共239年的努力缔造，最终从一个印度教支派发展为一个独立的宗教实体，是锡克民族的前身。

1469年，那纳克出生于北印度旁遮普，即印度教教徒与穆斯林和睦聚居的塔尔万提村。他自幼聪颖，爱思考问题，成长中耳闻目睹了底层群众和平共处的情形。这成为他推崇和平主义的底基。年轻时的那纳克愤世嫉俗，"深切觉察到当时社会（伊斯兰教入侵者）沉醉于暴力的实际情形，苏菲派和虔信派运动的安抚性许诺虽有各自的终极诉求，然而其最终成就并不能让人满意"[①]。他这样描述身处的时代："这个年代就像一把屠刀，国王是屠夫，宗教流离失所，在谎言的黑暗中我看不到真理月光的上升。"[②] 这使他醉心于宗教，放弃了管理粮库的职业，离别双亲和妻儿，周游各地，用诗歌的形式游说各地，呼吁民众信奉"真名"（Sat Nam），宣传凡教徒不论种姓、不分教派在神面前一律平等的教义，试图像虔诚派领袖伽比尔等宗教师尊那样，在印度教与伊斯兰教之间营造一种和谐的气氛。[③]

那纳克30岁时得神的启示后，以"师尊"身份在北印度旅行传教达20年，并创建锡克教。他虽然是商人出身，在印度全境以及西亚各地游历，尤其随着那些朝圣贸易的商队前往中东地区，到达过巴格达、麦加和麦地那等地，但终生不懈进行的是通过游历宣扬自己缔造的宗教。他于1520年组织教团，训练门徒，差遣他们往各处传教。那纳克通过38年

---

① Patwant Singh. The Sikhs [M]. John Murry. Ltd, 1999: 16.
② Khushwant Singh. A History of The Sikhs (Vol. I: 1469—1839) [M]. Princeton University Press, 1963: 29.
③ 周柏青. 师尊时期锡克教的演变及其原因（一）[J]. 南亚研究, 1992, 39 (2): 62.

(1500—1538) 不懈的传教活动，使他的新信仰体系得到发展。他本人不愧为一位宗教改革家。在其 1539 年逝世时，锡克教信仰已在印穆两教下层群众中有了一定的权威性和深刻的感染力。那纳克的宗教思想在后世历代师尊的继承下发展成锡克教教义，其主要内容包括五个方面：①严格信仰一神论，认为神是唯一的，是全知全能的，是宇宙万物的缔造者，是公证而仁慈的。②主张在神的面前人人平等，反对种姓分离与歧视妇女。③信仰业报轮回说，即人要靠神的惠顾和师尊的指导才能得以解脱。④尊崇师尊，将其奉为神的使者，并信奉师尊的预言；师尊享有无上的权力，可以指定自己的继承者。⑤反对祭祀制度与偶像崇拜，主张简化礼仪，朝拜圣地，积极入世。

（二）锡克教的发展与转型

那纳克博采众长，终其一生倡导印度教教徒与穆斯林和平共处，在两个信仰的群体中最终诞生了集二者于一体的复合性的锡克教。他以后的九位师尊也做了不懈的努力。而锡克教在信仰实体化、制度化的过程中，内部矛盾开始凸显出来。同时，莫卧儿帝国对锡克教的扶、抑政策形成直接的外力作用，宗教迫害促使锡克教实体发生转型，在前九代师尊的领导下，发展为一个尚武的社会集团。

从那纳克起，前四位师尊时期的锡克教反映的是城市新兴商人、高利贷者和手工业者的利益诉求。因阶层的活跃特性，锡克教形成了比印度教开明、具有较强世俗生活诉求的特点。锡克教也因此在阿克巴时代受到了阿克巴本人的推崇，他也像一般的虔诚教徒那样礼拜锡克教师尊。第四代师尊拉姆·达斯受到了阿克巴的土地封赠，为阿姆利则城成为锡克教的圣城奠定了基础。锡克教吸收了伊斯兰教一神论，呼吁民众信奉"真名"，宣传凡教徒不论种姓、不分教派在神面前一律平等的教义，反对种姓制度。这种比较开明、有较强现实诉求的特性决定了它对社会下层族群具有较强的社会整合功能。前五代师尊在全印各地周游传教，有了不少追随者。第三代师尊阿玛尔·达斯（Amardas，1479—1574）通过建立教区组织曼吉（Manji）来管理教徒，按教徒所在区域划分为 22 个教区，各教区设教区长，教区长向师尊负责。

第五代师尊是阿尔琼（Arjan，1563—1606），他是第四代师尊拉姆·达斯（1581—1563）的小儿子。阿尔琼之死打断了锡克教的和平发展进程，成了锡克教转型的第一个转折点。在阿尔琼掌权时期，大批贾特人（Jats，属农业种姓）加入锡克教，并成为锡克教士兵、骑士、火枪手。锡克教人口激增，并且遍布整个旁遮普。阿尔琼不得不把锡克教的教区组织改为常设性行政机构，由师尊的代表马桑德（Masands，锡克教教区长）领导。锡克教教徒必须通过马桑德向教内缴纳献金"达斯万特"（daswandh）作为公共基金。正是在他的领导下，锡克教初步完成信仰的实体化和制度化。随着阿尔琼领导的锡克教的政治、经济力量在旁遮普逐渐强大，阿尔琼开始无所顾忌地向锡克教教徒灌输英雄主义精神。1606年，阿尔琼卷入莫卧儿皇室的纷争，皇帝贾汉吉尔猜疑他庇护叛乱的王子胡斯诺（Khusro），同时嫉恨他所领导的、势力不断壮大的锡克教，因此将阿尔琼迫害致死。于是，锡克人开始武装反抗莫卧儿王朝的统治。

马桑德制度起到了扩大锡克教的传播与组织体系的历史作用，但是到第八代师尊哈尔·克里尚（Har Krishan，1656—1664）时已出现严重危机。克里尚是哈尔·拉伊（Har Rai，1630—1661）的次子，天资聪颖，5岁被立为师尊，但不幸的是8岁时得天花夭折。在他掌权的短暂时间里，马桑德们已把师尊置若无存，特别是在克里尚死前指定继任人时体现得尤为明显，"许多马桑德在他们所管辖的教区自视为师尊并开始自行委任他们的继任者"①。

师尊以世袭制度选定继任人，但现在继任人之争发生在师尊的同胞兄弟及其子之间。克里尚的兄长拉姆·拉伊（Ram Rai）、迪尔马尔（Dhirmal）与特格·巴哈杜尔（Tegh Bahadur，1621—1675）争夺师尊权位，前两者几经较量后都失败了，由特格·巴哈杜尔继任为第九代师尊。特格·巴哈杜尔是第六代师尊哈尔·戈宾德（Har Gobind，1595—1644）

---

①Khushwant Singh. A History of The Sikhs (Vol. I：1469—1839) [M]. Princeton University Press，1963：82.

的第五子，但他并未继承先父的好战传统，"是一个不与人交往、不想争权夺利的人"①，已历经贾汉吉尔、沙·贾汗两代统治及与锡克人的恩怨，对莫卧儿统治集团深恶痛绝。时值奥朗则布的宗教迫害恶政，在这种险恶处境下，"他鼓励人们（旁遮普印度教教徒和锡克人）坚决抵制莫卧儿政府"②。就这样，他在1675年被朝廷逮捕，因拒绝改宗伊斯兰教而被奥朗则布处死在德里的昌德尼·焦格（Chandni Chowk）。在锡克人看来，这是对他们信仰的极大侮辱，成为锡克教转型的第二个重要的转折点。

锡克教组织体系与继承制度在壮大其力量的同时，也加快了它的内耗。主要是17世纪晚期，成千上万的农民和手工业者加入锡克教，不但反对莫卧儿帝国，也反对教派内日益发展的宗教封建势力，使锡克教成为旁遮普农民起义的旗帜。锡克人为其殉教的师尊复仇，与莫卧儿王朝对抗，从根本上改变了锡克教社会集团的宗教文化性质、宗教宽容思想和非暴力主义信条，使锡克人结束了和平主义的宗教实体性质，从此彻底走上了武装反抗莫卧儿统治的宗教民族主义道路，"循环不息的镇压与复仇结果成为锡克历史的特色"③。

（三）戈宾德·辛格的改革

锡克人在莫卧儿帝国的宗教压迫和迫害下，在第十代师尊戈宾德·辛格（Gobind Singh，1666—1708）的宗教社会改革下，形成一个社会独立实体，为锡克人在这个时代发展成一个宗教民族准备了主体构件和组织形式。因此，戈宾德·辛格的改革是锡克民族成为宗教民族的标志性事件。戈宾德·辛格是特格·巴哈杜尔的儿子，他在其父特格·巴哈杜尔殉教时年仅9岁，然后继位。改革的原因主要表现在以下四个方面：

第一，戈宾德·辛格在仇恨的氛围和记忆中长大成人后，意识到自前

---

①Khushwant Singh. A History of The Sikhs（Vol. I：1469—1839）[M]. Princeton University Press，1963：71.

②Khushwant Singh. A History of The Sikhs（Vol. I：1469—1839）[M]. Princeton University Press，1963：72.

③[印]恩·克·辛哈，阿·克·班纳吉. 印度通史（第三卷·上）[M]. 张若达，冯金辛，译. 北京：商务印书馆，1973：665.

五代师尊掌权以来，锡克人的处境不断恶化，生存空间越来越窄，因此必须改变这种处境。他希望集中锡克人的力量来捍卫信仰自由，公仇、私敌的账一起算。"一旦一个人确信敌人将会灭绝他，带着全部私怨反抗敌人就成了他的使命。"①

第二，马桑德制度已经出现危机，锡克教面临着分裂和力量削弱的危险。如果任由马桑德们恣意妄为，锡克教内部就会滋生腐败，丧失对社会底层种姓和改变宗教信仰者（以下简称"改宗者"）的社会整合能力，从而丧失生命力。

第三，在成熟理事以后，弋宾德·辛格认识到马桑德制度与锡克教历来倡导的人人平等的传统相悖，而"锡克教的普通教徒希望保持早期锡克教的平等传统，坚决反对锡克教封建上层人物的特权地位"。任由马桑德僭越师尊权威，就会践踏锡克教倡导平等的根本信条。②

第四，在这个时期莫卧儿王朝的宗教同化政策下，印度教势力较弱，而锡克人组织涣散，只有通过改革强化锡克人的身份，发扬锡克人已有的传统，才能扩大锡克教的影响和增强力量，也才能在反抗莫卧儿统治的起义中提高战斗力，立于不败之地。

1699年，戈宾德·辛格在旁遮普的阿南德普尔召开了八千人大会，他宣布：

①锡克教脱离印度教，通过有别于印度教入教仪式的入教典礼"帕胡尔"（Khandrdi—pahul，意为"剑的洗礼），即用双锋剑搅匀的水洒身为信徒洗礼入教。②清洗主张与莫卧儿王朝妥协的商人和高利贷者，一改前四位师尊和平主义与"非暴力"的教条，成立锡克教军事组织、最高权力机构——"卡尔萨（Khalsa）代表大会"，把师尊手中的政教权力移交给锡克教的卡尔萨代表大会，废除马桑德体制。③要求锡克教教徒必须在身上佩有和穿戴"五 K"标志，即"留长发（kes）、戴发梳并扎包头巾

---

①Khushwant Singh. A History of The Sikhs（Vol. I：1839—1988）[M]. Princeton University Press，1963：76.

②赵克毅. 十六至十八世纪印度的锡克教与锡克教徒起义[J]. 史学月刊，1985（5）：94.

（kangha）、戴钢镯（karka）、佩短剑（kirpan）和穿长衣短裤（kachha）"。"五 K"由卡尔萨教团的五种特殊标志的首字母组成，这五件物饰的特定含义是：蓄长发表示睿智、博学、大胆、勇猛，是锡克教教成年男教徒最重要的标志；戴发梳、扎包头巾是为了保持头发的整洁，也可以促进心灵修炼；戴钢手镯象征锡克教教兄弟永远团结；佩短剑表示追求自由和平等的坚强信念；穿长裤是为了提醒锡克教教徒切忌淫邪之念。通过这种外在的形式区分本教与其他教团，表明锡克人的身份。④规定每个男教徒的名字后面都要加上"辛格"（Singh，意为"雄狮"），而女教徒的名字后要加上"考尔"（Kaur，意为"公主"）。

（四）锡克宗教民族的形成

1. 锡克宗教独立与社会自治实体地位的形成①

戈宾德·辛格改革着重强调和突显锡克人的宗教独立与社会自治，进而使锡克人形成了一个宗教独立与社会自治的实体。因此，他的改革对后世锡克身份认同有着决定性的影响，这些影响主要表现如下：

第一，通过洗剑入教仪式，较为简捷、明确地给入教群众开启了入教的制度传统。

第二，通过"五 K"标志这种基本的外在形式，强化了锡克人的身份，使锡克人形成了蓄长发、戴发梳并扎包头巾、戴钢手镯、佩短剑和穿长衣短裤的传统，随时提醒自己对信仰的虔诚与忠诚，因而使锡克人的独特身份不但在外在形式上，而且在心理上都能得到区别、认同与维护。

第三，男教徒取名或加字为"辛格"，女教徒取名或加字为"考尔"，不但使所有锡克人在名字上都能区别于外人，更具有特殊的姓名学意义——实质上把锡克人的姓氏统一到特定的身份符号系统中，强化了锡克人在印度社会关系中独特的族群属性。

第四，建立的锡克军事组织卡尔萨及其公社代表大会，属于军事神权

---

① "宗教独立与社会自治体"是指在第五代师尊阿尔琼时期锡克教完全独立于印度教而形成一个宗教、社会实体，到第六代师尊哈·戈宾德时期业已形成一个独立的自治集团。实质上，此后故有宗教独立与社会自治的实体地位。

性质的社会团体,不但使锡克人的社会关系以这种平等的代表大会的形式结合起来,而且在前述已有的锡克人姓氏和用名权与穿戴形式的基础上统一于卡尔萨的社会组织,使锡克人的族群属性有了结合较为紧密的实体特征、主体形式和组织形式。

第五,对锡克教大胆进行宗教社会改革,废除师尊制以及师尊下辖教区,废除间接领导锡克人的马桑德制度,使锡克教更有利于发展和传承它所倡导的人人生而平等、信仰自由和捍卫信仰而不惜殉教牺牲等一系列锡克教精神文化。同时,提倡继续发扬锡克人的英雄主义和维护尊严而献身的精神,进而使"锡克"一词在"学生""弟子""信徒"的基础含义上追加和引申为"受过英雄主义教育的人"。

第六,强调和教化那个时代的"武功",让锡克男子婚前集体居住,全力以赴地练习刀剑武功。在大量的贾特农民加入锡克卡尔萨队伍并成为力量中坚以后,锡克人的起义愈来愈鲜明地具有反封建性质,起义者不仅反对自己的主要敌人莫卧儿人,也反对印度教封建主和伊斯兰教封建主。锡克教教义成了农民反封建运动的指导思想。戈宾德·辛格的改革使前九代师尊时期松散的宗教社会集团的性质发生转变,让锡克教走上了全体武装的、军事化的道路,从而为锡克教在农民起义的浪潮中转型为一个组织严密的宗教独立实体奠定了坚实的基础。

2. 旁遮普主权斗争与宗教民族主体的构建

师尊戈宾德·辛格在创立卡尔萨教团以后,领导锡克人进行反抗莫卧儿王朝的起义斗争,逐渐明确地把旁遮普作为锡克教教徒的生存地域和空间,使锡克人在这个地区完全树立起团结、独立的主体形象。旁遮普的主权斗争最终催生了这个宗教民族。戈宾德·辛格的改革完成了锡克人为信仰和自由而战所需的军事化的使命,他正是依靠"帕胡尔"入教典礼、"五K"制穿戴标志、令人敬畏的教徒名字与卡尔萨代表大会等一系列新的信仰制度,还包括严禁教徒吸烟饮酒、寡妇殉夫、杀婴、偶像崇拜等破除旧传统的实践,巩固和发展了第六代师尊以来形成的私人部队,教育了卡尔萨团队,让他们集中全部精力到刀剑武功上,增强了锡克人的战斗力。戈宾德·辛格最终把卡尔萨武装成了一支强大的锡克军,并率领这支军队同莫卧儿军队展开了长期斗争。

在戈宾德·辛格的领导下，锡克人果敢无畏地捍卫着他们在旁遮普的生存权和信仰自由，随时准备投入战斗，击杀敌人。1705年，奥朗则布任命锡尔汗为总司令，统率德里和旁遮普两省兵力再次进剿锡克教起义军。戈宾德·辛格在阿南德普尔（Anandpur）和其他要塞相继失陷后，率部退到喜马拉雅山脚下。1707年，奥朗则布死后，戈宾德·辛格率少数骑兵通过拉加斯坦到达德干，驻扎在古达瓦科河上的南德尔地区，多次打败莫卧儿帝国和印度教土邦的联军。1708年，戈宾德·辛格被一个帕坦人刺杀，因伤势过重而身亡，殁年42岁。他生前曾宣布，"卡尔萨"锡克人不再需要有真正"人格"的师尊了，因而父子世袭的师尊制实际上被自动废除，代之以《古鲁·格兰特·萨哈布》（Guru Gtanth Sahib，简称《阿底格兰特》），是一部集有印度教圣人伽比尔等以及十代师尊的诗歌及文献纪录的大型文献典籍。

通过这样多次顽强的反抗斗争，锡克人被引导到了一个特定的目标和使命上去。锡克民族的这个目标和使命不再局限于自治，而是要实现独立立国。这个目标和使命的塑造与升华最终造就了一个富有斗争精神的宗教民族。戈宾德·辛格在给"卡尔萨的一个文告中说：'我们要粉碎压迫者莫卧儿帝国，那时我将把全国从白沙瓦到拉合尔交给我的锡克教徒们。'"[①] 因此，要拯救旁遮普那些受苦受难和被压迫的人们，为了整个民族有一个自由的宗教政治家园而独立立国。在这里，旁遮普的主权已经成为催生这个宗教民族用兵戈血泪为自己身份正名的"铁血虎符"了。戈宾德·辛格领导锡克人在旁遮普进行坚贞不屈的主权斗争，这场斗争不因他的去世而流产，旁遮普锡克民族用铁血金戈铸炼的身份已经得到了正名，其主体构成已经具备了它作为一个宗教民族存在的充分理由。这不仅包括以贾特人为中坚的民族主体、共同的经济生活、共同的地域，还包括宗教文化体系及其语言传承工具。

---

① 赵克毅. 十六到十八世纪印度的锡克教与锡克教徒起义［J］. 史学月刊，1985（5）：94.

第一，在锡克民族的地域基础与经济生活上，十代师尊以来，锡克人在旁遮普地区已有不少属于自己的宗教圣地及庙宇。在第五代师尊阿尔琼时期，锡克教与旁遮普的地域便结成了"信仰家园"关系，所以这块地域对锡克人有着特定意义。同时，在阿尔琼建立较为稳定的"宗教献金"制度后，开辟财政资源，锡克教上层拥有各种特权，通过锡克教日常性的共餐制度和一些公共活动，教内形成了稳定的经济生活秩序，使锡克人走上了一个地方性的独立实体的道路。"阿尔琼的财政政策及其儿子的武装制度已经使锡克人组成了帝国内的一种独立的土邦。"阿尔琼以后的五代师尊，尤其是戈宾德·辛格，他们领导锡克人在旁遮普进行的斗争巩固了锡克人在旁遮普的地位，使锡克人有了一种民族身份的地域归属感。一个宗教民族的生存空间于是在锡克人的独立运动与信仰的归属上得到了确认。

第二，在民族语言和宗教文化的价值体系上，锡克人完全以锡克教为承载体，与锡克教的历史同命相依，依托于其宗教信仰及实践，以宗教教义为行为准则，对宗教信仰的忠诚即是对本民族的忠诚，信仰是民族情感的纽带，与之交相融合而成。在戈宾德·辛格改革前，锡克人就有了本民族的语言文字，即旁遮普语及第二代师尊安加德创造的基于旁遮普语的古鲁穆奇体文字；锡克人在戈宾德·辛格领导下进行的捍卫生存权和信仰自由的斗争就表现出了他们最大的信仰虔诚与忠诚；在戈宾德·辛格去世之后，《阿底格兰特》成为教义经典。这部圣典用"他"所用的语言文字和宗教教义以及文化价值哺育着后世一代又一代的锡克人，为锡克人的身份正名提供了特定价值的文化渊源。

第三，在民族中坚力量与来源上，自第五代师尊以后，贾特种姓成为这个族群的中坚。贾特人以从事农业为主要生产生活方式，在村社经济生活中形成了以一个信仰为纽带的社会实体。而且，自从这个主要的农民种姓加入锡克教以后，它的主要制度——贾特人所世代沿袭实行的村级行政自治单位五人长老会（Pancayat，潘查雅特），便对锡克人的组织产生了直接影响，通过制度对接形成了卡尔萨军事组织的代表大会。后来，贾特人与锡克教的历史同命相依，依托于其宗教信仰及实践。

旁遮普地域上种姓族群与信仰实体的结合，完全具备宗教民族的属性。从民族学的角度看,由于锡克教信徒具有共同的语言、共同的地域、共同的文化和心理素质,所以,锡克教也属于一个民族。① 自此以后,锡克人有了自己的民族认同,成了一个典型"尚武"的宗教民族。

第五节 锡克民族与莫卧儿王朝的决裂

16世纪兴起的锡克民族具有顽强的生命力,生存亦即斗争,其发展壮大本身是在印度社会四重奏转型中与其他实体或力量进行长期博弈的结果。锡克民族的博弈抉择促进了近代锡克教民族主义信仰结构的形成。锡克民族的师尊时代具有重大的信仰结构意义,在整个大转型前的350年(1500—1849)里占了将近2/3的时间。锡克民族作为社会集团的时间远远长于其作为民族并独立立国的时间,而后起的特点使它成了一个地方性的宗教少数民族。此外,世俗的开明特性使它的民族主体与宗教实体高度结合,进而形成了教俗同一的体制,这种地位和体制在它向现代锡克民族主义转型中产生了深刻的影响。

一、锡克教历史文化及其体系

作为宗教民族的锡克族拥有自己的宗教信仰结构,这个信仰结构是在长达350年的自然时间和历史传统中形成的,期间囊括锡克始祖那纳克的人生轨迹和1849年锡克王国被英国殖民当局兼并。相比佛教、印度教,锡克教文化的积淀不算"悠久"。这个信仰结构却因锡克民族长期受到掣肘的宗教少数民族地位而具有顽强的生命力,对后世锡克社会的转型与现代锡克教民族主义产生了根深蒂固的传统影响。因此,它有一个特定的结构内涵:在主体性质(形成)上是指锡克民族的近代锡克教民族主义结构,在客体内容(构成)上是指锡克民族独特的经济、宗教、文化、政治与民族五位一体的信仰结构。

---

① 朱明忠. 独具特色的锡克教民俗[J]. 当代亚太,1994(5):68.

这个结构在主体层面上反映的是，在印度历史 350 年的进程中，锡克人同其他族群一样，是印度历史的创造者和主体之一，其生存基础是在印度居于统治地位的伊斯兰教和文化根基久远的印度教的夹缝中博得的。对于伊斯兰教和印度教而言，锡克教是后起的，要想"后来者居上"，就必须有优于前二者的特质。同时，它必须与前二者展开争夺，为自己争取更多的信徒和创造更大的生存空间。因此，锡克民族发展壮大本身就是在处理与其他实体或力量的关系中进行的一个长久的结构博弈。在莫卧儿帝国盛衰与印度社会转型背景下，在处理与莫卧儿人、马拉塔人、波斯人、阿富汗人、英国人的关系中，以及其宗教实践与改造社会的过程中，它先后形成了和平主义的教派性质团体、宗教独立实体、社会自治集团、"独立自治的近代锡克教民族主义第一、第二锡克国"和"独立立国主义的锡克王国"。

这个结构在客体层面上反映的是，350 年间，在旁遮普这个印度门户、"文化熔炉"与历史缩影的地域空间里，锡克教的民族主体由商人种姓向贾特种姓转变。十代师尊创造了锡克人独特的宗教文化结构，锡克民族的核心和承载体是锡克教，而锡克教的信仰核心是师尊，所以锡克人信奉"集体人格"的师尊。在处理与其他族群的关系中，锡克教信仰与它的民族属性相互磨合，在宗教、民族、政治、经济生活与文化的紧密结合中形成了自己的信仰结构。

二、近代锡克教民族主义形成的历史环境

第一，纵观印度历史，我们发现它存在这样一个特性，即一个地理历史结构主义语义上的不平衡发展规律，这个特性规律主要表现在如下几个方面：

1. 地理历史结构的不平衡性。自然条件的差异，对古代印度各地区历史发展不平衡产生了一定的影响。① 主要是地理、自然条件作为社会生产力的内在因素与外在因素的矛盾尚未得到解决以前，也就是生产力内部尚

---

① 周一良，吴于廑. 世界通史（上古卷）[M]. 北京：人民出版社，1972：116.

未整合自然条件作为其内在要素以前,①形成了印度斯坦内地区间的发展不平衡格局,造成了印度在地理时间上的社会深刻分裂。

2. 社会结构的多层次特性与复杂性。语言、宗教、种姓、种族等以及它们的各种次属类型综合形成的传统使印度人在生存和发展中始终具有复合的、复杂的特性,加之雅利安人的征服史以来各地发展并不平衡,造成印度的多元性与复合性文明结构的复杂性,甚至是矛盾对立性。②

3. 经济的社会形态内部——经济与政治的发展不平衡性。分散的村社经济的缓慢发展同政治上统治力量的无穷变换,以及长期的武力征服使外来力量的政治统治成了印度历史的主曲,经济的缓慢发展助长和加长了征服的历史,这就形成了经济与政治之间的不平衡关系及其社会历史时间内业已成形的不平衡发展结构。自古老的雅利安人的征服史以来,印度社会的不平衡发展就一直延续着,造成自然时间从历史时间向世界时间的缓慢转变,即现代化的缓慢启动。

4. 相同社会生产力水平下的较强包容性与较强整合力特性。一个又一个征服者都在这个包容性的文明面前、在古老和根深蒂固的种姓制度面前被融合,而不是改变"种姓"这个恒久地为印度特有的历史符号。③ 相继征服过印度的阿拉伯人、土耳其人、鞑靼人和莫卧儿人,不久都被当地人同化了,野蛮的征服者总是被那些他们征服的民族的较高文明所征服,这是一条永恒的历史规律。④ 这样,征服者最终都从与被征服者的反抗中成为"印度斯坦人"。

5. 宗教的人文价值关怀的终极性与实践性之间的二重性矛盾。⑤ 在印度,宗教是最顽强和古老的力量和意识形态,宗教与印度历史寸步相随,

---

① 顾乃忠. 地理环境与文化——兼论地理环境决定论研究的方法论 [J]. 浙江社会科学,2000 (3):133. 该文认为,观察地理环境应该有两个视角,即一方面应把地理环境作为社会的外部因素看待,另一方面应把地理环境作为社会的内在因素看待。文章对地理环境决定论的研究提供了方法论原则。

② 培伦. 印度通史 [M]. 哈尔滨:黑龙江人民出版社,1990:14.

③ 李铁匠. 古伊朗的种姓制度 [J]. 世界历史,1998 (2):68.

④ 马克思,恩格斯. 马克思恩格斯选集(第二卷)[M]. 北京:人民出版社,1995:768.

⑤ 孟建伟. 探讨科学的人文价值的意义 [J]. 新视野,2000 (3):27.

这与宗教的人文价值关怀紧密相关。"这个思想（印度教始终重视人生的终极目的）从没有忘记它那组成中的超世的因素，所以虽然在一方面尽量肯定人生，却不肯作人生的牺牲者和奴隶。"① 宗教的演化和发展以其对种族的原始关怀（主要是印度教所竭力维护的种姓制度对高级种姓的特权的关怀，从人人平等这个基本人权来看，这是一种原始的关怀，从它身上还可以发现种族隔离与歧视的古老痕迹）逐渐走向对人的终极关怀，但是这些关怀从神秘主义、唯心主义、泛道德主义等众多层面出发，过于空灵的佛教与包罗万众但又始终维护不平等的种姓制度的印度教二重矛盾特性主导着整个印度历史的向前发展。② 正如马克思所指出的："这个宗教既是纵欲享乐的宗教，又是自我折磨的禁欲主义的宗教；既是林加崇拜的宗教，又是札格纳特的宗教；既是和尚的宗教，又是舞女的宗教。"③

6. 王朝内部频繁变乱和更迭，"征服史的轮回"特性与现代化后发性。由于经济上发展的不平衡和不显著，外来力量在印度的角逐成了历史的主曲，马克思所说的"我们通常所说的它的历史，不过是一个又一个的入侵者的历史"④ 正好反映了这个特点。在马克思的《印度史编年稿》中，我们还可以看到他对印度历史全貌所做出的精辟概括。在这本小册子式的著作中，大量的篇幅反映出来的是自公元664年穆斯林入侵印度以来，印度历史所表现出来的"王朝变乱"与"征服轮回"的突出特征。然而随着世界历史从全球各地区的历史时间向统一的世界时间转变，印度的社会转型明显表现出主体性缺失和主动推动。

第二，世界时间形成中印度的社会演变。16世纪以来，西方早已开始了大变革，使世界历史从全球各地区的历史时间向统一的世界时间转变。在这一语境下，虽然印度社会内部的封建商品经济和对外贸易都非常发达，商品经济和货币交换的发展促使商人资本兴起，但印度这时期的商业资本尚未转化为资本主义性质的产业资本。因此，在日益形成的世界市场

---

①尼赫鲁. 印度的发现[M]. 齐文，译. 北京：世界知识出版社，1956：93.
②邱永辉. 浅析印度教特性政治[J]. 南亚研究季刊，2003（2）：27.
③马克思，恩格斯. 马克思恩格斯选集（第二卷）[M]. 北京：人民出版社，1995：761.
④马克思，恩格斯. 马克思恩格斯选集（第二卷）[M]. 北京：人民出版社，1995：767.

第三章　中印帝国转型主体缺失的衰变四重奏

的力量支配下，东西方历史正朝着西方倾斜，而印度仍然在谋求政治版图的统一，其经济形态不平衡地发展着。同时，内战、外侮、革命、征服、饥荒——尽管所有这一切接连不断地对印度造成的影响显得异常复杂、剧烈和具有破坏性，但它们却只触动它的表面。①

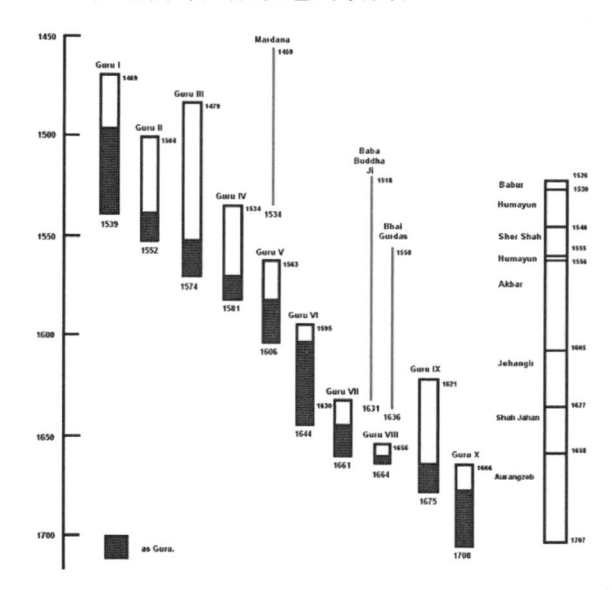

图 3-3　锡克教兴起与莫卧儿王朝兴衰的自然时间对比表②

从图 3-3 可以看出，莫卧儿帝国与锡克民族的发展走向呈一种时序反差的局势。在莫卧儿帝国 17 代君主、331 年（1526—1857）的统治时期里，开国与鼎盛时期六帝执政与锡克教十代师尊掌权的时间在终点上仅相隔一年。但是局势的走向则不同，锡克教在师尊时代以后仍然代表一种上升的力量。锡克教在十代师尊的领导下经历了 200 年（1499—1699）的组织发展和文化积淀期。在前九代师尊时期，它是一个松散的信仰族群或社会自治集团，没有自己的民族认同。在第十代师尊戈宾德·辛格的领导下，历经改革和在旁遮普的主权之战，其最终转型成一个尚武的宗教民族。而莫卧儿盛期六帝虽然开创了印度次大陆政治统一和封建社会经济文

---

①马克思，恩格斯. 马克思恩格斯选集（第二卷）[M]. 北京：人民出版社，1995：762.
②该表反映的是锡克教十代师尊的享年（白、黑色部分）、掌权时间（黑色部分）与莫卧儿帝国盛期六帝的在位时间对比。

化发展的时代,但在第六代皇帝奥朗则布的统治后期,莫卧儿人统治的颓势已见端倪。

第三,莫卧儿王朝的宗教政策。在前 6 位君主统治的 181 年间,莫卧儿帝国由创始进入极盛。阿克巴以后,贾汉吉尔(1605—1627 年在位)和沙·贾汉(1628—1658 年在位)时代,莫卧儿王朝国势日盛。在奥朗则布后陆续由 11 位君主统治的 150 年间,莫卧儿帝国由极盛转入衰落。奥朗则布在统治时期,向南印度进行军事扩张,王朝版图虽然几乎囊括了整个南亚次大陆,但每一次征服和财富掠夺之后的利益调整和欲望膨胀加剧了内部矛盾,统治集团内部的权力纷争不断,最终造成中央权力涣散,权威丧失;同时,王位的继承大多通过政变促成,"这一专制体制的弱点是它未能确立起可垂之万世的帝位继承方式",正是这样,政变就造成皇子所属的各种势力的分裂和派系斗争,正走向壮大的宗教势力锡克族也被卷入其中,在种姓、族群与宗教结合的社会机体上产生了分裂与复仇的毒瘤。帝国统治者还在社会上造成其他形式的封建压迫,使起义和反叛不断发生。奥朗则布强制推行政教合一的政治体制,并恢复对印度教臣民的迫害政策,因而引起拉杰普特封建主、贾特人及马拉特人的激烈反抗。帝国在长期的军事征讨中耗尽了国库储存,大片领土也脱离了王朝的统治。奥朗则布以后的莫卧儿子孙们更加难以维持自己祖先开创的基业。这就形成了莫卧儿王朝统一功业的封建扩张性与社会内部矛盾引起的分裂和衰变性之间并存的局势。

第四,旁遮普的历史特点。锡克人的发祥地——旁遮普,位于印度西北部,是印度历史的缩影,是冷兵器时代陆地上东西方各种力量进入印度的门户,又成为角逐印度的主战场之一、印度历史特性规律发生的舞台前沿、"文化的熔炉"。"旁遮普"一词意为五河之地,地域上指印度河及其支流杰赫勒姆河、杰纳布河、拉维河、萨特累季河汇流处。如果马克思所说的,印度的历史"不过是一个又一个的入侵者的历史",而这样的历史就是"它过去的全部历史"。更进一步说,由于其经济上发展不显著而政治上的征服成了历史的主曲,那么在政治征服方面,从远古的雅利安人入侵以来,旁遮普就是印度历史的缩影,"这里是外界通向印度的主要门户,注定要成为征服者永远的战场和第一个立足之地"①。征服与被征服、文明的冲突与融合首先在这里发生。

从气候和物产等方面来看,这里冬季寒冷、夏季高温酷热,但水利条件较好,出产小麦、棉花、蓝靛等东西贸易品中的基本粮食和经济作物。丰富的物产对经济贸易提供了基本条件。在经济上,尽管旁遮普像整个印度社会一样,在村社内部就存在频繁的商品交换,但直到15世纪,旁遮普仅有两个重要城市——(各朝政府)行政所在地的拉合尔,对外贸易频繁的南边城市木尔坦,主要与来自印度河对岸的信德商人、俾路支和波斯商队进行贸易往来。②

但是,在整个社会形态上,它是多样性的、复合性的,是发展不平衡的。印度河西北部的两边分居着勇武的帕坦人(Pathans)、俾路支人(Baluchis)和他们的邻居(廓尔喀人、亚宛人等)……喜马拉雅山脚下的印度王公……他们烧香拜神,置身不平等的种姓社会。其余地区,在乡村是从事农业的贾特人和拉杰普特人……在城乡还有皮肤黝黑、被排除于种姓制度之外的印度土著后代,他们被迫做脏活累活而又被当作不可接触者来责难。③ 正如马克思所说:"相继侵入印度的阿拉伯人、土耳其人、鞑靼人和莫卧儿人,不久就被印度化了——野蛮的征服者,按照一条永恒的历史规律,本身被他们所征服的臣民的较高文明所征服。"④ 于是,这里成了一个典型的"文化熔炉",征服者与被征服者的血统和语言的融合就产生了旁遮普人与旁遮普语(Punjabi 或 Panjabi)。

三、锡克民族受迫害的苦难与信仰的形成

16世纪到19世纪中叶,即锡克民族兴起、壮大的时代,恰好是印度

---

① Khushwant Singh. A History of The Sikhs(Vol. I: 1469—1839)[M]. Princeton University Press,1963:13.

② Khushwant Singh. A History of The Sikhs(Vol. I: 1469—1839)[M]. Princeton University Press,1963:9.

③ Khushwant Singh. A History of The Sikhs(Vol. I: 1469—1839)[M]. Princeton University Press,1963:12.

④ 马克思,恩格斯. 马克思恩格斯选集(第二卷)[M]. 北京:人民出版社,1995:768.

次大陆历史命运由盛转衰的时代。由于印度社会转型的主体性缺失，250多年间，印度历史发展表现出统一与分裂并存的双重走势。当自命为"世界征服者"的奥朗则布皇帝想要完成他统一印度的梦想而使印度戎马倥偬的时候，帝国已经开始出现"衰败化"，而在他之后的140多年里，层出不穷的变换总体上表现和上演了印度"帝国中央权威衰败化、社会边缘化或殖民地化、民众倾向革命化、不平衡发展的现代化"的社会转型"四重奏"。锡克民族的主体意识是在同期印度社会转型一步步逼近现代化的大趋势下，在与印度教徒和穆斯林展开的博弈竞争中，从师尊时代的自发发展到独立立国运动时代用铁血捍卫来自觉构建而得以反映出来的。这种民族意识最终取得了相应的独立和自由的宗教民族的主体地位。①

（一）师尊时代锡克人宗教独立与社会自治运动②

在前两代师尊时期，锡克教是一支松散的信仰族群或团体，其力量还容纳在教派结构的特定力量范围内，我们从锡克史中还可以看到锡克教师尊安加德与胡马雍往来的情景；第三至第五代师尊时期，我们也还能看到阿玛尔·达斯以及拉姆·达斯与阿克巴分别友好交往的场景；但是随着信仰制度化的稳定发展，锡克教力量逐渐壮大，在宗教信仰实体化的实践进程中日益脱离印度教而走向宗教独立，到第五代师尊阿尔琼时期，又由于教内种姓结构对比的力量变化，锡克人开始谋求宗教独立，把财产资源置于锡克教的管理之下，为本教大胆提出了宗教独立的利益诉求，不仅要成为单一的宗教独立团体，还开始向地方社会自治集团的性质过渡；第六至九代师尊时期，尽管教内因马桑德制度和长幼废立而发生权位争夺，锡克

---

①周柏青. 古鲁时期锡克教的演变及其原因［J］. 南亚研究，1992，39（2）：62."迄今为止，史学界对锡克教史并无明确的分期。本文之所以把锡克教的前200年称作古鲁时期，主要是基于这样几点考虑：第一，第十代古鲁戈宾德·辛格临终前曾宣布在他死后古鲁制度将废止，古鲁的职能由锡克教经典《格兰特》和锡克教团取而代之，因此锡克人公认的古鲁只有十位，后来的锡克教领袖虽也有称古鲁的，但含义已与前不同；第二，到古鲁时期结束时，锡克教的演变也已基本完成；第三，锡克教前200年史也正是莫卧儿帝国从兴起到强盛的历史，锡克教的演变与这一时期莫卧儿诸帝所实行的宗教政策的演变关系极大。"

②"宗教独立"主要是指锡克教从印度教虔信派中分立出来，"社会自治实体"是指摆脱莫卧儿王朝的统治、谋求建立地方自治性质的社会团体。

教仍然是一个整体的社会集团。

1. 和平主义宗教践行与教派性质团体

前两代师尊时的和平主义思想与锡克教的教派性质和地位是相辅相成的。巴布尔于1524年入侵印度,翌年占领旁遮普,历经1526年的第一次帕尼帕特战役与1529年的戈格拉战役,统一了包括旁遮普在内的北印度。此期,前两代师尊正处于莫卧儿帝国的开创和更迭期的乱世,他们在乱世中采取和平主义的态度,一方面反映了其商人地位的稳定性,另一方面反映了渐进发展的理性博弈选择——要发展自己的宗教力量,改变原有的宗教传统,吸收大量信众,可以通过多种方式:激进的印度教改革、激进地反抗伊斯兰教、渐进和平的宗教改革。在这三者间无论如何取舍,都会对后世产生可以预料的后果(见表3-5)。而对当世的影响中,三者相衡取其最轻。但针对当时处于被动地位的印度教教徒的选择来说,通过和平主义方式传播最佳;而针对穆斯林征服者的选择来说,新到的莫卧儿人统治整合了一部分原住印度的穆斯林,和平主义方式只能渐进地对穆斯林群众发生影响,使他们逐渐成为改宗者。

表3-5 锡克人的宗教独立运动与社会自治运动及其结果

师尊（A） 印度教统治者（B） 穆斯林统治者（C）	和平应对	激进应对
和平传教	（A：发达，B：被吸引）	（A：渐进发展，C：暂时取胜）
激进改革	（A：暂时发达，B：暂时被克服）	（A：受阻，B：无进步）

锡克教一开始是印度教虔信改革派的一个新兴支派。1499年,30岁的那纳克开始云游传教,在他第四次游历归来后,正值莫卧儿皇帝巴布尔第一次入侵旁遮普。他对战争导致生灵涂炭的悲惨景象感到悲哀。此时,他得了神的启示,表示:"既没有印度教教徒,也没有穆斯林(意指'来自神的道路')。"[①] 这话明显表明那纳克对前二者的否定,否定了穆斯林

[①] Khushwant Singh. A History of The Sikhs（Vol. I：1469—1839）[M]. Princeton University Press，1963：32.

入侵者造成的宗教与社会灾难和印度教种姓制度等的劣根性。1520年，他组织教团，差遣门徒往各处传教。直到1539年那纳克逝世时，其追随者中仍然有印穆两种信仰的人。明显地，锡克教通过弥合性的宗教态度，在印穆两教的信众之间确立了一个独特的信仰权威。第二代师尊安加德（Angad，1504—1552）27岁时拜见那纳克，成了那纳克的弟子，经历了许多考验，于1539年被那纳克亲自指定为继任人。安加德成为锡克教第二代师尊时是35岁，在位13年。他进一步继承了那纳克的和平信仰体系。

2. 信仰制度化、实体化与宗教独立实体地位的形成

阿克巴大帝时代（1556—1605）是第三到第五代锡克教师尊掌权和莫卧儿王朝兴盛的时期，锡克教也通过它的信仰制度化、实体化而信徒陡增、力量大增，引起了宗教宽怀的阿克巴的重视。阿克巴赠予第三代师尊阿玛尔·达斯的小女儿比比·班妮（Bibi Bhani）84个村庄，阿玛尔·达斯以此建造拉达斯普城（Ramdaspur），即现在阿姆利则（Amritsar）城的前身。阿玛尔·达斯为了适应锡克教信徒不断增长的需要，加强了对教徒的管理和传教活动，在各教区设教区长，教区长向教徒收受十分之一的捐献作为基金，用来发展教务。这使锡克教逐渐有了较为稳定的经费来源，为锡克教打开了制度化与实体化的稳定发展道路。

拉姆·达斯·索迪（Ram Das，1534—1581）是阿尔马·达斯的女婿，于1574年继位为第四代师尊，使锡克教的师尊制走向了家族化的发展方向，适应并保障了锡克教作为一个社会团体的逐渐壮大。师尊的世袭制是锡克教发展中巩固领袖制度的一个重要环节。锡克教师尊的世袭制度表明这个信仰团体的领导种姓卡里特人的地位趋于稳定，并呈家族化（索迪家族）的制度巩固趋势。同时，这种转型更进一步表明师尊属下可以控制的人口数量、力量、资源正在增长，这需要有一个强有力的"家族式体系"。事实证明师尊那纳克的宗教是富有生命力的。阿尔琼在阿姆利则（Amritsar）第二个神池——"花蜜池"中央兴建了一座锡克教庙哈里曼达尔（Hari Mandar），这就是后来的"金庙"。1601年，"金庙"峻工。尔后，阿尔琼规定锡克教教徒一生之中必须到此朝拜一次，金庙成了锡克教的朝圣之地，也是锡克人的行政管理中心。这一设施延续至今并成为该教

的著名圣地。这正反映了在阿尔琼的领导下，信徒人数的增加和追随者施赠所得财富的积累，锡克教逐渐成为旁遮普强大的政治、经济力量。

阿尔琼主持编纂《阿底格兰特》圣典，辑录了伽比尔及那纳克的言论。在当时的印度教和穆斯林学者中，"一位穆斯林通常是不会阅读印度教圣者所撰写的赞歌，同样地，一位印度教教徒也不愿意诵读伊斯兰圣者的诗句"①。因此，他遵照那纳克和平主义的精神原旨，调和印度教与伊斯兰教的宗教思想，辑录与编撰了多种集本的圣典，主要涵盖前五位师尊的圣歌，也有印度教圣人及苏菲教圣人的言论。这为锡克教后世宗教文化的传承提供了语言、文字的典籍依据，开掘了思想源泉。阿尔琼把锡克教教区组织曼吉斯改为行政机构，由师尊的代表"马桑德"（教区教长）领导。马桑德接受师尊的指示，负责向锡克教徒收取"达斯万特"作为公共基金及传教工作。在锡克学者看来，"达斯万特既不是强制征收的，也不是一种税收"②。总之，在阿尔琼时代，锡克教正处于吸引大批信徒的上升时期。同时，强调师尊的权威性，神化师尊，视师尊为神或代表神的意志。还把锡克教建成了政治组织，用行政机构马桑德加以管理，使锡克教的日常事务超出宗教范围，上升到了政教同体的层次，这实质上是一个宗教独立实体，为后来锡克教采取政教合一的形式打造了雏形。

开明的、君临天下的阿克巴不但容许印度教自由传教，也鼓励之前被强迫皈依伊斯兰教的印度教教徒恢复原有的信仰，又任命印度教教徒担任文武要职，这不但协调了双方的利益，而且还顺其自然地把印度教上层精英整合入统治集团。而锡克教此期在旁遮普的影响正在上升，但锡克人无疑也只是一个社会集团，就连阿克巴本人都对锡克教师尊以友相待。可见，他把锡克人的力量当作可以借助的内部力量和宗教资源。在印度教婆罗门因锡克教势力壮大而感到受威胁并数次诬告锡克教师尊时，阿克巴都予以正直和宽怀处理，息事宁人。他这种对锡克教的"协同"态度就是为

---

① Sikh Missionary Center．Sikh Religion [M]．Arizona：Sikh Missionary Center，1990：111.
② Sikh Missionary Center．Sikh Religion [M]．Arizona：Sikh Missionary Center，1990：99.

了消除宗教隔阂，试图通过创造像锡克教那样倡导宽容、和平而生机勃勃的"圣教"（Din－i－Ilahi，意为"神圣的信仰"）来加强统治。

但是，他这种宗教"没有上帝、没有先知、没有教务"，因而缺乏特定的阶级或种姓基础、制度支撑，完全以自己为核心，而不是像锡克教那样提倡建立一种新的信仰与生活方式。虽然在王朝开国时期，他个人的开明政策能够使印度教和穆斯林臣下效忠，可一旦他去世，这种宗教就会在它短暂的君主威仪的涅槃中荡然无存。在这种宗教宽容的间隙中，代之而起的是锡克人势力的进一步强大。期间产生了锡克人作为被争取对象而在穆斯林与印度教教徒们之间展开的第一场博弈，锡克人作为一个宗教独立实体，无疑在穆斯林与印度教的信仰"拉锯战"中获胜。

3. 制度化转型与社会自治集团地位的形成

（1）阿尔琼殉教背后的局势与结构博弈。锡克人的获胜也正遇到了最可怕的"局势性和结构性变动的大背景"：16 世纪中期以来，阿克巴大帝的有效治理产生了积极的影响，社会商品经济得到发展，为他的继承者开辟了一条走向鼎盛的宽阔大路。同时，随着手工业和商业的发展，帝国继承者们也在封建剥削积累的大量财富中变得骄奢淫逸，帝国历经三代皇帝的开疆拓土，大有江山勃固无忧之势，内部绝不可能容许炙手可热的地方异教势力。然而，随着阿尔琼的领导得力和锡克教在当时一定程度上反映了城市平民和农村社会底层种姓农民的社会平等要求，锡克教得以整合社会底层种姓的人群，进而发展壮大了在旁遮普的政治、经济力量。不过，阿尔琼因涉嫌卷入莫卧儿皇权廷争，遭到皇帝贾汉吉尔的猜疑与顾忌，以帮助胡斯诺王子的罪名被迫害致死。

博弈抉择项如：贾汉吉尔：①要不要处罚或处死阿尔琼？②以什么样的罪名来处死他？③怎样处死他？由于皇帝贾汉吉尔的猜疑与顾忌已经是个不可免除的大前提，所以阿尔琼是否卷入皇权廷争并不重要，甚至可能背负"莫须有"的罪名。至于处理方式，以大背景参照可知：最能达到统治目的的是以严惩的方式警示强大的异教势力。阿尔琼：①没有帮助胡斯诺王子，所以无罪；②可以交罚金免除死罪；③可以改宗伊斯兰教；④可以坚持信仰而殉教。结果在这场博弈中，阿尔琼做出选择的逻辑是："我"

第三章　中印帝国转型主体缺失的衰变四重奏

根本无罪，所以绝不能交任何一卢比的罚金，交罚金等于承认"我"不是清白的，这可能使"我"的信仰陷于不义而被取缔。由于不想交罚金，所以"我"也不想为不义之名苟活，宁可选择为信仰而牺牲。因此，阿尔琼之死实际上是贾汉吉尔的失策，因为他既没有得到罚金，也因为处死这样一位师尊而受到大众尤其是师尊追随者的敌视，输掉了人心（见图3-4）。

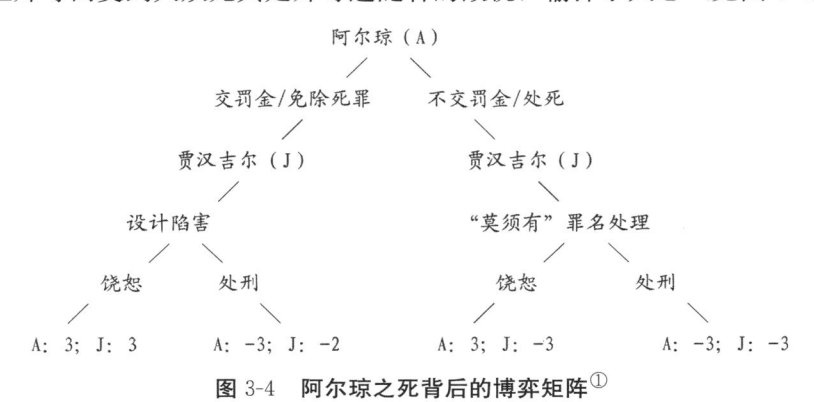

```
                    阿尔琼（A）
                   /         \
         交罚金/免除死罪      不交罚金/处死
              |                    |
         贾汉吉尔（J）          贾汉吉尔（J）
           /     \                /     \
       设计陷害              "莫须有"罪名处理
         /    \                  /        \
      饶恕    处刑             饶恕        处刑
       |       |               |           |
    A: 3;   A: -3;          A: 3;       A: -3;
    J: 3    J: -2           J: -3       J: -3
```

图 3-4　阿尔琼之死背后的博弈矩阵①

这场博弈反映了锡克教师尊为信仰而与莫卧儿皇帝之间不可调和的矛盾较量，也造成了一个恶性循环，使锡克人在自己的信仰结构的成长中被打上了与莫卧儿统治集团为敌的烙印。而从更深的层次来看，它是在126年（1520—1606）的自然时间尺度下，锡克教信仰与莫卧儿王朝统治之间结构性变化的一种反映。锡克人信仰的制度化与实体化转型已成必然。同时，锡克人开始了它自然而然地武装自己，为自己谋求生存的成长之路。

（2）第六代师尊至九代师尊与莫卧儿王朝的怨结。第六代至第九代师尊（1606—1765）的150多年，经历了莫卧儿王朝贾汉吉尔、沙·贾汗与奥朗则布三代皇帝的统治，印度社会在走向兴盛之后有了衰败趋向。这种整体结构性的社会转型与一个反对种姓制等诸多社会传统、较为开明因而走向强大的锡克教已经存在"不可逆转的结构性反差"，博弈出现了这样一种形势：莫卧儿皇帝可以继续用高压手段镇压锡克人，也可以采用安抚手段调和与拉拢这股力量，还可以静观其变，利用其内部纷争，坐收渔

---

① 3＞－2＞－3，"3"表示赢策略，"－2"表示输大半，"－3"表示理亏、失民心和输策略。

利；锡克教师尊则有三种抉择：①向统治集团妥协；②为前辈报仇雪恨，同时继续武装，反抗统治；③利用莫卧儿王朝的宫廷内争，达到自己的目的。在这三种方式的抉择中，已有"不可逆转的结构性反差"的前提存在，因此，双方的选择余地更窄了，最优化的选择都集中在第六代师尊时期的复仇与镇压的矛盾焦点上。

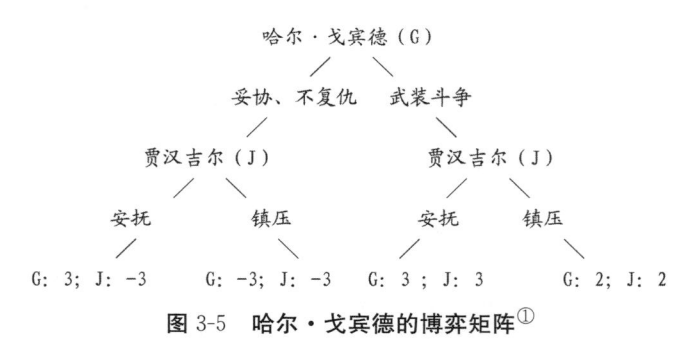

```
                    哈尔·戈宾德（G）
                   /              \
              妥协、不复仇        武装斗争
                /                      \
          贾汉吉尔（J）              贾汉吉尔（J）
            /      \                    /      \
          安抚    镇压                安抚    镇压
          /        \                  /        \
      G: 3; J: -3  G: -3; J: -3   G: 3; J: 3   G: 2; J: 2
```

图 3-5　哈尔·戈宾德的博弈矩阵①

所以，最开始只能选择直接的武装斗争来获益。哈尔·戈宾德（1606—1644）在所有师尊中在位时间最长，持续掌权 38 年，历经莫卧儿王朝盛期三帝统治。其多年掌权显然使锡克教发展趋于稳定和巩固。他在掌权期间把锡克人武装起来，保护自己的信仰与正义行为。他在父亲阿尔琼死后接任师尊之职，继位时年仅 11 岁。成人后，他开始着手把锡克教发展为武装组织，此时锡克教与印度教、伊斯兰教的冲突已十分频繁。他率领锡克人与莫卧儿朝廷军队先后发生了四次战争，②却因不屈服的反抗精神赢得了贾汉吉尔的友谊。这种博弈抉择是最优策略（见图 3-5）。但是，锡克教师尊愈发意识到武装自己的意义。至此，锡克教结束了和平发展的道路。锡克人称哈尔·戈宾德是"第一位反抗莫卧儿统治不公正和暴政的师尊"③。

---

① 3＞2＞－3，"3"表示赢策略，"2"表示各得一半机率，"－3"表示未复仇、失民心和输策略。

② Sikh Missionary Center. Sikh Religion [M]. Arizona：Sikh Missionary Center，1990：131－142.

③ Sikh Missionary Center. Sikh Religion [M]. Arizona：Sikh Missionary Center，1990：131－142.

哈尔·戈宾德一生的主要贡献就是使锡克教从一个独立的宗教实体转型为一个武装的社会集团，同时继承了先辈们的信仰实体化和制度化传统。第一，师尊哈尔·戈宾德使锡克教发展成了武装的宗教组织——锡克教教团。他与锡克教教徒们一起积极的生活，饲养马匹，骑马出去狩猎，鼓励锡克人强身健体，重视武装组织和训练，同时也重视祈祷等宗教仪式。第二，他于1609年建立了阿卡尔·塔克特寺（Akal Takht，意为"永恒之神的御座"），锡克教的重大事务都在这里处理，这里成了他的宫殿。锡克教师尊的权力到他时俨然上升到了独立王国的国王的地位。第三，他采用真理国王的封号，腰佩双剑，象征宗教和世俗的双重权力，把锡克教从一个和平性质的宗教团体带上了武装发展的道路，并以惩恶性质的宗教社会团体奠定群众基础，提高自己的权威。他对莫卧儿人发动的四次战争均赢得胜利，但却没有提出土地要求，而是为了用剑捍卫锡克教信仰，并使锡克人开始出现谋求独立的倾向。

第七代师尊哈尔·拉伊（1644—1661）是哈尔·戈宾德之孙，他继承祖父哈尔·戈宾德的师尊位，掌权17年。期间，莫卧儿帝国已由奥朗则布执政。奥朗则布是一位虔诚的逊尼派穆斯林，奉行宗教同化政策，迫害印度教教徒、锡克教教徒甚至什叶派穆斯林。由于在哈尔·戈宾德时代，锡克人已历经数次与莫卧人的斗争，在这种形势之下，哈尔·拉伊听从祖父之言，努力重建了他祖父为之信仰并英勇献身的事业，在奥朗则布青面獠牙般的宗教同化政策下，采取了较为理智的和平和优容策略。第一，建立许多诊所为人医治疾病，并为动物、禽鸟治病。第二，巩固锡克教社区。他重新整顿锡克卫队，维持着2200名的私人骑兵卫队。终其一生，他未发动过任何战争，在客观上为锡克教在莫卧儿王朝鼎盛时期进一步向"社会集团"性的民族转型保存和积续了社会力量。

第八代师尊哈尔·克里尚（Har Krishan）继位时年仅5岁，但他天资聪颖，在处理与莫卧儿王朝的关系中，谨遵父命，谨慎行事。克里尚因师尊继承一事，受到其兄拉姆·拉伊的责难，于是请求奥朗则布皇帝调解，但拒绝前往德里。后鉴于德里廷臣及王公（Raja）宰·辛格（Jai Singh）的邀请与德里锡克教徒的要求，克里尚宣布要到德里传教（以进一步扩大影响），但并不晋见皇帝，奥朗则布再三召见均被其拒绝。他带着母亲以及一群信徒长途跋涉来到德里。其间，他们遭到了嫉妒锡克教的印度教婆罗门潘吉哈拉（Panjolhara）的嘲笑。克里尚毫不示弱，当即阐释梵歌（Gita《博伽梵歌》中的歌）的哲学。他的天资慧口最终博得了奥朗则布的赏识，奥朗则布承认和策封他为第八代师尊。克里尚以自己聪颖的天资和才学应对不屑之辈的歧视，不畏强权，维护了锡克教的信仰尊严。

在前三代师尊与莫卧儿王朝的博弈中，锡克教师尊选择了决不妥协的方式"以刚制刚"，产生了积极的效果。哈尔·戈宾德与哈尔·拉伊都曾分别赢得贾汉吉尔、沙·贾汗短暂的友谊。① 沙贾汗时，奥朗则布已插手锡克教第八代师尊继任，但并没有达到目的，所以对莫卧儿政府加以抵制的第九代师尊特格·巴哈杜尔采取了最不能容忍、残暴至极的手段——将他烧死。在阿尔琼以后，特格·巴哈杜尔再次以生命捍卫自己的信仰。在莫卧儿实行宗教迫害的大背景下，锡克教逐渐独立成为社会集团并与之分庭抗礼，而这种斗争和地位也深入锡克人的观念中。

（二）近代锡克教民族主义的独立运动

1. 班达领导与捍卫锡克民族主体的七年起义

师尊时代结束时，印度正因莫卧儿王朝的衰败化而走向殖民地化，锡克人的地位也随印度局势的不断变化而改变。在奥朗则布死后，印度各省总督纷纷独立割据，莫卧儿帝国四分五裂。此时形成了许多大大小小的封建割据政权，其中力量强大的主要是印度西南部的迈索尔苏丹政权和印度中部的马拉塔联盟。英国殖民者在18世纪后期发动4次英迈战争，征服了迈索尔。在结束侵迈战争后，英国殖民者立即集中力量征服马拉塔人，马拉塔联盟逐渐成为英国的囊中之物。但位于旁遮普的锡克人却在悄悄发展。锡克人与走向衰败的莫卧儿王朝的军事、政治博弈已经发展到了一个宗教民族主体用"时差竞赛"来捍卫信仰、捍卫底层种姓生存的正义、反抗暴政的历史高度。

---

① Sikh Missionary Center. Sikh Religion [M]. Arizona：Sikh Missionary Center，1990：127－130.

师尊戈宾德·辛格领导锡克人反抗莫卧儿王朝的起义斗争，加固了锡克人把旁遮普作为自己独立的民族地域生存空间的主体形象与宗教民族意识。戈宾德·辛格把《阿底格兰特》奉为具有人格和神格二元特性的活师尊，这就改变了锡克人的领导核心的继任方式，客观上的影响是：一方面，没有了师尊的领袖独尊地位及对宗教社会事务的统一管理，有利于发挥锡克卡尔萨教团的民主，加强锡克人的内部团结；另一方面，使宗教的形式与名义转变到了社会和政治的层面，继任人不再是宗教权威，但一定是负有盛名、深得锡克群众民心的领袖，诉求也不再是单纯的宗教独立、社会自治，而是争取地域生存空间。

锡克人在戈宾德·辛格的领导与改革下逐渐转变为一个宗教民族实体，这实质上是由九代师尊历经180年（1520—1700），把锡克教作为一种新的信仰与行为方式，在处理与莫卧儿王朝、穆斯林与印度教关系的大环境中形成一种信仰结构模式的整合来促成的。尤其是在戈宾德·辛格的领导下形成卡尔萨锡克人后，他们以英雄主义的、不屈不挠的反抗精神继续反抗莫卧儿王朝以及其他外来入侵者。班达·辛格·巴哈杜尔在师尊戈宾德·辛格临死前不久才相互结识，他曾对戈宾德·辛格发誓说："我一定要结束莫卧儿人的暴行。"于是，他在戈宾德·辛格遇刺罹难后，英勇果断地领导了以旁遮普解放为己任的、反抗莫卧儿王朝的农民起义性质的宗教民族主义独立运动。在领袖班达的领导下，锡克人起义席卷了整个旁遮普，赶走了官吏和地主，停止向农民征收赋税，保护行商客旅，还建立起历史上被称为"第一锡克国家"（1708—1715）的近代锡克教民族主义的民族政权。

1715年，班达领导卡尔萨锡克人浴血奋战，在锡尔欣德地区把莫卧儿军队打得望风而逃，莫卧儿人不得不从德里调兵增援。这样，战争的形势发生逆转，万余锡克人起义军在敌军的追击下退往古尔达斯普尔，被莫卧儿军队包围几个月之久，最后粮尽弹绝，被迫投降。班达和他的妻儿以及剩下的起义军将士均被押往德里，在那里受到了百般折磨，最后被残酷处死。第一锡克国败亡。

2. 锡克人争取独立的政治军事斗争与封建神权联盟实体

18世纪30年代以后，莫卧儿帝国在内外混战与劫夺中犹如风雨洗劫和雷劈后的朽木，破败飘摇。从1739年到1768年的30年里，莫卧儿总督、波斯人、阿富汗人甚至马拉塔人，都来到五河之地，展开了不休的角逐与厮杀，"然而，出乎人们意料的是，胜利者是弱者而不是强者，尽管锡克人遭到前三种力量的无情镇压，但他们就像一个即将熄灭的火苗，每一次要扑灭它，它却烧得更加旺盛"①。在这场历时40余年的争夺中，旁遮普这块地域向世人展现了它作为锡克人的发祥地、各种力量进入印度的门户和角逐印度的主战场的多重特性。最终，镇压者与入侵者都在与锡克人逐渐倾向革命化与发展的新时代性的历史反差中急剧衰败化和殖民地化。在这种反差的时间竞赛中，旁遮普最终回到了力量最为弱小的卡尔萨锡克人手中。

18世纪30年代后，旁遮普锡克人起义发展到了新高潮，在争取独立的斗争中形成了一支有统一领导的、团结的力量。1733年，纳瓦布·卡普尔·辛格（Nawab Kapur Singh）被选为锡克人的领袖。在他的领导下，为了适应灵活对敌作战的需要，锡克人的组织进行了多次改组。1748年3月29日，锡克人在攻占阿姆利则后，把65个团体合并为一个统一的组织，并宣布建立一支属于这个国家的新权力机构——锡克人卡尔萨的军队，军队下设12个"米斯尔"（The Misls，即战士社团/民团）组织，由12个首领中最具威信者为总首领，与其他11名首领组成顾问团或战争理事会。锡克人遭到残暴的镇压，"旁遮普总督查卡利亚汗的残酷政策被后来的总督雅赫雅汗和米尔·曼努所继承，他们都曾把灭绝锡克人作为自己的主要任务，都在德里门外当众屠杀过许多锡克人，以致这个地方被称作殉难者之地"②。

1738年，波斯国王纳迪尔沙率军入侵印度。军纪涣散的莫卧儿军队不堪一击，波斯得以轻易地攻占了加兹尼、喀布尔和拉合尔。这打乱了莫卧

---

① 哥库尔·昌德·那朗. 锡克教的光荣史[M]. 新德里，1972：193. 转引自：孟庆顺. 论18世纪中叶的锡克独立运动[J]. 南亚研究，1988（3）：73.

② 孟庆顺. 论18世纪中叶的锡克独立运动[J]. 南亚研究，1988（3）：70.

儿帝国对锡克人的迫害与镇压计划。1739年2月的帕尼帕特战役中，纳迪尔沙再次击溃莫卧儿军队，进入德里，俘虏皇帝，然后瓜分了印度河以西的全部土地。"纳迪尔沙满载财宝回到故国，听任莫卧儿帝国濒于灭亡的边缘。"① 面对莫卧儿人的残暴、波斯人的嚣张，锡克人采取灵活对策，等到旁遮普陷于混乱时，乘机出来活动。"1739年，锡克人来到平原地区，到处劫掠，不光劫掠政府官员，还把纳迪尔沙的战利品夺去一部分。"②

18世纪40—60年代，阿富汗国王艾哈迈德·沙赫·杜兰尼（Ahmad Shah Durani，1724—1773）曾先后10次入侵印度，9次入侵旁遮普，两度掳掠德里，迫使莫卧儿帝国皇帝割让了旁遮普、木尔坦、信德和克什米尔，并损失了大量财富。1748年，在阿富汗人入侵时，锡克人在圣城阿姆利则附近建立了一座堡垒，并突然袭击旁遮普的首府拉合尔，把拉合尔的外城化为灰烬。锡克人还注重利用敌人内部的分歧，如米尔·曼努手下的官员阿迪那·伯格试图利用锡克人的长期存在作为保住自己官职的借口，锡克人就同他达成有利于自身的协议。协议规定，锡克人自身租金的支付应是名义上的或有限的，他们向其他人征收的税收应是温和的和有秩序的。阿迪那甚至还雇用了一批锡克战士。③ 1757—1758年，帖木儿王子一上任，就把消灭锡克人作为自己的头等任务。他玷污锡克人的圣祠，填平锡克人的永生池。锡克人的堡垒被夷为平地，被迫避入山林。而英国人正好利用了这一时期印度外不敌寇、内不统一的局势。在1757年的普拉西战役中，英军司令克莱武收买了孟加拉印军司令米尔·贾法尔，使得英军在战役中大获全胜。这场战役为英国人征服孟加拉乃至最后征服整个印度铺平了道路，并使印度日益殖民地化。

---

① 马克思. 印度史编年稿（664—1858）[M]. 北京：人民出版社，1957：56.
② 孟庆顺. 论18世纪中叶的锡克独立运动[J]. 南亚研究，1988（3）：70.
③ 孟庆顺. 论18世纪中叶的锡克独立运动[J]. 南亚研究，1988（3）：70.

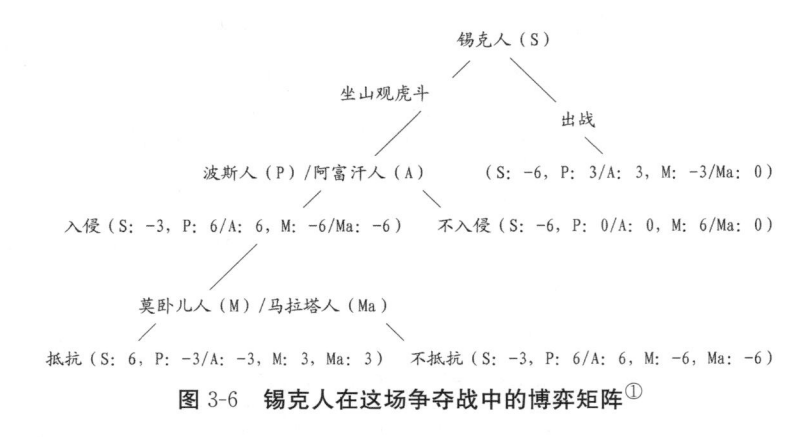

```
                           锡克人（S）
                          ╱         ╲
              坐山观虎斗              出战
              ╱                       ╲
   波斯人（P）/阿富汗人（A）      （S: -6, P: 3/A: 3, M: -3/Ma: 0）
    ╱              ╲
入侵（S: -3, P: 6/A: 6, M: -6/Ma: -6）  不入侵（S: -6, P: 0/A: 0, M: 6/Ma: 0）
    ╱
莫卧儿人（M）/马拉塔人（Ma）
    ╱              ╲
抵抗（S: 6, P: -3/A: -3, M: 3, Ma: 3）  不抵抗（S: -3, P: 6/A: 6, M: -6, Ma: -6）
```

图 3-6　锡克人在这场争夺战中的博弈矩阵①

　　1659 年 10 月，马拉塔人佩什瓦派遣一支由达塔吉·信迪亚率领的大军来到旁遮普，并在那里委任了自己的总督。但不久之后，莫卧儿帝国又占领了旁遮普。1760 年 11 月，在第三次帕尼帕特战争中，马拉塔人惨重败北给阿富汗人，但二者都先后从旁遮普败退，镇压者与入侵者的外力影响暂时消除，旁遮普总督的势力也一次又一次在混战与劫夺中大大衰落了。1762—1765 年，锡克族起义军英勇抗击阿富汗占领者，挫败了敌人，趁机逐步从他们手中收复了旁遮普的重要地区，统治权在旁遮普的大部分地区得到了巩固。1765 年，锡克人在阿姆利则举行了民族理事会会议，哈尔萨宣布锡克教是最高宗教，并铸造了钱币，其上文字意为"古鲁弋宾德从纳纳克那里接受了繁荣、权力和迅速的胜利"②。锡克族军事领袖会议宣布旁遮普独立，建立起第二锡克国家（1765—1779）。实际上，这个国家是近代锡克教民族主义性质的，是带有印度时代特点的封建神权联盟性质的独立政治实体。它的这一性质表明锡克人在这一时期内部关系的松散性和脆弱性。

　　锡克人虽然并没有减弱他们的宗教热忱，但是，宗教民族主义的实体已经遭到分解，力量逐渐消解在 12 个米斯尔的势力之下。各首领之间的利益冲突越来越尖锐，尤其是 12 个米斯尔越来越倾向于独立。锡克人的整个实体已经演化成了 12 个地方割据性质的封建主，近代锡克教民族主义已经

---

① 6＞3＞0＞－3＞－6，"6"表示优胜策略，"3"表示各有一半机率或收益不变，"0"表示倘未出现的情况，"－3"表示输掉一半，"－6"表示完全输。

② 孟庆顺. 论 18 世纪中叶的锡克独立运动 [J]. 南亚研究，1988（3）：72.

成了实质上的"泛锡克主义"。基于此，锡克人若想建立统一的宗教民族国家，首先需要进行内部整合。同时，在那个印度日暮途穷的时代，地方势力最好的自保方式莫过于向外扩张。对于当时的锡克人而言，他们只有先进行内部整合，然后向外萨特累季河及其以东扩张，才能把整个旁遮普打造成一块完整的版图，也只有这样，才能完成师尊时代以来一直连续发生影响的锡克宗教民族主义的历史使命。各米尔斯为争夺联盟的统治权相互倾轧，英国人也利用了他们的这个弱点，加剧了整个锡克族力量的内耗。

（三）近代锡克教民族主义发展的政治极限和历史边缘

1. 最后的印度王国及其时代悖转

18世纪80年代以来，同期世界已经在第一次工业革命所开启的经济社会的现代化中日新月异地前进，而这种现代化发展的命运把西方全部地推到了世界人的面前，在欧洲七年战争之后兴起了两个最伟大的现代民族国家——法国与美国。印度在1757年的普拉西战役后日益殖民地化。旁遮普在历经一系列的镇压与掠夺的喧嚣之后，波斯人、莫卧儿人、马拉塔人等终成其历史的过客。与其说旁遮普的历史特性使各种力量（英国除外）都在这里消耗殆尽，不如说各种力量（英国除外）都在这里显露出其封建掠夺本性最后的挣狞面目，也就显露出了不可逆转的历史大转型终于要在旁遮普这个印度历史的缩影舞台上展开它与近代锡克教民族主义信仰结构的再一个时序反差的能量竞赛。

1796年秋，阿富汗扎曼·沙入侵旁遮普，压倒性的形势促成了锡克人的统一行动。这时，12个封建主之一的苏克恰基亚米斯尔领袖马哈·辛格之子兰吉特·辛格（Ranjit Singh，1799—1839）成为锡克人的领袖，年仅16岁的他担任的是旁遮普各路联军的总指挥，在首战告捷后崭露头角。1797年1月，他率领联军在拉姆纳加尔击败阿富汗军，在旁遮普乃至印度威名大震。1798年11月，兰吉特·辛格再次击败扎曼·沙大军。扎曼·沙不得已，"于公元1798年任命他为拉合尔总督，加罗阁（Maharajah，意为'王中之王')称号"①。在人们看来，19岁的青年领袖兰吉特·辛格，瘦小，独眼，没有受过正规教育，但在戎马生涯的成长中，勇敢而善骑射，雄心勃勃地把他的实权和名义付诸泛锡克主义的统一的行动中，为近代锡克教民族主义国家的构建做出了伟大的实践。

兰吉特·辛格在打败阿富汗人并很快摆脱他们的控制的同时，着手征服旁遮普各米斯尔的首领，实现旁遮普的统一。面对印度形势的变化，他为统一做了以下贡献：1805—1807年为第一阶段，主要目标是以灵活的策略应对形势需要，争取减少统一引起的压力和威胁，为统一做前期准备。他于1806年1月1日与英国人签订《拉合尔条约》，规定"把霍尔卡尔从旁遮普驱逐出去，而让兰吉特·辛格向萨特累季河以北自由地进行征服"②。这个时期的博弈抉择矩阵图见图3-7。

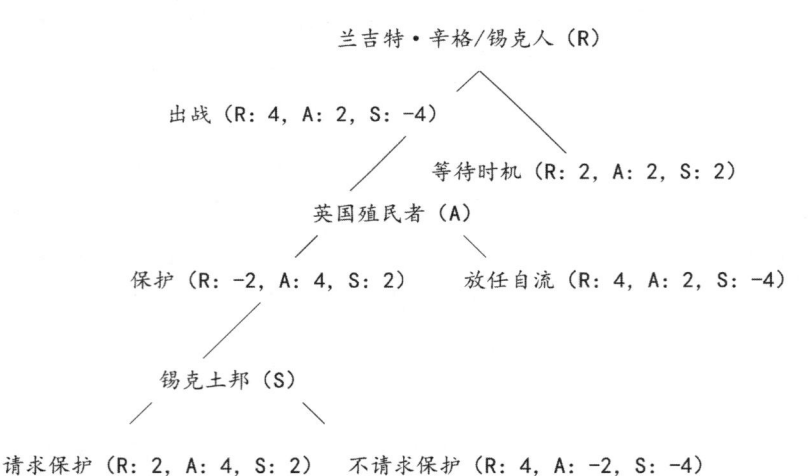

```
                     兰吉特·辛格/锡克人（R）
                    /            \
         出战(R: 4, A: 2, S: -4)   等待时机(R: 2, A: 2, S: 2)
                    |
              英国殖民者（A）
              /           \
  保护(R: -2, A: 4, S: 2)   放任自流(R: 4, A: 2, S: -4)
              |
         锡克土邦（S）
         /         \
请求保护(R: 2, A: 4, S: 2)  不请求保护(R: 4, A: -2, S: -4)
```

图3-7 兰吉特·辛格的博弈矩阵③

1806—1809年为第二阶段，主要任务是征服萨特累季河北岸各锡克土

---

①［印］R·C·马宗达，等. 高级印度史［M］. 张澍霖，等译. 北京：商务印书馆，1986：795.
②［印］R·C·马宗达，等. 高级印度史［M］. 张澍霖，等译. 北京：商务印书馆，1986：795.
③ 4＞2＞－2＞－4，"4"表示优胜策略，"2"表示各有一半机率或利益不变，"－2"表示输掉一半，"－4"表示完全输。

邦，并坐待时机，最后以条约把它们"保持"在其与英国人的势力之间。实际上，这一阶段就是统一锡克人国家的有限实践及在殖民地化面前受阻的反映。兰吉特·辛格于1806年起出征萨特累季河北岸各土邦，"利用萨特累季河另一边诸米斯尔的酋长间的不和与争吵，逐渐把他们吸收到他的王国中"①，并占领了卢迪亚纳。他的不断胜利使得一些惧怕他统一的锡克酋长们前往德里乞求英国人的保护。英印总督明托勋爵最终出于法国威胁而派人与兰吉特·辛格谈判，以阻止法国人可能取道波斯入侵印度的前进势头。兰吉特·辛格则见机要价，以换取英国人承认他对各锡克土邦的主权。然而，因陷入伊利比亚半岛战争的拿破仑东向进攻印度的威胁解除，英国人的同盟意向转变为对抗意图。因此，兰吉特·辛格在通过初步的内部整合统一了萨特累季河北岸锡克人的力量后，面对形势的突变，退而求其次——戒备武器先进于己的英国人和防止各锡克土邦投入英国人的怀抱，于1809年4月25日与英国人签订《永远友好条约》。但根据这个条约的内容规定，英国人实际上得到了萨特累季河南岸各锡克土邦的保护权并扩大了北上的势力范围。

19世纪30年代为第三阶段，主要目标是把东向受阻的统一变成西向有效的扩张，从而统一锡克王国。1809—1811年，在同廓尔喀人的冲突中占领坎格拉县。1813—1824年，从阿富汗人手里得到边境门户阿托克，占领木尔坦、克什米尔和白沙瓦，并取得印度河绝大部分地区。根据当时的国家实力来看，锡克人还有南下进军信德的能力。通过在18世纪到19世纪之交3个阶段30余年的奋斗，兰吉特·辛格统一了旁遮普平原地区，建立起一个北起克什米尔，东抵萨特累季河，西至阿富汗，南达信德的锡克王国。1801年，只有21岁的兰吉特·辛格加冕为皇帝，他的王冠上闪烁着锡克人最辉煌的瞬间。这使卡尔萨锡克人有了自己最终的政治归属，锡克族的宗教民族主义发展到了统一、独立王国的历史高度，即锡克族宗教民族主义的政治家园，也是印度最后的统一、独立王国。兰吉特·辛格实

---

① [印] R·C·马宗达，等. 高级印度史 [M]. 张澍霖，等译. 北京：商务印书馆，1986：795.

行了一系列进步改革，使旁遮普出现了前所未有的兴盛局面，标志着近代锡克教民族主义国家达到了历史的最高峰。

然而从印度全局来看，这背后藏着一个悖论：在英国的殖民征服下，印度次大陆江河日下。英国当时在印度已通过"资助条约"建立起殖民附庸体系，以间接统治与直接统治相配合的征服手段，适应当时军事力量不足之需。1806年，兰吉特·辛格的势力越过萨特累季河向朱木拿河发展时，英国人因顾忌法国、土耳其、波斯结盟入侵印度，不敢贸然对兰吉特·辛格使用武力。而两年后采用的《永久友好条约》将锡克国家的边界限制在萨特累季河北岸。放眼远景，我们可以看到，在印度历史时间与社会转型的大前提下，兰吉特·辛格作为一个时代杰出的君主，竭尽终生的努力，在个人有限的40余年时间里却未能使锡克人的力量跨出地区性力量的政治边界与历史范畴。

2．"转瞬即逝"的锡克人政治家园

锡克王国的命运完全是印度历史命运的缩影，兰吉特·辛格终生努力缔造的锡克民族的政治家园，兴起于统一旁遮普的雄心壮志，成功地团结了印度教和穆斯林民众，使近代锡克教民族主义的大旗下聚集着拥有不同信仰但属于共同地域的旁遮普人。兰吉特·辛格"能在某种范围内给予印度民族主义以它所急需的一种力量的传统"[①]，这不失为受到创教开宗的文化源泉所影响而成为宗教民族主义发展的最高经典。王国仅存在了半个世纪，后来的事实证明，锡克人比其印度同胞更珍惜他们极为短暂的历史存在。

1839年，兰吉特·辛格驾崩后，锡克上层统治者重蹈印度历史的覆辙，爆发了一系列的宫廷政变和血腥屠杀，王公频频易位。同时，锡克大封建主在征服的过程中也滋生了贪欲，企图通过控制中央来满足其需求，引起了处于下层地位的锡克军官的痛恨，"他们出于爱国热情，组成军人委员会来监督政府的国防政策，1844年控制了的中央权力"[②]。这使王国内

---

① [印] 恩·克·辛哈，阿·克·班纳吉. 印度通史（第三卷·上）[M]. 张若达，冯金辛，译. 北京：商务印书馆，1973.
② 林承节. 殖民统治时期的印度史 [M]. 北京：北京大学出版社，2004：38.

讧不已，削弱了整个王国的力量。而英国殖民当局抓住锡克人内争的时机，发动了英锡战争。

第一次英锡战争（1845—1846）期间，两军在萨特累季河以南的穆德基、费罗兹沙、阿利瓦尔和索布拉昂先后进行了4次战争。锡克军队顽强战斗，重创英军。但由于锡克首相拉尔·辛格、军队总司令特吉·辛格、宫廷大臣古拉布·辛格等人和英国人勾结，锡军最终战败。1846年3月9日，锡克国与英国签订了丧权辱国的协定，内容主要是："成立摄政会议，辅佐未成年的王公达利普·辛格，摄政会议的行动要听命于驻旁遮普英军；锡克军队大裁减，大炮基本交出；赔款1500万卢比；萨特累季河南岸的锡克领地及比阿斯河与萨特累季河之间的地区割让给英国；克什米尔以100万英镑的代价卖给查谟什王公古拉布·辛格，作为对他的犒赏。"①

丧权辱国的战争协定最终引发了第二次英锡战争。1848年4月19日，木尔坦以杀死两名英国军官为开端发动起义，起义很快波及白沙瓦等地区。10月10日，新到任的总督大贺胥向锡克人宣战。1849年1月至3月，英锡双方军队在拉姆纳加尔和奇连瓦拉激战；3月21日，率军起义的主要领导人舍尔·辛格、恰特·辛格投降；29日，大贺胥宣布兼并旁遮普，废黜王公达利普·辛格。至此，近代锡克教民族主义的政治家园不复存在。在印度衰败化与殖民地化引起的政治时局的变动中，锡克民族从封建化兴盛步入衰变不过半个世纪，其在向现代化转型中成长起来、有350年历史的宗教民族主义结构走到了它独立立国的最高峰和最后政治边缘。

第六节　主流价值断裂导致萌芽绝缘与主体缺失

现代化过程，即传统农业社会在现代生产方式的刺激影响下，向适应现代工业世界的新社会经济体制的转变。这四个过程趋向不一，甚至相互

---

①林承节.殖民统治时期的印度史[M].北京：北京大学出版社，2004：39.

冲突。多种趋势的同时存在反映出现代化是一个多线性、多方向的矛盾运动。① 综观 17、18 世纪以来的亚洲与世界格局，我们看到，中印两帝国国势鼎盛、制度承新、经济繁荣，人口已分别达到 3.13 亿和 1.45 亿。与欧洲相比，这是个潜在的巨大消费市场。可是由于封建经济的自给自足特性、封建经济是服务于封建顶层权力的政治社会的自然人经济形态、依靠劳动力密集投入的过密化模式即"人口要素禀赋和劳动力密集型优势"② 实现增长，中印 4.58 亿生民的消费潜力完全不能被激发，这是一个巨大的时代悲剧。

一、"农体商用"的主流价值导向是封建奢靡消费

在印度，基于商品生产发展和需求增长，17 世纪中期以来，手工业生产组织方面出现了新的变动，一种新的生产组织形式——以雇佣劳动为基础的资本主义手工工场出现了。例如，孟加拉、迈索尔出现许多棉纺织手工工场，织机从三五台到十多台不等，雇工生产，按件付酬。③ 到 17 世纪末期，印度一度控制了全世界 1/4 的纺织品贸易。印度有许多相对的优势：印度是主要产棉区，棉花原料就近供应充足；棉花种植和棉纺历史悠久，经验丰富；棉花原料优质、棉纺技术先进，所以纺织品的质量很好；海运便捷；国际对纺织品需求量大，市场广阔；纺织业是劳动力密集型产业，而印度人口稠密，劳动力丰富。内陆地区承接棉纺工厂，会使产业结构得到调整；工厂的转入，会使劳动力需求增多，就业机会增多；并促进当地手工业和城市化扩展。

在对外贸易商品结构上，中国输出的主要大宗商品是茶叶、丝绸、土布，茶叶居首。随着中英茶叶贸易的增加，茶叶在西方成为日常饮品，消耗量大增。18 世纪初至 18 世纪中叶，中国出口英国的茶叶增至 5 万担，相比之前增长了 100 倍。"在本世纪之初，除去少数私运进口的茶叶而外，

---

① 罗荣渠. 现代化新论续篇 [M]. 北京：北京大学出版社，1997：102—108.
② 林毅夫. 李约瑟之谜、韦伯疑问和中国的奇迹——自宋以来的长期经济发展 [J]. 北京大学学报（哲社版），2007（4）：5—22.
③ 林承节. 印度近现代史 [M]. 北京：北京大学出版社，1995：7.

东印度公司每年出售的茶叶尚不超过五万磅,现在该公司每年销售两千万磅茶叶。也就是说,在不到一百年的时间内,茶叶的销售量增加了四百倍。从总的数量来看,在英国领土,欧洲,美洲的全体英国人,不分男女,老幼,等级,每人每年平均需要一磅以上茶叶。"① 生丝居次,从19世纪初到30年代,年出口量从120担增至8000担以上。

清廷对于民间海外贸易厉行海禁政策;对于外国来华贸易,仍沿袭明代的封贡制度加以控制。最初与清朝发生封贡关系的,主要还是南洋和东南亚诸国,但有许多限制,如对贡期和随贡贸易的监视等都做了严格的规定。对于西方殖民国家来华商船的限制则更严,只许它们停泊澳门,与澳门商人进行贸易。每年来华贸易的大小船只,不得超过25只。允许外商到前述口岸通商始于1685年。② 1757年(乾隆二十二年),由于外商频年不断的掠夺和违法行为,清廷只保留广州一地为通商出口。到19世纪,英国在印度种植鸦片,并且大量销往中国,这使得中国对外贸易逆转为入超。③

但是,在17、18世纪,印度和中国的农业文明先后发展到巅峰,国内资本主义萌芽广泛,但发展非常缓慢;且封建王国政府主流价值导向是重视"士大夫""旗人"或"曼萨达卜尔""高级种姓"与"农",轻视"工"和"商"。所以,"人们非常看重土地的归属。在土地自由买卖,地权高频率转换的过程中,构成了循环往复的耕地买卖、典当及租佃关系"④,始终缺失"政策支持、资金积累、技术升级、市场需求与市场导向"等,工商业态及其生产关系不能稳固确立,难以从农本社会登堂入室地再发展成工商为本的新形态。封建制度的结构功能内卷化,导致新生产力转化失去升级势能,进而导致封建生产关系为内核的社会母体绝育化,最后缺失过渡性主体,致使封建国家导入民族国家的"导体"绝缘化。

---

①斯当东. 英使谒见乾隆纪实 [M]. 叶笃义,译. 上海:上海书店出版社,1997:27.
②复旦大学,上海财经大学. 中国古代经济简史 [M]. 上海:上海人民出版社,1982:174—177.
③同上.
④郑姝. 清水江流域人工营林业中的"栽手"研究 [D]. 吉首:吉首大学,2016.

二、工商业与资本主义萌芽的原生性内外环境丧失

17世纪确实给予了中国与印度特定的战略契机，而且中印本身的国家构建、社会进步、制度创新、经济增长已具备一些硬性的甚至是基因质素的要件。莫卧儿时期的手工业十分发达，其技术水平超过当时欧洲大陆的先进国家。莫卧儿社会仍以农业经济为主，并出现商品粮和棉花、生丝、蓝靛、烟草等经济作物的专业化产区，产品远销欧亚市场。这一时期被看作中印非常重要的动力增长阶段，促使两国的手工业和建筑业水平较快提升，商品经济也有了较大发展。17世纪至18世纪中叶是商业资本主义时代，英国东印度公司追求商业利润的活动在莫卧儿皇帝和一些地方君主的允许下进行，英国人同印度人打交道主要采取商业方式。在形式上，这是平等的贸易。①

在印度，手工业生产的主要形式是封建制经济的作坊和家庭手工业，大型官营作坊的优质产品主要是为满足宫廷和贵族奢侈生活的需要，其次才供出口。在一些港口城市，包买商通过预付款项、提供原料并收购其产品等手段来控制手工业者的小型作坊的生产，但尚未出现先进的工场手工业。商品经济的发展促使商业和外贸的发展。16—18世纪，印度的一些主要城市虽仍是封建统治的政治中心和贵族的消费基地，但已开始起着工商业中心的作用。德里、亚格拉、拉合尔、阿默达巴德的城市规模可与当时北京、巴黎、伦敦相比。活跃的商业贸易逐步打破了各地区的闭塞隔绝状态。沿着陆路和水路商道，形成许多区域性的国内市场。孟加拉和古吉拉特则是对外贸易最发达的地区，商船往来欧亚非各地及中国。②

17世纪中期，即明朝万历年间，中国资本主义萌芽出现于江南地区。虽然其在全国农村未能形成全局性的发展，但在一些地区已有不同程度的萌芽。

17世纪中叶以来，中国与印度的经济快速增长，但中国未能及时大规

---

① 庄万友. 略论英国东印度公司同印度早期贸易的商品结构及其成因 [J]. 南亚研究，1988（2）：59.

② 林承节. 印度史 [M]. 北京：人民出版社，2004：182—187.

模参与当时正形成的全球性生产与贸易体系的经济活动。① 中国的文化环境偏向官僚主义②，而不是城邦传统。中国因而缺乏规模化的、工业体系化的社会与市场支持。所以，16世纪，东西方在封建社会内部都孕育着资本主义的萌芽。西方的资本主义萌芽蓬勃发展，使西方众多国家步入近代工业文明；而中国明朝的资本主义萌芽却淹没在小农经济的汪洋中。商业资本在东西方的不同命运、东西方资本主义萌芽的不同结果的原因，在于其经济、政治（主要是王权）、区域性国际环境，以及东西方对待海盗商人的态度等诸多方面的差异。③

本章小结

中印封建国家的触角与实践始终均未能跨出亚洲的封建大陆边界，仍然扮演着海内区域性力量的地域政治主角，仍然囿于传统文治武功引领田园牧歌的耕织社会模式，属于封建帝国的历史范畴（20世纪90年代全面兴起的美国"新清史"主张打破中国20世纪以来形成的"汉化论"的清史观。本书则认为，无论是"汉化论"还是"内亚特性"，均不能否定清朝作为中国王朝的"封建性"）。同时迎来的则是中印两王朝因不断整合国内的族群/地方分裂集团与宗教关系而日益内耗，任由社会内卷化固滞不前、绝育化老死无生、绝缘化失之交臂。转型演变为四重奏：帝国中央政府衰败，印中社会分别内部边缘化和对外被殖民地化，人民大众日益革命化，经济主流价值缺位沦为全球的边缘区。在印度封建链条断裂的链式反应下，80余年后，中国在英帝国等列强发动的鸦片战争中成为半殖民地国家。

---

①何平. 全球视野下的中国与欧洲的比较研究 [J]. 史学理论研究, 2006 (4): 25.
②[英] 李约瑟. 中国科学技术史（第一卷·导论）[M]. 北京: 科学出版社, 上海: 上海古籍出版社, 1990: 100.
③程洪, 罗翠芳. 试论中西16世纪商业资本的不同命运 [J]. 武汉教育学院学报, 2000 (5): 55.

第四章　中印封建国家转型主体缺失的困境评述

清蒙两大王朝从初兴走向改革历经三代 50 年、型变升级转型至全盛历经六代 80 年、鼎盛转向衰败历经三代 49—50 年，但最终未能通过王朝国家内生现代性推动转型，跨入现代民族国家。本章节从三个（史学观）层次的立体视角，第一层次是数千年长时段的文明史视角，第二层次是三百年全球史的中时段视角，第三层次是历史社会学"体行知用"的短时段视角，全局多维审视评述中印兴衰型变及转型缺失的根源和问题。

第一节　千年殊途：文明的梯度力致使中印转型失灵

通过考察数千年来中印的历史背景与（女真汉化和突厥波斯化）文化土壤，回溯两大文化体系竞争的最深层动因，得从地理环境与气候变化说明。自然力对人类社会的影响主要是通过游牧与农耕生产方式、波动的气候对农业生产和物价涨跌的杠杆实现的。波动的气候成为直接影响农业生产（包括农作物生长期的长短、产量及自然植被区域的界线等）及社会经济发展的至关重要的因素。这些周而复始的打击造成了物价的巨大波动，而千百件事情又受物价的制约。有谁敢于否认，这种反复演奏的音乐旋律部分地反映着气候的可变历史？① 那么，是不是意味着亚洲封建社会甚至全球存在着一种参差不齐的"千年梯度力"？这个梯度力杠杆就像气压梯度力那样，总是不均衡地推动各文明之间互动、融合和冲突。

---

①［法］费尔南·布罗代尔. 15 至 18 世纪的物质文明经济和资本主义（卷3）[M]. 施康强，等译. 北京：三联书店，1997：53.

因此，耕与牧两生产方式、气候变化引起草原环境的恶化，最终迫使内亚游牧民族南下谋生与求得更大发展。文明传播形成六大梯度力效应：①封建化的梯度扩散力，使封建制度的梯度扩散力造成亚洲边缘地带的封建化晚发失衡；②封建化的梯度促变力与文化轴心对后进民族的后坐力，造成封建制度内卷化，加固农耕文明的制度理性；③游牧民族征服活动的梯度破坏力，梯度传播打断资本主义萌芽；④梯度力模式的递减效应，后进民族的制度转型致其"体行知用"内卷化；⑤梯度生发模式的终极负态效应力，梯度生发模式打断东方晚发现代化；⑥地理与气候的梯度催变力与助推力，催生早期全球化（蒙古崛起及其对外贸易与西方大航海和商业资本发展）。

在这六大梯度力的作用之下，印度与中国文明千年殊异主要表现为：印度的"率土裂疆"与中国的"天下王土"分殊；外来征服者与聚居宗族社会紧密度不同；宗教种姓制与宗族宗法制的功能迥异；征服王朝与宗藩封贡的体制殊异；梯度力下古代印度的耗散结构与中国非耗散的结构殊异；封建内卷化致使边缘及其封建化梯度力生发，促成两大王朝的过客宿命。

一、造化之门：率土裂疆与天下王土的分殊

印度地理历史条件对其古代文明造成多分裂的深远影响。印度大陆自古一直有着开放的通道——兴都库什山脉最大的开伯尔山口，是南亚与西亚、中亚相连接的最重要通道，有着进入印度的门户——旁遮普。印度社会数千年来不断受到外来者的入侵，雅利安人、波斯人、希腊人、大月氏人、白匈奴等不断地入侵、建国、定居，把古印度变成了欧亚黄、黑、白三大人种的熔炉。同时，印度也在不断输入文化与技术的负熵，形成多元包容但易于分裂多变与种姓隔离的结构。

印度地形以高原为主，分布复杂。北部有喜马拉雅山脉，中部有恒河平原，以及塔尔沙漠、马尔瓦高原、温迪亚山脉。诸多的河流更是将印度分割成几部分。南部是德干高原及其东西两侧的海岸平原。低矮平缓的地形在全国占有绝对优势，不仅交通方便，而且在热带季风气候及适宜农业

生产的冲积土和热带黑土等肥沃土壤条件的配合下，大部分土地可供农业利用。这为印度农耕文明营造了先天性的环境。南部德干高原占印度半岛的大部分。南部地区雨林遍布，人烟稀少，蛇虫众多。土著居民又不易降服，一直游离于印度中央王朝之外，和锡兰（斯里兰卡）关系非常密切。

中国与印度和内亚文化之间的那种联系是完全不同的，长城的修筑及其功能，就是华夏文明与内亚文明之间横亘于生存、文化与心理上的巨大隔断。中国古典文献《孟子·万章上》有云："'普天之下，莫非王土；率土之滨，莫非王臣。'而舜既为天子矣，敢问瞽瞍之非臣，如何？"中国地势，虽然按照自西向东走向逐渐呈下降的梯级状，但始终有"王化之力"。第一梯级是印陆与欧亚两板块撞击抬升而隆起的青藏高原。第二梯级是三大高原（内蒙古高原、黄土高原和云贵高原）和三大盆地（塔里木盆地、准噶尔盆地和四川盆地）及由大兴安岭、太行山、巫山和雪峰山向东直达太平洋沿岸。第三梯级是自北向南分布着的东北、华北和长江中下游三大平原，及其边缘镶嵌的低山和丘陵。第四级梯级为中国大陆架的浅海区。

中国社会则借助长城，将游牧民族隔离在塞外，在文明形成稳定结构后，虽然也有侵入者，但它们先是渗透王朝（北魏、辽和金），后来才是入侵者王朝（元和清），因此具有紧密结构力的多元一体的结构特点。自20世纪80年代以来，在中西方文化比较研究中，国内外学者们都注意到了一个基本的事实——中国与西欧古代的农耕制度是两种不同的类型。在西欧封建时代，农耕是田园与草原结合、农业与牧业结合；而中国则是单一的粮食种植业。据欧文·拉铁摩尔看来亦是如此，这与欧洲古典时代的情况完全相反，欧洲的森林部落是倾向于封建制度的，而亚洲的草原部落制度却与封建制度相分离。草原部落，一个游牧经济的社会，即使在它的初期，也不能叫作封建。①

秦始皇于公元前214年遣大将蒙恬北逐匈奴，又西起甘肃临洮（今临洮新添镇三十墩村望儿）、东至辽东，筑长城万余里，以防匈奴南进，史

---

① [美] 拉铁摩尔. 中国的亚洲内陆边疆 [M]. 唐晓峰，译. 南京：江苏人民出版社，2005：262.

称秦长城。长城的修筑反映了华夏文明与游牧民族隔离的决心。王昌龄《出塞二首·其一》就是反映秦汉时期华夏民族北击匈奴、保家卫国的唐诗名作:"秦时明月汉时关,万里长征人未还。但使龙城飞将在,不教胡马度阴山。""中华帝国"出现之前,华夏大地便开始修筑长城。

从这一世界奇观可以看出,在春秋战国时期,华夏集团为防止西戎、北狄、东胡入侵,便开始修筑长城。甚至细细追溯起来,由《左传》可知最早修筑长城的并不是北方诸侯,而是并不认同属于华夏系统的南方大国楚国。而秦始皇以万夫血肉之躯筑长城,表明其抵制游牧世界的坚强决心:"一叫长城万仞摧,杞梁遗骨逐妻回。南邻北里皆孀妇,谁解坚心继此来。"① 而且,秦皇派蒙恬率 30 万兵马戍边修筑和守长城,在后世诗歌中的记忆尤其深刻:"长城高际天,三十万人守。一日诏书来,扶苏先授首。"②

二、造化之本:外来征服者与聚居宗族的主客融冲

亚洲农耕文明的确繁荣不输欧洲。适应农耕文化的封建制度形成了第一个文明的梯度力,即封建化的梯度扩散力:造成亚洲封建化在北部边缘地区晚发且不平衡,不断对处于游牧民族与农耕民族斗争边缘的民族形成可乘机缘。由于草原游牧与农耕定居的始终并存而不能消除不同生产方式,使农耕文明的封建化在游牧世界中的传播扩散总是像气压梯度力那样不均匀。数千年来,陆续不断有内亚草原或边缘游牧民族南下入侵,使印度和中国古代社会形成了不同的民族社会:一是多种宗教并存,外来征服者建立的宗教种姓社会;一是宗族纵横聚居格局与多元一体的民族融合,是由本土自生聚族而居形成的宗族宗法社会。

多数史学家都认为,在雅利安人到来之前,印度本土已经具有高级的印度河文明,大约以公元前 1750 年为断限开始衰败。有些地区,例如摩亨佐·达罗,遭到了巨大的破坏;有些地区出现了不同类型的陶器和其他物

---

① [唐] 汪遵. 杞梁墓.
② [宋] 陆游. 古筑城曲.

质文化。这一切表明，印度河流域各城镇先后经过大的动荡。从此，印度河文明告终了。① 尼赫鲁在《印度的发现》中揭示了印度文明的力量源泉：印度的文化传统经过五千年的侵占及激变的历史，绵延不绝，广布在民众中间，并给予他们强大的影响。②

在信史的印度文明记载里，雅利安人是第一个侵入印度的游牧民族。雅利安人原是俄罗斯乌拉尔山脉南部草原上的一个古老游牧民族。公元前1500年左右，他们从中亚的阿姆河和锡尔河之间的平原南下，迁移到印度次大陆西北部。这一说法据说源自由一些宗教颂诗收编成的诗集《梨俱吠陀》（Rig Veda）诗集。定居印度后，他们被称为雅利安—旁遮普人，使用雅利安—旁遮普语。他们自视为高等种族，往南驱逐古达罗毗荼人，创造了吠陀文化，最终促使自身与古达罗毗荼人融合成南亚次大陆人。

根据华夏文明信史记载和考古，现在已基本肯定华夏大地上在最初文明出现以前就有华夏人的祖先在活动。华夏先民分为许多部落，活跃于黄河中下游。公元前21世纪，中原地区的原始公社制时代走到了历史的尽头。炎帝与黄河中上游的黄帝发生阪泉论战。其后，黄帝统一建立华夏部落联盟。华夏族在黄河流域留下的众多的文明遗址已成考古确证。华夏族历经三皇五帝神话时代。之后因为治水之功，夏禹获得九州酋邦的拥戴。约公元前2070年，其子启建立夏朝。到公元前256年止，华夏大地上共历夏、商、周三代。与之同期并存的有四方胡人（东夷、南蛮、西戎、北狄）。

"宗教宗法制度"实质是伦理政治化和政治伦理化的家国同构体。早在夏、商、周"三代"就有了"政治家传世袭"的制度传统。夏朝的最高统治者称"王"，王位主要由儿子接任，偶尔也有传给兄弟的情况。商朝时，帝位大多传给弟弟，最后由最年幼的弟弟再传给长兄的长子，或传给自己的儿子。公元前11世纪，周武王灭商建周，定都于镐京，并改"帝"为"王"。周王朝的王位明确规定只传长子，形成了"父传子家天下，传

---

① 崔连仲，武文. 古代印度文明与中国[M]. 长沙：岳麓书社，2007：6.
②[印] 尼赫鲁. 印度的发现[M]. 齐文，译. 北京：世界知识出版社，1956：51.

嫡不传庶，传长不传贤"的宗法与分封制。

三、造化之主：宗教种姓制 VS 宗族文官制的功能迥异

华夏文明的社会结构的紧密向心力，主要体现为文明初期形成的聚族而居的格局、周代形成的家国同构的"宗族宗法制度"、魏晋时期的士族门阀制度及其后世形成的宗族村落的社会实体。选官制度上有重视宗族、门第的传统观念，比如孔子及各名族后裔便为历代贤明君主所重视。印度宗教和民族众多，具有社会结构的多面性与复杂性，统一基础薄弱。雅利安人建立了活化石一样的古老而顽固的种姓制度。印度历史上素有分裂和割据的传统，统一的实践与维持艰难。

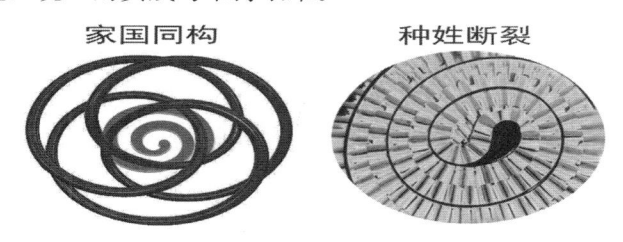

图 4-1　中印古代政治社会比较示意图

如图 4-1 所示：中国的宗（家）族就像不同的圈，它们无论怎样运动，总是围绕着一个中心，且总是以儒家修齐治平、积极入世的实践理性向心于政治，所以文官制度比较发达，但易培育出官僚主义的僵化传统。印度的种姓断裂根深蒂固，每个种姓都是独立的阶层，又都有亚种姓，层圈围绕和堆叠，断裂错层，而外来入侵的政治社会之变动与其关联，但在不列颠到来以前，总浮于上层，所以利用高级种姓和王公大吏也改变不了盘根错节的底层建筑。因此，印度在古代多分裂。

（一）多元宗教并存的社会结构及其种姓制分裂隔离

宗教方面，印度教、伊斯兰教、佛教、锡克教等互相敌视，历史上冲突不断；民族方面，印度有几百个民族；语言方面，印度仅语言和方言就有 1600 多种，使得民族和部落间的沟通和交往非常困难。印度宗教、民族和语言都不统一，文字、度量衡等混乱。语言、宗教、种姓、种族等以及

它们的各种次属类型综合形成的传统，使印度人在生存和发展中始终具有多元、复杂的特性，加之雅利安人的征服以来各地发展不平衡，造成印度的多元性与复合性文明结构的复杂性，甚至是矛盾对立性。①

自古以来，在印度，种姓符号从人一降世便随其终生。除了古代伊朗存在过种姓制度外，种姓制度在印度已有三千多年的历史，是最悠久的社会等级制度。这一制度在种族性差别及其引起的职能性分工的基础上将人分为四个种姓集团或等级，即婆罗门、刹帝利、吠舍和首陀罗。在此基础上又衍生出上千个亚种姓集团或等级。种姓制度的特征归纳为如下六点：①社会的分隔；②等级制；③饮食和社交的各种限制；④不同集团具有不同的世俗的和宗教的权利；⑤缺乏选择职业的自由；⑥婚姻的各种限制。②

土邦列国林立，大部分时期处于分裂状态。中央王朝也未能完全阻断割据力量的存在。此外，构成印度的大一统王朝的各个组成部分多是由内亚游牧民族建立的，最早的如雅利安人本身也是，最近古的则有德里苏丹国和莫卧儿帝国。外来政权和当地印度居民冲突极为严重，往往会导致频繁的起义和反抗，王朝一旦崩溃，各方势力很快就会变成一盘散沙。相继征服过印度的阿拉伯人、土耳其人、鞑靼人和莫卧儿人，不久都被当地人同化。野蛮的征服者总是被那些他们征服的民族的较高文明所征服，这是一条永恒的历史规律。③这样，征服者最终都在被征服者的反抗中成为"印度斯坦人"。

（二）多元一体的社会结构及其宗族（门阀）与文士的家国同构

纵观中国封建社会的制度理性及其后果，它多是以开明或强权人物的文治武功、开国建政、励精图治，极力引领着封建士大夫精英创造高度文明的定居农耕社会，形成以王朝为主干结构的中原文明及其文明辐射的外围。汉代起，尽管中国的主要宗教是从印度引进的，但中国在实现政治统

---

① 培伦. 印度通史 [M]. 哈尔滨：黑龙江人民出版社，1990：14.
② 陈峰君. 印度社会述论 [M]. 北京：中国社会科学出版社，1991：155.
③ 马克思，恩格斯. 马克思恩格斯选集（第二卷）[M]. 北京：人民出版社，1995：768.

一并建立一套有效的管理体制方面取得了更为伟大的成功。中华帝国扬威海外。① 总结华夏文明的结构特点,尽管马克思曾经把其旺盛生命力结构和实践理性称为"亚细亚生产方式"②,但它不全是魏特夫等强调的仅有极权专制与残暴无良。③

西周的宗法制是以嫡长继承制为核心、联结分封制的紧密结合体。天子按嫡长继承制世代下传,形成"大宗",其他次子、庶子不能继承王位,但他们享受分封制度恩爵,形成各地诸侯,是从属"大宗"的"小宗",也按嫡长继承的传统世代相传。诸侯的子嗣中,嫡长子世袭爵位,非嫡长子则由诸侯分封为卿大夫。大夫以下又有贵族阶级最底层的士,不再分封。在这个结构体系和制度理性下,全国范围内形成了以天子为根基的宗法系统。依照血缘的亲疏远近分成等级关系,并以血缘为纽带加以分殊辨识,维持这种等级的分封礼制。

秦始皇嬴政灭六国完成统一后,建立起中国历史上第一个专制主义中央集权的郡县制国家,打断了分封礼制,形成了君主专制的中央集权制帝国及其实践理性。统一的新帝国建立以后,秦始皇马上采取强有力的措施以限制旧的封建制,并建立起官僚制的政府。这种政治制度由秦开始实施,并成为其后整个中国历史的特征。大的封建领主遭到废黜,他们的领地改由高级官吏来治理。当时虽然还存在世袭贵族制,但其代表人物不得不居留京城(陕西咸阳,现西安附近)。④ 帝国中央下设监察制度与九卿制度,为后世历朝所沿袭,直至清朝。

公元前202年,汉朝建立,并统治中国400余年。该时期中国版图空前扩大,汉族人口仍集中分布在黄河、淮河流域,形成了华夏汉族为主体的宗族宗法社会。与秦代不同的是,汉代恢复了宗族宗法家国同构的文化

---

①[美]麦克诺尔·伯恩斯,李·拉尔夫.世界文明史(四册)[M].北京:商务印书馆,1987:337.
②中共中央编译局.马克思恩格斯选集(第2卷)[C].北京:人民出版社,1995:33.
③[德]魏特夫.东方专制主义[M].徐式谷,等译.北京:中国社会科学出版社,1989:134.
④[英]李约瑟.中国科学技术史(第一卷·导论)[M].北京:科学出版社,上海:上海古籍出版社,1990:100.

体系，父为家君，君为国父。整个汉代历经政治上的郡国与郡县并行的同姓诸侯分封制度实践理性，到七国之乱与削藩斗争，制度更张转型为依靠中央集权的"推恩令"。汉武帝削弱了各刘氏诸侯的实力，诸侯王在中央权力的介入下，将自己的封地分给自己的子弟，促使诸侯国被越分越小，中央集权制度才稳固下来。

在这种文化影响下，公元前134年（汉武帝元光元年）开始实行察举制的选官制度。开创的自下而上的选官制度，注重孝廉。察举的科目可分为常科（岁科）与特科两大类。岁科有孝廉、茂才（秀才）、察廉（吏）、光禄四行；特科又分为常见特科和一般特科。被举者经考试后，由政府量才录用。这样既保证了选才标准能贯彻实行，选出真正的人才，又能保证竞争的相对公平，令下层人士有进入国家管理层的可能。自汉武帝以来，统治者崇尚儒术，官僚多以经术起家，至东汉后期察举征辟任官，渐渐注重门第阀阅，出现了累世公卿的局面。私人讲经之风盛行，大小官吏间逐渐形成了封建从属倾向，形成了许多官吏集团。曹魏实行九品中正制，使得世族地主能够凭借家世出身参与政权。

三国两晋南北朝时期形成了士族制度。按门第等级区别士族同庶族在政治、经济、文化上的不同地位，形成以家族门第纽带为核心的士族制度。东汉世家豪族及其累世公卿的延续，曹魏九品中正制的推行，成为士族兴起的历史与现实渊源。朝廷重要官职往往被少数氏族和姓氏垄断。直到隋唐时期，门阀制度才逐渐被以个人文化水平考试为依据的科举制度所取代。这一制度实行了1300年之久，成为中国重要的选官制度。有了人才科举制度，各王朝都形成了自己的文官制度，主要是依靠来自地主士大夫为主要阶层的文官集团治理天下。及至武周称制，庶族崛起，再到唐末农民起义的打击，士族制度彻底结束。

但是，正是在一次次的衣冠南渡事件后，汉族集团各姓氏在政治上才有强烈的以北伐恢复祖业的梦想。尽管经历了祖逖北伐的失败、安史之乱、唐末五代十国的乱局以及南宋北伐的泡影，但是社会民间家国同构的宗法宗族基础依然牢固。政治上，汉代以来，皇室对外和亲或政治联姻，汉朝的（与匈奴和乌孙）和亲政策，唐朝与突厥的和亲策略虚政、与吐蕃的两度和亲、与回纥的数度和亲互娶实政，直至清朝与蒙古的联姻关系，均是封建王朝实现"家国同构"的政治实例。

四、造化之体：征服王朝 VS 宗藩封贡的体制殊异

印度王朝内部频繁变乱和更迭，但中央王朝建立的个数与频率却较中国低。由于经济上发展的不平衡和不显著，外来力量在印度的角逐成了历史的主曲，马克思所说的"我们通常所说的它的历史，不过是一个又一个的入侵者的历史"正好反映这个特点。在马克思的《印度史编年稿》中，我们还可以看到他对印度历史全貌所做出的精辟概括。在这本小册子式的著作中，大量的篇幅反映出来的是印度自公元664年穆斯林入侵印度以来，印度历史所表现出来的"王朝变乱"与"征服轮回"的突出特征。然而随着世界历史从全球各地区的历史时间向统一的世界时间转变，印度的社会转型明显表现出主体性缺失和主动推动。

中国古代社会：秦汉朝廷征服四夷蛮族后，努力"王化天下"，即以王道一统天下，同化万民。四海一家、天下大同，始成华夏民族追求的政治理想。为此，中华文明由宗族社会的礼制仪轨上升到国家，形成家国同构的宗藩封贡礼制，用这一制度约束与规范四夷的行为。

（一）印度文明有较强的"纳蛮化夷"融冲力，但包容多元差异多分裂

纵观印度历史，发展不平衡，却有较强的包容性与整合力。一个又一个的征服者都在这个包容性的文明面前、在古老和根深蒂固的种姓制度面前被融合，而不是改变"种姓"这个恒久地为印度长久特有的历史符号。[①]地理历史结构的不平衡性。自然条件的差异，对古代印度各地区历史发展不平衡起了一定的影响。[②] 主要是地理、自然条件作为社会生产力的内在因素与外在因素的矛盾尚未得到解决以前，也就是生产力内部尚未整合自

[①] 李铁匠. 古伊朗的种姓制度 [J]. 世界历史，1998（2）：68.
[②] 周一良，吴于廑. 世界通史（上古卷）[M]. 北京：人民出版社，1972：116.

然条件作为其内在要素以前,① 形成了印度斯坦内地区间的发展不平衡格局,造成了印度在地理时间上的社会深刻分裂。

经济的社会形态内部——经济与政治的发展不平衡性。分散的村社经济的缓慢发展同政治上统治力量的无穷变换,长期的武力征服使外来力量的政治统治成了印度历史的主曲,经济的缓慢增长助长和加长了征服的历史,这就形成了经济与政治之间的不平衡关系及其社会历史时间内业已成形的不平衡发展结构。自从有了古老的雅利安人的征服史以来,印度社会的不平衡发展就一直延续着,造成自然时间从历史时间向世界时间的缓慢转变,即现代化的缓慢启动。

宗教的人文价值关怀的终极性与实践性之间的二重性矛盾。② 在印度,宗教是最顽强和古老的力量和意识形态,与印度历史寸步相随。这与其人文价值关怀紧密相关。"这个思想(印度教始终重视人生的终极目的)从没有忘记它那组成中的超世的因素,所以虽然在一方面尽量肯定人生,却不肯作人生的牺牲者和奴隶。"③ 宗教的演化和发展以其对种族的原始关怀(主要是印度教所竭力维护的种姓制度对高级种姓的特权的关怀,从人人平等这个基本人权来看,这是一种原始的关怀,从它身上还可以发现种族隔离与歧视的古老痕迹)逐渐走向对人的终极关怀,但是这些关怀从神秘主义、唯心主义、泛道德主义等众多层面出发,过于空灵的佛教与包罗万众但又始终维护不平等的种姓制度的印度教二重矛盾特性主导着整个印度历史的向前发展。"这个宗教既是纵欲享乐的宗教,又是自我折磨的禁欲主义的宗教;既是林加崇拜的宗教,又是札格纳特的宗教;既是和尚的宗教,又是舞女的宗教。"

---

①顾乃忠. 地理环境与文化——兼论地理环境决定论研究的方法论[J]. 浙江社会科学,2000 (3):133. 该文认为,观察地理环境应该有两个视角,即一方面应把地理环境作为社会的外部因素来看待,另一方面应把地理环境作为社会的内部因素来看待。文章对地理环境决定论的研究提供了方法论原则。

②孟建伟. 探讨科学的人文价值的意义[J]. 新视野,2000 (3):27.

③尼赫鲁. 印度的发现[M]. 齐文,译. 北京:世界知识出版社,1956:93.

（二）中华文明有"拒虏化夷"的传统，建立了家国同构的宗藩封贡体系

我们看到，人类所居住的各个大陆，因为地理地质构造的千差万别、气候环境的万千各异，诞生了适应不同条件的生产方式和族民。在中国先秦时期于北疆最初形成的游牧族群部落，不愿意以被征服的代价成为封建制度的一部分，所以自行脱离向封建制度的进化过程，最终形成北部草原游牧民族。长城横亘于北部边地，阻挡了迁徙的蛮族。中国人基本认同秦皇修筑长城的政治正确。

对于长城的作用，东西方的看法是完全相反的。如果用历史心理学去分析，这完全是因时因地而异的。中国古代诗歌反映出时人是肯定秦皇修筑长城的政治正确的，但也反映了有秦一代耗费民力的惨痛后果是短命而亡。秦皇的暴虐也得到了体现："秦王按剑怒，发卒戍龙沙。雄图尚未毕，海内已纷拏。黄尘暗天起，白日敛精华。唯见长城外，僵尸如乱麻。"① 而秦代却为后世立有百世功勋："汉家今上郡，秦塞古长城。有日云长惨，无风沙自惊。当今圣天子，不战四夷平。"② 后世诗人多用激情写就抵挡内亚游牧民族侵袭的绝句："秦筑长城比铁牢，蕃戎不敢过临洮。虽然万里连云际，争及尧阶三尺高。"③

汉长城又称外长城。安西境内现存的汉长城是在秦、赵、燕三国长城的基础上完善而成的。汉长城起到的作用与历史沧桑巨变也写进了历史记忆里："统汉烽西降户营，黄沙白骨拥长城。只今已勒燕然石，北地无人空月明。"④ "千金募战士，万里筑长城。何时青冢月，却照汉家营？"⑤ 也有表现出对长城作用的疑虑与忧怀的："南方瘴疠地，白马东北来。长城扫遗堞，泪落强徘徊。"⑥

李约瑟认同拉铁摩尔总结的关于修筑长城的作用："修造长城是为了

---

① [唐] 徐晶. 阮公体.
② [唐] 李益. 登长城.
③ [唐] 汪遵. 咏长城.
④ [唐] 李益. 统汉烽下.
⑤ [宋] 陆游. 古意.
⑥ [宋] 文天祥. 至广州第七十七.

阻止长城内的汉民集团跑去参加游牧生活，或形成混合经济，至少也是为了把游牧民族阻挡在长城以外。人们早已认识到，任何一种融合似乎都会在日后反过来形成长城外的'部族'向长城内的军事压力。这种预感到底正确到什么程度，可以从后来的历史进程看得很清楚。在后来的许多世纪中，华北大部分地区曾被落后的和半落后的游牧部族所占领，他们依靠自己游牧基地的资源以及汉族的技术人员和农民，建立了若干个独立的王国（北魏、辽和其他各朝）。"①

自从信史记载的西周分封制伊始，就有分邦建国，且形成了中央与诸侯之间的恩爵封贡关系。② 自公元前3世纪秦代开始，直到19世纪末期，东亚、东北亚、东南亚和中亚地区，以中国中原帝国为核心，建立起垂直的等级制政治秩序体系。其基础是"华夷秩序"。以"华夏"为中心，在东亚地区逐渐形成一个以汉字、儒家、佛教为核心的东亚文化圈。圈内强调文化上的华夷之辨、内外分殊。对外以周边"四夷"邦国建立起"九服"恩爵礼制。

宗藩封贡制度以中国作为宗主国，周边邦国作为藩属国和封贡国，实行恩爵封贡，并在其制度安排下特许周边邦国进行经济与文化交往。而与蒙古高原和内亚文化系统比较，由成吉思汗、帖木儿及其后裔巴布尔这类游牧民族建立的征服王朝③在13世纪后才兴起，虽然一度建立起横跨亚欧的大帝国，但结构并不稳定，分封制的继承制造成其后世分裂渐衰，制度文化沉淀相对较浅。而宗藩封贡制度在1500多年的农耕文明社会里，维持了中国与东亚、东南亚和中亚的关系，在殖民势力上升前曾使内亚游牧民族纷纷内附来投，有强大的经济、文化吸附力和辐射力。

---

①[英]李约瑟.中国科学技术史（第一卷·导论）[M].北京：科学出版社，上海：上海古籍出版社，1990：101.
②费正清，杜继东.中国的世界秩序——传统中国的对外关系[J].近代史研究，2010（5）：140.
③征服王朝，是德裔美籍汉学家魏特夫先生对"辽、西夏、金、元、清"这些由蛮族建立的朝代的称呼。

五、造化之力：梯度力下耗散与非耗散的结构殊异

审视清朝与莫卧儿朝转型缺失与主体缺失，其决不是数百年内才有的问题。如果忘却了清蒙非主体民族所创建的王朝国家这个"过客"之外，更重要的"主人"——亚洲地理环境上形成的农耕文明与游牧文化的两种生产方式、两种社会形态（简称"两态文化"），我们就会失去以历史唯物主义观察文明史的根本方法论。中印各自与内亚文化的千年竞争与角逐是客观存在的，是由地球演化史甚至宇宙史支配形成的。正是这种客观存在于两种历史地理造就了社会发展的非线性特性，造就了一套梯度力：

第一，文明的梯度力即封建化的梯度扩散力：造成亚洲封建化在边缘地区断断续续、不平衡地生发，使农耕文明的传播和扩散像气压梯度力那样不均匀地生发。

第二，农耕民族实践理性形成封建梯度促变力，与对后进的征服民族的反征服的后坐力：造成封建制度以内卷化反复着，加固农耕文明的更加严厉的专制理性。

第三，游牧民族的梯度破坏力：梯度传播打断农耕世界处于量变阶段的资本主义萌芽。游牧民族不断南下打断农耕民族及其文明进步，造成农耕文化无法稳步发展出更高的制度理性。

第四，梯度力模式的递减效应：后进民族的制度转型致其"体行知用"的内卷化，作为征服者的两朝都没能逃过封建制度与欲力局限。

第五，梯度生发模式的终极负态效应力：打断东方现代化晚发内生过程，使中印王朝丧失适变的机缘。

第六，早期全球化也是气候变化（梯度力）推动西方灾变和寻出路下形成的。早期全球化其实也是地理与气候梯度催生和助推产生的。

（一）16世纪前的印度是征服梯度力作用下形成的耗散结构

这种形态就是封建农耕文明以相对稳定的物资生产，不断向外传播和辐射，吸引了蛮族征服者，形成了巨大的梯度力，使第二个梯度力起作用。封建化的梯度促变力与后坐力：东方封建制度失去了稳定发展的机

遇，但却吸入外部提供物质与技术文化的负熵，在农耕世界较为稳定的制度文明的辐射力与物质文明的吸附作用下，数千年来不断吸引着内亚草原游牧民族南下入侵，形成梯度的融合与冲突，不断加固农耕文明的制度理性。

但数千年来，这些民族来到印度的最终结局却是被印度化。这正如马克思所描述的："相继侵入印度的阿拉伯人、土耳其人、鞑靼人和莫卧儿人，不久就被印度化了——野蛮的征服者，按照一条永恒的历史规律，本身被他们所征服的臣民的较高文明所征服。"① 印度就是这样。公元8世纪，伊斯兰教随着阿拉伯人的入侵而进入印度，使印度教几千年来的历史传统首次面对一个与以往不同的外来宗教的冲击。

在穆斯林军队入侵旁遮普以后，伊斯兰教的和平传播终止。11世纪初，信奉伊斯兰教的突厥人入侵印度，大批苏菲派穆斯林随之陆续来到印度。自穆斯林军队入侵印度后，无论何地，穆斯林征服者都大肆屠戮异教徒，并毁坏他们的圣地。而苏菲派对待印度教教徒如亲兄弟一般，让他们到家里叙谈。② 苏菲派的活动既帮助和支持了穆斯林上层对印度的入侵与统治，又受到印度教和伊斯兰教下层群众的欢迎和拥护，推动了伊斯兰文化与印度教文化的相互渗透与融合。印度洋贸易也成了强有力的催化剂，推动那些从事采矿和市场活动的民族建立起中央集权政府。③

（二）蛮族和殖民者的梯度破坏力使明清成为闭关禁海的非耗散结构

20世纪以来，国外边疆学、内亚研究、清史研究，都用历史人类学和全球史的方法去探讨研究，肯定内亚游牧民族及其征服王朝的主体性和对中原文化的异质性及其作用，根本上否定皇汉正统主义、中国中心论以及东方单线历史，这无疑为中国或东方中心论史学提供了更广阔的参照系和创见。内亚草原为马背上的民族提供了独特隔绝的历史地理环境、现实生

---

① 马克思，恩格斯. 马克思恩格斯选集（第二卷）[M]. 北京：人民出版社，1995：768.
② Khushwant Singh. A History of The Sikhs (Vol. I: 1469—1839) [M], Princeton University Press, 1963: 26.
③ [美] 麦克诺尔·伯恩斯，李·拉尔夫. 世界文明史（四册）[M]. 北京：商务印书馆，1987：382.

活环境，造就了独特的草原文化系统。游牧民族经过长期的开拓和实践，深受环境的陶冶和启迪，"创造出灿烂的富有草原色彩的语言、饮食、服饰、建筑、礼仪、祭祀、宗教等等游牧文明"①。

但最重要的是，中国与其大陆边疆以及中国与世界其他各地关系的新表现……而且还表现在早期邦国的发展及经济制度与社会结构的进化，造就了号称"世界中心"的中华帝国。② 这样的帝国显然是吸入外部物质与技术文化的负熵后才发展起来的。而且，中原封建文化、资源与制度下的对外吸引力是一直存在的。且农业生产远比游牧生产稳定，更利于文化沉淀，沉积长达数千年，有其技术创新史，③ 且与外围有悠久的交往互动、交换与技术传播。

亚洲大陆腹地的草原、戈壁、沙漠，在古代技术条件不能克服和改变的情形下，注定要形成游牧民族的生产生活方式，发展出草原游牧文化。而华夏大地和印度腹地恒河平原适应农耕生产，形成了农耕定居生活，其文化沉淀较游牧生活稳定。当农耕世界形成高度文明的时候，草原上的游牧民族在气候环境失利于畜牧生产时，不得不南下，要么抢劫，要么通商，要么内附。这个过程只能改变一部分游牧民族，而草原生产形态却继续存在，匈奴人分裂了，一部分内附融合入汉族，另一部分在西迁并影响了欧洲古典罗马文明后消亡。

历史上匈奴、鲜卑、契丹、女真等游牧民族一度在中原建立了政权，经过历史风雨的洗礼和涤荡。辽阔的草原是北方游牧民族的摇篮，在这块土地上曾经养育过匈奴、乌桓、鲜卑、突厥和蒙古诸族。自匈奴冒顿单于（？—前174）起至匈奴西迁（公元91年）止，奴隶制政权在大漠南北存在、持续了整整300年。之后，又来了乌桓与鲜卑，鲜卑南下汉化建政，又有了匈奴、鲜卑、羯、氐、羌五胡乱华，柔然消失、突厥兴起，最后内附或西迁，又来了契丹和女真，但他们都消失了。

---

①欧军.草原游牧文化与中原农耕文化之比较[J].文科教学，1994（1）：95.
②[美]拉铁摩尔，唐晓峰.中国的亚洲内陆边疆[M].南京：江苏人民出版社，2010（4）.
③琼岛.贡德·弗兰克谈《白银资本》[J].史学理论研究，2000（4）：65.

蒙古人开始扩张，可是 100 余年后，蒙古北去变成残存的北元；明朝十六帝的 270 余年中，对草原游牧民族实行了被动开关与海禁政策，尤其是缺乏战略的辽东之治。无论是最后的突厥—蒙古人，还是女真（满洲）人，都是这古代文明在未变之际最后的过客。无论多专业的征服战争的工具及其制度理性（"怯薛"禁卫军制与八旗制），最后要么败北，要么拜倒在大陆封建制门前，采用中央集权，经专制君主励精图治，才能使江山稳固。对外则承继明代宗藩封贡体制，并将其扩展到蒙古和西域以及东北亚、东南亚。清朝维持着以政治宣化为主要目的之"封贡礼制"，但同明朝的封贡体制比较起来，"事实是……从中国拿走的钱也要比他们所进贡的多得多，所以中国当局对于纳贡与否已全不在意了"①。

同时实行海禁，不思海防，仍抱守"夷夏大防"之老旧理念，消极应对"海上漂来的'西夷诸国'"的设点通商与扩大商权的挑战。这就促使第二个梯度力发生作用——封建化的梯度促变力与后坐力：封建化的梯度促变力与后进征服民族的反征服力造成封建制度内卷化。而使中国王朝走向更加严厉的社会控制和专制中，形成不对外吸入文化与制度因子的负熵，因此，再难实现更大的海域扩张、更有意义的"经世致用"。

第二节　百年同归：全球化梯度力下中印转型失机

亚洲封建制度与其特定历史环境相适应，有过旺盛的生命力。② "远东"包括三大经济世界：伊斯兰、印度和中国……印度的势力遍及科摩林角以东和以西的全部印度洋；中国既是内陆国家（其影响直达亚洲的心

---

①［意］利玛窦，［法］金尼阁. 利玛窦中国札记［M］. 何高济，王遵仲，李申，译. 北京：中华书局，1983：9.

②［英］李约瑟. 四海之内：东方和西方的对话［M］. 劳陇，译. 北京：三联书店，1987：27. 李约瑟认为，不同社会环境的影响最为重要，中国特色的官僚制度和"亚细亚生产方式"是促进中国在 15 世纪以前保持领先的助力，那个制度对于保证中国文化的延续性一直起着主要的作用。

脏),也是海洋国家——太平洋的陆缘海以及沿海各国都在它的势力范围之内。① 从北部出路看,特别是蒙古、新疆和西藏,该地游牧民族的历史通过商业、战争和占领已与中国的历史融为一体;东南亚地区,该地文化似乎更多地受到印度的影响。不过近几个世纪以来,该地区与东亚在经济、文化和军事战略上的联系亦日渐紧密。②

伴随蒙古大帝国西征之后,16世纪起,中东穆斯林世界强势征讨和西方基督教世界的航海、殖民活动同在,世界历史时间的全球化东来了。莫卧儿帝国与清帝国面临的,不再是大陆文明内部农耕与游牧冲突和融合的文明嬗变;而是在前现代发展不均衡的"封建化梯度力"作用下,自身的内亚征服性政权,如何能客观理性地认知作为农耕文明边缘的后进主体所面临的重大的制度承继、复合或转型,如何去适应与西方殖民征服者同台比武的世界格局。

两大帝国具有中央集权制官僚制、"家产官僚制"的双重属性。③ 在古老文明的融冲下,出于对高于自身文化的主体民族的戒惧,都素来以胜利征服者的心态自居,两个帝国的统治者践行着各自的文化理性。奥朗则布在率土裂疆的印度,实践着征服王朝的理性,把所有异教徒踩在脚下;乾隆则在"天下王土"的中国,担当起满洲大家长的重任,把宗藩封贡的体制推向万邦来朝的盛景。最终,两帝国都百年同归于非耗散结构及其"大陆征服""夷夏大防观"的大陆征/防战略导向:一个向殖民者换钱筹饷用于征服功业,一个面对通商使团僵化到决意"闭目自听",都没有充分利用海上贸易和高度警惕海防危机。

---

①[英]艾伦·麦克法兰.现代世界的诞生[M].管可秾,译.上海:上海人民出版社,2013.
②[美]费正清,赖肖尔.中国:传统与变革[M].陈仲丹,等译.南京:江苏人民出版社,1995:3.
③源于马克斯·韦伯对政体的经典分类,即国家的统治以个人权威为基础。家族统治源自凌驾于家族之上的家长权威;它要求对个人而非国家的服从;它依赖于对主人的忠诚;它局限于统治者的判断力。统治者把王国想象成一个巨大的家庭,用相同的、绝对的、不受限制的方式来训练军队、行使司法权力。

一、千年变局下中印共同面临的理性抉择

16 世纪到 18 世纪中晚期，东方国家实际开始遭遇全球化和工业化千年未有之大变局。这个变局实质是东方遭遇西方资本主义"体行知用"转型的生发。具体而言，即西方资产阶级在资本主义萌芽后逐渐成长为一个新的社会主体，通过脱离王权控制（尼德兰革命和美国独立战争）或夺取封建王权（英国内战和法国大革命），实现民族解放或民主自由，成为现代民族国家的主体担当（体）。而资产阶级本身则由工商业的社会生态及其实践造就生成。

因此，他们在全球化与现代化下，形成了"人文主义及其新教形式的伦理精神"与"市场导向的工业资本生产方式及其工商业"的认知理性和实践理性（行知），要求：①允许培育开放型城市和港口，默许工商业发展；②激励工匠精神和手工业为推手的生产方式变革，包容城市化进程以及吸收城市社会的民意（知行）。其最终的价值理性（用）在于追求现世幸福而努力利用民族国家这个法权，声张资本主义工商业发财致富和资产阶级民主自由的本义，为利润和利益最大化而理性实践。

而东方封建国家遭遇这个转型变局面临的重点矛盾，在于"体克用失—弃行无知—回天乏术"主客变局与抉择：①中印大陆王朝国家主体认知实践局限和自身应对失败；②演变成国内后进区域和族群的梯度封建化及其破坏性；③后进民族/宗教重建封建国家后，模仿和重塑专制主义中央集权制造成数百年制度固化、内卷化；④封建主体弃用海贸与海权实践而失去海洋文化的经历认知和经验教训；⑤应对全球化与现代化无力后，面对标志王朝衰崩的"四重奏"时回天乏术。

（一）中印历史转型的阶段特性

对于中国历史的转型，著名历史学家唐德刚在 20 世纪 90 年代提出了"历史三峡"说，认为中国全部文明史可分为三个阶段，中间经过两次转型。第一次转型是从战国时期到秦汉大一统帝国，大概经过 300 年，核心转变见于三个基本制度的变化：①政治上废封建，立郡县；②经济上废井

田，开阡陌；③学术思想上由百家争鸣转为独崇儒术。转型完成即创建了农业大帝国的定型。近代的大动乱是从中华帝国到现代国家的第二次转型。此论对中印在16世纪以来遭遇的全球变局与自身转型的契机与危机有重要影响。从唐德刚先生的两阶段转型论可看出，他的历史转型论是参照现代化史观的。如果要更完整地理解中华文明的转型阶段，应当追加郡县制之前的分封制及其更以前聚族而居的酋邦制到分邦建国的分封制之间的承递转型阶段①，往后再追加近代中国的半殖民地半封建社会到完整的现代民族国家形成。中华文明定型也必然有文化—社会—政治体制三方面的转型：①政治上化君权为民权；②经济上化农业经济为工商业经济；③学术思想上化控制思想为开放思想。由此演绎出一个综合的文化概念——第一次转型是造成"行同伦"的社会，第二次转型则是行为不再同伦，即多元化的社会。②

印度经历过封建社会发展阶段。约在公元初，封建生产方式在印度初步形成。直到18世纪中叶，英国统治印度时，它仍处于封建社会。印度封建社会持续时间长，前后达一千多年，和中国很相似。③ 这是封建社会的存在时段相似性。

而印度社会走向自己的封建制要比中国晚得多。第一次转型从萨塔瓦哈纳时期（前100—200）开始，国王最早把土地授予婆罗门，并且对部落地区实行军事统治，到笈多王朝（约320—约540）建立起包括印度北部、中部及西部部分地区的统治，大概经过400多年。与中国封建社会的差异则主要体现如下：强盛的笈多帝国时期在印度历史上具有特别重要的意义。因为它标志着奴隶所有制的衰落和封建制度的兴起。这个时期是印度历史上中世纪肇始和远古时期结束的分界线，④ 具有完全不同的状况：

1. 政治上，印度从上古时代奴隶制转型为封建国家主要是通过笈多王

---

①美国文化人类学家塞维斯在《原始社会的组织》和《国家与文明的起源》中认为，人类社会的政治组织经历了四个连续发展的阶段，即游群、部落、酋邦、国家。
②唐德刚. 晚清七十年 [M]. 长沙：岳麓书店，1999.
③朱昌利. 印度封建社会雏议 [J]. 南亚研究季刊，1985（4）：70.
④达莫达兰，彭家礼. 印度封建社会的特点 [J]. 历史教学，1961（Z1）：32—35.

朝的建立。笈多王朝后期的社会生产力发展较为缓慢，[①] 而且因国土辽阔，各地区的经济、政治、文化发展水平也极不平衡。其居主导地位的政治制度是种姓制度，封建等级制在印度政治体制中不具有重大意义。而且，封建主与附属封臣之间的权利与义务关系并不严格和明确，种姓制度在某些方面代替了封建等级制的作用。

2. 经济上，印度的封建土地关系不是通过自下而上购买或劫掠土地等方式形成的，而是通过自上而下由王朝向贵族官吏及僧侣寺庙封赐土地的方式产生的。因此，封建土地国有制成为主要形式。它与中世纪欧洲封建领主所有制及中国封建地主私有制不尽相同，在封建采邑制形成的同时，古老的农村公社组织依然存在，封建社会中还存在着大量的村社自耕农。[②]

3. 学术思想上由占统治地位的婆罗门教或佛教争鸣转变为英国统治前的印度教、佛教、伊斯兰教、基督教、锡克教多宗教并存的格局，与中国完全相反。转型完成后，印度依然是农业大帝国，但商业非常活跃。突厥化、伊斯兰教入侵与阿富汗统治时期（8—15世纪初），封建军事、封建采邑制与村社上层封建化在不断发展。

（二）中印共同面临全球化变局下主客理性的抉择

全球化是世界时间的新时序。在马克思看来，16世纪新航路的开辟，在打通环球通道后，打破了各大洲的封闭状态，把整个后发的国家和地区卷入以欧洲为中心的世界中来，全球化（的世界历史）便成为现实了。"各民族的原始关闭自守状态由于日益完善的生产方式交往以及由此自发地发展起来的民族之间的分工而消灭得愈来愈彻底，历史也就愈来愈大的程度上成为全世界的历史。"[③]

全球化要求人类打破区域与洲际的自然隔离和社会封闭，重点是突破长时段固化的、封建政治造就的森严壁垒和制度樊篱。现代化则以工业革

---

① 培伦. 印度通史 [M]. 哈尔滨：黑龙江人民出版社，1990：146.
② 周一良，吴于廑. 世界通史（上古卷）[M]. 北京：人民出版社，1972：100—102.
③ 中共中央编译局. 马克思恩格斯全集（第3卷）[M]. 北京：人民出版社，2002：64. 且还有这样的描述，即"世界历史不是过去一直存在的；作为世界史的历史是结果"。

命为推手，促使人类生产方式的根本性变革，将彻底改变人类的生产、生活和社会结构，及其价值理性和实践理性。变局发展到产业革命，促使西方社会的结构和功能发生巨大变化。但西方以商业资本积累与转型为产业资本，客体上实现了"资本主义"的工具理性，因此，主体上作为价值理性与实践理性是西方社会的良能和首倡；作为粗放自发的实践探索，则并不是西方独有的"发明"，而是东西方共有的历史事实。中印同样在以自己的面貌经历着特质的蜕变。

从东亚与南亚的整体历史时间来看，15、16世纪，整个中亚、南亚的历史进程处于蒙古北元王朝分崩没落和重建、帖木儿王朝衰败分裂、乌兹别克人和哈萨克人兴起的乱世，伊朗萨非王朝则处于强盛时期。西方自大航海起，全球化就业已启动，而莫卧儿帝国还处在巴布尔创建实践中；明朝则处于成化至嘉靖年间的中衰时期，北不能统治西域，西受制于争夺和占据新疆哈密的蒙古人。到清朝时，世界时间已经到来，全球化与西方的崛起，打破了东方的区域封闭的个别历史叙事。

清朝与莫卧儿朝封建国家的构建时序则完全背向。从西方早期殖民活动拉开的世界历史时间序幕来看，两大王朝尽管都忙于东征西讨的武功实践，但面对的境遇是完全不同的。某个地区被融入世界经济体，往往导致与之毗邻的另一个地区也被拖入外部区域，看上去好像存在着一个不断扩张的外部边缘。当印度被融入时，中国就成了外部区域的一部分。[①] 费尔南·布罗代尔和韦伯都试图破解资本主义发生的秘密，并各自强化了现代转型"体用生克"的"物化过程"与"知行因果"的"人化过程"。而中印转型实际上都在千年变局下因"体克用失与弃行无知"而衰败。

第一，中印面临"封建主体结构及其价值功能与资本主义之间'体用生克'之千年变局"。回顾中国与印度15—18世纪的地缘格局与外部环境，封贡体系与征服王朝体系明显缺乏西方在大航海后，以美洲新大陆促动为外因和以欧洲多国聚合为内因，形成的"中心—边缘—外围"的世界经济

[①][美]沃勒斯坦. 现代世界体系（第3卷）[M]. 庞卓恒，等译. 北京：高等教育出版社，2000：216.

的主体体系。自然经济条件下,亚洲大陆的生产和分工同质化、内卷化,使封建社会自身缺乏价值与功能的差异性和互促性。

封建主体结构及其制度的价值功能是排斥资本主义创造的现代性的。中国没有发展出资本主义是因为中国的政治等级制度压倒了经济,"中国的国家政权从来都毫不懈怠地反对资本主义的自由伸展"①。费尔南·布罗代尔认为,资本主义与整个人类历史是缓慢演进的,资本主义的出现并不是惊为天人之物,而是一个自然而然的过程。"中国(印度同样)没有发展成为一个闯劲十足的经济世界,难道仅仅因为它没有占据有利的中心位置,或换句话说,因为没有一个足够强大的半边缘区为中心升压?"②

第二,中印面临"资本主义意识形态的价值理性及其实践理性的'知行缺位'的百年失机"。韦伯强调"主体的宗教伦理及其价值理性与资本实践理性",突出人类精神生活对资本主义发展的非智力的"新教伦理"动力作用。新教使清教徒们清心寡欲地积累社会财富:"在私人财富的生产方面,禁欲主义既反对欺诈,又反对出于冲动的获取欲……不停歇地、有条理地从事一项世俗职业是获得禁欲精神的最高手段,同时也是再生和信仰纯真的最可靠、最明确的证据。这种宗教思想,必定是推动我们称之为资本主义精神的生活态度普遍发展的、可以想象的、最有力的杠杆。"③新教伦理构成资本主义精神的核心,促成了资本主义的大发展,并进一步开启了现代社会。

二、入主正统的征服暴行:非耗散结构的培养基

历史上很少有滴血不沾就和平改换的朝代。新王朝多是在铁血浴火中建立起来的。在这个过程中,中印王朝更替的代价都是惨痛的。尤其是作为非印主体民族的异教徒穆斯林莫卧儿人和作为非汉主体民族的关外女真

---

①[法]费尔南·布罗代尔.资本主义的动力[M].杨起,译.北京:三联书店,1997.
②[法]费尔南·布罗代尔.15 至 18 世纪的物质文明经济和资本主义(卷 3)[M].施康强,等译.北京:三联书店,1997:296.
③[德]马克斯·韦伯.新教伦理与资本主义精神[M].黄晓京,等译.成都:四川人民出版社.1986:162—167.

族的新王朝缔造者们，要实现统治一个文化上比其先进的国家，需要克服主体文化缺乏自信的心理，确立自身制度自信的实践理性。

征服者的较低文化及其征服实践理性，使出了生杀血祭的暴力征服手段。这些破坏性包含三个层面：第一是血腥的屠杀，直接造成无数生灵涂炭的人道灾难。第二是社会生态、生产关系与利益的重新洗牌，造成社会发展的停滞。第三是民生破坏与文化断裂，使资本主义萌芽发展失机。其不自信与极度自负的文化专制，扼杀了封建时代思想萌动力的灵感和活态物化的转变的可能。

（一）莫卧儿王朝给印度带来的灾难

巴布尔缺乏行政才能，其统治的北印度地区仍沿用古老的以部族与种姓主导行政的政治经济制度。帝国只因依靠军事统治，才不致分裂。也因惯用军事手段，征服者十分凶狠、残暴、贪婪。在征服过程中，每遇到坚决抵抗的，都有掠夺、屠杀和破坏行动，给当地人民带来极大的痛苦。甚至在巴布尔的回忆录中，记载着他大屠杀的事略："回历九二五年（1519年），我率军出发，经过二、三噶里（48—72分钟）的猛攻，拿下了巴焦尔，对其居民进行了大屠杀。"[①] 1528年，尤其是面对印度教的拉其普特人的奋勇抵抗，巴布尔在以重大代价夺取拉其普特人堡垒钱德里后，尽杀守军。且每次战后，巴布尔为以儆效尤，都会直接杀害俘虏。1567年10月，阿克巴攻打拉其普特的齐图要塞，持续围攻4个月。阿克巴命令士兵围绕齐图城挖了一条很深的壕沟来做掩护，手持可转动的盾牌，以挡敌人刀箭；阿克巴又命士兵在城外筑一高碉楼，居高临下地指挥战斗。战斗中，莫卧儿军用炮火猛轰城堡，阿克巴射死守将查马尔，攻陷齐图。守城的拉其普特士兵全部战死。阿克巴为这种顽强的抵抗所激怒，进城大规模屠杀非战斗人员。

贾汉吉尔迫害锡克教第五代师尊阿尔琼。阿尔琼对锡克教采取的领导措施，在一定程度上反映了城市平民和农村底层种姓农民的平等要求。他

---

① [印] 巴布尔. 巴布尔回忆录 [M]. 王治来，译. 北京：商务印书馆，1997：471.

整合社会底层种姓人群入教，发展壮大了锡克教在旁遮普的政治、经济力量。但阿尔琼与太子胡斯劳交往密切，贾汉吉尔怀疑他参与了莫卧儿皇权斗争，便以涉嫌帮助胡斯劳王子的罪名将其迫害致死。这为后世锡克教发动反抗莫卧儿的大规模斗争埋下了祸根。

奥朗则布的宗教迫害和扩张政策引发帝国分裂和内耗。奥朗则布是以正统伊斯兰教斗士的身份登上王位的，他反对长兄达拉·舒科的异端实践和原则，因此，上台伊始就开始着手实现宗教纯洁性政策的压迫。1659年，他颁布各种敕令，试图恢复正统伊斯兰教教规，使异教徒也接受《古兰经》的指引。第一，毁坏了造价330万卢比的马土拉最宏伟的圣地"克萨夫·拉伊"庙。第二，在拉吉普特战争（1679—1680）期间，梅瓦尔一地就有多达240座大大小小的寺庙被拆毁。第三，重征宗教人头税"季兹雅"，引发1679年大象冲撞和踩踏人群事件。数天中，大批印度教教徒聚会抗议人头税，许多人被冲倒，惨死在大象和马匹的脚蹄下。第四，1672年3月，萨特纳米派印度教教徒起义。奥朗则布在一场战斗中造成2000名萨特纳米人横尸疆场，更多的萨特纳米人在追击中被杀。残杀和彻底清除异教徒的纷争不断动摇整个王朝的统治基础。第五，采用残暴手段烧死锡克教第九代师尊特格·巴哈杜尔，使锡克教对莫卧儿朝廷的分立主义更趋严重。

（二）清军给中国制造的灾难

从努尔哈赤、皇太极到多尔衮，他们都以凶悍残忍著称：一遇抵抗导致本部人马伤亡，破城得地之时，即会不分军民、不论参战抵抗与否，通通屠杀或掠取为奴婢。奴婢和贱民到雍正时才得到了解放。努尔哈赤统一建州女真本部以及诸部女真、威服辽东，无不杀尽城主、守军，史称"辽东之屠"，称"抗拒者被戮，俘取者为奴"，即在东北辽宁一带残杀了100多万辽东汉人的事件。①

清军入关后，多尔衮及其弟侄等，在剥夺无数生灵的基础上，才建立

---

① 中国经济网. 满清血腥屠杀史：人头堆积如山丘人口骤减几千万 [DB/OL]. 新浪网, 2006-10-08. http://www.ce.cn/culture/history/200610/08/t20061008_8859066.shtml.

了大清朝。1645年（顺治二年）4月，清廷遣兵南下，大肆屠戮汉人，惨绝人寰的屠城行为可谓罄竹难书。多尔衮发布"屠城令"，并带领大军血洗江南、岭南。总之，在江阴、昆山、嘉兴、常熟、海宁、广州、赣州、南昌、四川等地肆意掠夺杀戮。川人几乎尽绝，已至康熙朝不得不实行"湖广填四川"的大移民政策。甚至勾结荷兰殖民者，攻屠厦门。这是封建势力与殖民势力最早勾结的例证。

"扬州十日"是清军罄竹难书的大屠杀罪证。1645年5月20日至29日，清军围攻扬州，督师史可法率军民固守孤城。清军主帅多铎先后五次致书诱降，都遭到严词拒绝，降书不启封。清军攻城，军民浴血苦战七昼夜。25日，城破，逐巷血战，扬州军民大部分战死。清军伤亡也极为惨重，于是纵兵屠戮，"十日不封刀"，传说有80多万汉人惨遭杀害。① 史可法宁死不降，英勇就义。

剃发易服令是强制血腥的征服手段，试图强制改变汉族人民的文化和身份认同，以满族文化同化之。1645年6月15日，满清军队已攻下南京、苏州、杭州。认为大局已定，多尔衮代表清政府下令："全国官民，京城内外限十日，直隶及各省地方以布文到日亦限十日，全部剃发。"重申1644年入关时曾颁发的"剃发令"，实行"留头不留发，留发不留头"的高压政策。1645年7月9日，大清又颁布"易服令"，规定："官民既已剃发，衣冠皆宜遵本朝之制。"直接引发了1645年夏季持续81天的江阴起义。江阴（在今江苏）人民共推阎应元、陈明遇为领袖，发动起义。清廷先后调动24万军队围攻江阴，遭致人民浴血抗战，守城81天，直至粮食罄尽，守城军民全部壮烈牺牲。

1583年，努尔哈赤在辽东崛起后，南征北战。1683年，康熙帝灭南明残存势力与统一台湾，清朝实现对全国的统治。这100年以来，明清之际的人口损失极为惊人。

---

① 80万原数字主要来自《明季南略·卷三》："扬州烟爨四十八万，至是遂空。"后世有史学家认为八十万人是推测之数，或许还包括南明兵祸。

（三）边缘族群围猎正统统治权的文化专制及其后果

新王朝缔造之初，以及统治者采取强制措施惠及子孙时，都会造成极大的破坏性。魏特夫、拉铁摩尔、江上波夫、村上正二、巴菲尔德等研究游牧社会的社会学和历史学家们以及新清史学派（罗友枝、柯娇燕、欧立德等人）以"边疆民族和文化冲击力""征服王朝与渗透王朝""华夷分殊""骑马民族与游牧社会特性""内亚特性"等不同方面的研究与共同的"非汉"主体视角和立论中心的建构，剥离满洲、内蒙、新疆和西藏四大边疆区域超然于中国的封建国家结构之外，罔顾中国封建王朝国家时代尚处于整合与全面构筑阶段且已经具备多民族统一国家的事实，并就清军入关以来的巨大破坏性给出了文化差异的诠释范式，而不是不同生产方式与政治斗争的诠释范式，影响恶劣。实际上，这是对王朝更替政治斗争的误读。

巴布尔以一个没落王子的冒险精神南下征服阿富汗和印度，努尔哈赤及其子孙统一女真各部、北讨蒙古、南征明朝和朝鲜，并非如西方人那般是为了海外冒险和获得财富，并非因文艺复兴带来的人文主义精神的鼓动，或是为了光宗耀祖，实质是封建文明的物欲内引力促动的。"位于极端外沿的真正边缘区显然只能用武力和强暴加以压服，甚至可以说，通过推行殖民主义这个早已存在的老办法。"[①] 因此，建立在血腥屠杀的基础上的权力是绝对的封建特权，为所欲为者岂听取负熵之良策。

但是，正是同殖民势力对殖民地国家和地区的破坏性一样，封建领主们的破坏性最终形成一种无处不嗜血的非耗散结构，而夺取一处城池和杀人放火，又加强了他们对天下的控制力。在印度，巴布尔与阿克巴的破坏性主要是创建统一帝国，封建经济后续性发展和资本主义萌芽正是统一造就的。而奥朗则布面对的是众多印度教教徒日益进入朝廷谋求官职，他因担忧印度教教徒与锡克教教徒的竞争，实行宗教迫害，才引起了社会的分裂与动荡，打断了资本主义萌芽的继续发展。

---

① [法] 费尔南·布罗代尔. 15 至 18 世纪的物质文明经济和资本主义（卷3）[M]. 施康强，等译. 北京：三联书店，1997：296.

16 世纪以来的资本主义萌芽发展，被清军入关和奥朗则布宗教政策直接阻碍和打断了，这就形成了反复断裂的梯度力。清军在各地的烧杀劫掠和武装镇压，使清初全国各地陷入了一片荒凉萧条的境地。资本主义萌芽未能成长的根源在制度主体本身：明王朝和穆斯林王朝税收繁多，不可能通过体制很好地解决民生问题，也不可能兼容资本主义萌芽的继续发展，通过城市雇佣关系消化和吸收流民。相反，事实上，农民是因封建制度致使其破产，才走上了冒险的起义之路。然而，农民起义也仍是在效仿封建制度，使中印在全球化启动后呈梯度晚发失机。

三、古老文明的内亚最后过客：百年同归于非耗散结构

在印度和中国，社会结构一脉相承，并无重大变革。而且，当欧洲处于黑暗时代时，这两个国家的文化却登峰造极。[①] 但从 16 世纪到 18 世纪中晚期起，全球化和工业化给东方带来千年未有之大变局，这在客观上也是战略机遇期。但如果仅仅从突厥—蒙古与女真人的两大王朝本身去看待它们的历史命运，最终还是会陷入短时段的机会主义而失去更宏大的历史全局观。我们如果用长时段去发掘和回溯中印数千年文明，从中来审视印度历史，会清晰地看到：清蒙两非主体民族王朝不过是内亚游牧民族来到中印古代文明故地上最后的"过客"。

大体上而言，历史上几次大规模的民族融合，都处于相对的寒冷期。根据气象学家竺可桢的研究，寒冷期的出现所带来的后果往往是传统游牧区域的南移，迫使游牧民族南下。内亚马背上的民族南下的脚步从来没有停下，同时，农耕世界也从来没有完全拒绝来自内亚系统的各个游牧过客。在华夏故土上，内亚民族或阿尔泰语系（包括蒙古语族、突厥语族、满—通古斯语族），包括鬼方、犬戎、匈奴、东胡、鲜卑、乌桓、突厥、回鹘、契丹、女真、蒙古、鞑靼。在印度斯坦，涉及雅利安人、阿拉伯人、土耳其人。他们都是为了来南方农耕世界讨生活、谋权力。而诸族与

---

① [美] 麦克诺尔·伯恩斯，菲利普·李·拉尔夫. 世界文明史（四册）[M]. 北京：商务印书馆，1987：337.

中印交往互动的最终后果又分流为或不间断内附,或远徙,或征服主体民族。他们或成正剧主角,或成悲剧主角,要么消融为主体民族的新鲜成员,要么远遁亚欧另一边缘。

但同时,如果从明代中原宗藩封贡与政治生态的影响来看,清蒙后果是殊异的:在历经中华与印度古典文明的衰败、大蒙古帝国的草原魅影也早已衰颓远去后,正是封建制度以其正统本位的制度理性、物质文明与技术实践理性,在互动中扩散到外围内亚地区的生活方式的游牧文化等之中去,才引起内亚草原游牧或定居文化反向南下扩张,形成梯度化的封建化张力。这种封建化梯度力具有双重内涵,也具有双重影响。亚洲数千年的两个体系以及最后兴起的中印两大王朝,表面上都有"蒙古色"因缘,而深层考察则更有宗藩封贡制度的影子。

清蒙两非主体民族征服者——莫卧儿与满清依靠其实践理性,创造了以不同品级建立的军官制度与以不同颜色区分的八旗制度,最终转型为具有更高控制力的专制主义中央集权的制度模式。但是,面对百年巨变,以及主体民族的文化影响越来越强大,因不甘心被主体民族的文化同化,由非主体民族建立的王朝势必实施反主体文化改革。但实际从其最初的生产方式上来说,游牧生产比较具有不稳定性,且草场资源的争夺从来没有停息过,生产关系上不断逐水草而牧,以领主制为主,也就不可能解放出更多劳动力实现扩大生产,而每每遇到气候变化,说不定畜产一夜归零。再加上草原民族继承制混乱不成定制,内部的争权斗争使偌大的家族在外部势力面前沦为散沙。

察合台突厥化蒙古人和女真人在进入印度和中国的文明腹地后,承袭内化已经沉淀数千年的原生文化或制度文明后,表现出明显差异:古代印度的宗教多元化和社会分裂性一直存在,但是多元包容性和对异文化的消化力也很强大。但在伊斯兰教的莫卧儿征服王朝于强盛期建立制度自信和认同后,贾汉吉尔到奥朗则布的宗教迫害政策反映的是政治威服、经济掠夺与宗教文化上对印度文明的不自信的实践,大肆迫害异教徒也表现出其对"印度"水土不服。在清朝,康熙、雍正、乾隆、嘉庆四帝的自信与自负矛盾性格:康熙与传教士的好恶和任用汉臣问题、雍正的《大义觉迷录》与乾隆的收禁该书、杀曾静事件的前后矛盾、乾隆接风马戛尔尼与嘉庆拒绝接见、乾隆皇帝试图习祖宗之骑射失灵于八旗特权制度，都是对海防失察与自大心理在作祟，最终使两朝形成了不能吸收和包纳多种宗教和文化的负熵的非耗散结构。

在印度，与印度洋受到西方航海与殖民侵扰的影响更早、更深刻些，所以，征服者尚未完成统一，就深陷殖民势力网罗格局中，但由于帝国能够在与殖民势力的交往中获得军饷等负熵，也就在全球化异质的耗散结构中形成了帝国的非耗散结构。奥朗则布对外武力征服统一未竟，帝国已呈离心分崩之势。16世纪以来，在日益形成的世界市场的力量支配下，印度历史正朝着西方倾斜。奥朗则布又实行伊斯兰纯洁排他政策，虽然完成了德干两个穆斯林国家的征服，但却输在顽强的印度教马拉特人与北印度的分裂危局中。直至1707年2月，这位"世界征服者"戎马倥偬，途中患病，20日死于阿马德纳加尔。各省总督纷纷独立割据，帝国陷于四分五裂。内战、外侮、革命、征服、饥荒——尽管所有这一切接连不断地对印度斯坦造成的影响显得异常复杂、剧烈和具有破坏性，但却只触动了它的表面。①

清朝在承袭明代宗藩封贡制度后，帝国结构更加紧密。在全盛期的乾隆时代，又以优势吸引西方尤其是英国来使通商，但并未形成印度那种与殖民深入通商的局面，也充分表明其非耗散结构的形成。直至1793年（乾隆五十八年），马戛尔尼出使中国寻求贸易合作失败，标志着清朝的盛世与天下观遭遇新的国际秩序与新的生活观、礼教观的挑战，转向帝国衰败的战略导向与认知谬误开始。②但必须清楚的是，中国与印度的王朝根基与经济优势，只是18世纪晚期至19世纪，由于西方工业革命与制造业的兴起，才迅速下降的。③清朝直至嘉庆帝颙琰时代，都还有最后与西方主

---

① 马克思，恩格斯. 马克思恩格斯选集（第二卷）[M]. 北京：人民出版社，1995：762.
② 本年，法国专制君主遭遇大革命，路易十六被处决。
③ 这也是彭慕兰的《大分流》中的核心观点：1800年以前是一个多元的世界，没有一个经济中心，西方并没有任何明显的、完全为西方自己独有的内生优势；只是19世纪欧洲工业化充分发展以后，一个占支配地位的西欧中心才具有了实际意义。

动通商实现经济互动，促进工商业与海上贸易发展的机遇。

四、封建内卷化致使梯度力在牧耕边缘生发

莫卧儿人与女真人都有源远流长的历史存在与文化记忆，这能促进文化主体与族群仿效先古再创辉煌。莫卧儿人与女真人的缔造者与继承者们有效仿同族先辈的坚强决心与生生不息的创造精神。两个群体的创造力根源于女真族系的悠久历史与文化记忆。女真族系最早可追溯到西周时期的肃慎、汉至晋时期的挹娄、南北朝时期的勿吉、隋至唐时期的黑水靺鞨、辽时期的"女真"。而且，最重要的是，有女真族享国120年的金王朝（1115—1234）的历史存在和文化记忆。

我们应该看到，整个封建制度先后向边缘呈梯度传播，造成了农耕文明对内亚游牧文化的重大影响。随着16世纪内亚游牧民族或非汉民族南下的冒险征服的过程，已经不是13世纪前后继匈奴第一期、突厥第二期与蒙古第三期为代表的农耕文明边缘游牧社会的单调突进、建立的征服王朝的时代了。农耕文明与内亚征服文化之间千年较量的后果，就是培育出征服王朝及其农奴主式的勇武征服和冒险的实践理性，再进一步制度化为曼萨达卜尔和八旗这样的军政体制。莫卧儿与女真人先后兴起的梯度封建化及其制度理性的实践，还是会溯源到农耕民族封建理性对外发生作用，封建化的梯度促变力与后进的征服民族所遭遇的反征服力；造成封建制度内卷化，加固农耕文明的更加严厉的专制理性。综观莫卧儿帝国与清朝的崛起，都与明朝有一些或直接或间接的联系。这与明朝中后期开始启动的早期全球化是一个长时段的逆向运动。

从明朝开国早期与内亚以及辽东女真地区的政治关系格局，及明朝中后期的局势来看，一方面，明朝与蒙古北元和后王体系之间的斗争产生了三个不同影响：一是直接导致女真的崛起，二是与西察合台汗国之间的外藩关系的先联后断，三是与东察合台汗国的先顺后争。明朝与北元漫长的

军事斗争是直接导致辽东女真壮大的原因之一。① 另一方面，明朝与东察合台汗国秃黑鲁帖木儿后王政权之间的封贡关系，最终发展为争夺哈密的竞争关系。② 再次，与代西察合台汗国继立的埃米尔·帖木儿政权之间建立起战略性的封贡关系维持了160余年，产生了较深远的影响。帖木儿的六世孙、莫卧儿帝国的开创者巴布尔也曾经打算投奔他在东察合台汗国的表弟、叶尔羌汗国创建者素丹·赛义德汗。③

（一）轴心的边缘封建内卷化的梯度力

明朝，晚期中华王朝或帝国，其对西域与辽东都有统治权，而且通过封贡制度，保证了帝国辽阔边疆的秩序与和平。在封建制度的"王化"之下，实现"自古帝王临御天下，中国属内以制夷狄，夷狄属外以奉中国"④ 之局面。在内亚和印度，其向心力虽远不如实施封贡体系的明帝国，但定居农耕生活同样吸引着域外力量。

以中印古典文明中心地带形成了文化轴心，对北部内亚游牧和农林渔民族形成重要的辐射力。这正如东察合台游牧的突厥化蒙古人，试图统一西察合台定居的突厥化蒙古人及突厥人，以及建基于西察合台上的帖木儿帝国末代王子巴布尔想征服北印度洛迪王朝那样，都是流动或游击势力对定居稳定政治秩序的向往与挑战。这实质上就是定居农耕的封建文明的轴心吸引力和辐射力影响产生的后果。巴布尔领导的征服印度的力量是一支由突厥人、蒙古人、伊朗人和阿富汗人混合组成的"游击军"，冒险游走于中亚河中地区到阿富汗，再到印度。

随着莫卧儿人南下征服，建立莫卧儿帝国稳定阵脚后，巴布尔和他的高级幕僚们并不想离开印度，而是想定居在印度。可以看出，他本人并不

---

①白初一. 试论明朝初期明廷与北元和女真地区的政治关系 [J]. 内蒙古社会科学（汉文版），2006（27）：52.
②张文德. 从《明实录》看中亚帖木儿王朝的政治制度 [J]. 历史档案，2009（3）：38—39.
③海答儿. 中亚蒙兀儿史——拉失德史（第一编）[M]. 新疆社会科学院历史研究所，译. 乌鲁木齐：新疆人民出版社，1985：112.
④[明] 宋濂. 奉天讨房北伐暨谕中原檄.

太认同自己是当时受到定居居民憎恶的、已经衰败没落的蒙兀儿人,所以在建立帝国之后,也仅仅称自己是印度斯坦皇帝。长期疲惫于征战,也使他们想转入定居和稳定的政治生活,由此形成了穆斯林政治共同体。17世纪,明朝主导下的辽东边疆女真兴起,从"建州女真"发展为"满洲"民族共同体,也是明朝封贡体系客观上促成的。

这种由农耕文明轴心的外围兴起的边缘族群造成的历史新进程,可以看作是延续中印封建化的"梯度力"。这种梯度力实质上是封建制度化向边缘扩张,引起边疆社会形成新的统一集团,走向强势后入主正统,推动王朝更替的动力。边缘社会更替轴心文明的梯度力性质仍然没有超出传统农耕生产力,而且是以农耕生产力为代表的封建化的延续,即"后封建化"过程。"后封建化"的作用是双重的:一方面,它为两个古代文明腹地注入了北部边疆的异族的新因素——如八旗制与曼萨卜达尔,或轻徭薄赋、鼓励生产等,使原制度理性化受到了冲击,并具有了新活力,同时也从边疆与外围扩张,给原帝国带来新的大片领土。另一方面,16世纪起,由殖民者主导和开拓的全球经济互联性的全球化兴起,它无疑要求按照殖民势力与商业市场的需要来加速亚洲融入它的既定分工。而亚欧三大帝国(莫卧儿、清朝、沙俄),从缔造者最初的征服实践到最终建成各自的大帝国,无不是从封建领主制度转型为与本土相适应的封建地主/柴明达尔制度,仍然是王朝循环的陈旧的百年老态。

中华与印度文明"文化轴心的后坐力与梯度辐射力"对边缘族群莫卧儿人与女真人产生了重大影响。在生产关系与上层建筑不相适应的自耕农与佃农生产方式的束缚下,作为封建时代生产力要素之一的农民,其人身自由自然得不到充分解放。因此,轴心区域的政治衰落(生产力的进步,使轴心文明区的生产关系不能容纳其不断前进的需求)为后发边缘民族的精英所利用,后进民族征服先进民族。

(二)莫卧儿王子与女真边疆世官崛起的梯度力

巴布尔与努尔哈赤都代表的是领主贵族的社会希望,二人的终身实践体现的乱世用武与治理之道,实现了其勇武建政的最高理想。努尔哈赤在李成梁的善待之下成长，而李成梁管治辽东，整整一生经略于此边疆大事，可以说权重如山。这与巴布尔从波斯王朝处借兵的情况完全不一样，在中亚失意后的巴布尔成了丧家游子。而且，巴布尔以成吉思汗和帖木儿的荣光为精神信念，拥有很大的自由空间与自伊斯兰教征服印度以来的历史文化通道。努尔哈赤则是在得到明朝体制认可后，逐渐步步为营，与朝廷分庭抗礼的。

二人的相似之处在于，都游走于中印本土的边缘地带①，能在王朝内部获得一定的力量支持与信息支持，深谙王朝的国运与社会实状，能巧妙地借力以壮大本身。两人早就看穿德里苏丹与明朝问题的谜底。努尔哈赤曾祖父被明朝政府授予"建州左卫都督"的虚尊之职，通过明廷颁发敕书获得贸易资格，实际上是拥有一定武装力量的庄园主或贸易商人。其祖父觉昌安和父亲塔克世常年往来于明朝政府和女真酋长的夹缝间，也试图从明朝那里积累政治资本。努尔哈赤在万历十一年（1583年）起兵之初，只有明朝颁给的30道敕书。随着统一战争的持续，五年后，他在遣人入贡时已经拥有敕书500余道，连明代边将熊廷弼都不得不承认"自五百道之贡赏入，而奴酋始富"②。

明朝也乐于利用"天朝上国"的分而治之的权术，假手于隐形的经济之力，对关外女真部族采取"分支离势"的羁縻政策。努尔哈赤则竭力打破明朝的治理策略，统一女真诸部，实现登上历史舞台的宏愿。但正是通过这种与明廷的封建关系纽带，才加速了努尔哈赤统一诸部女真的决心。巴布尔南下冒险征服的实践也是出于同样的封建制度的核心权力吸引。也就是说，16世纪到17世纪亚洲的封建制度是与其特定的社会发展步伐相适应的，无论马克思的亚细亚生产方式指向的是亚洲共同特征还是个别社会特征，都无法斩断其亚洲原有的文化源泉。

---

①［美］拉铁摩尔. 中国的亚洲内陆边疆［M］. 唐晓峰，译. 南京：江苏人民出版社，2005：347. 在某种程度上，一个时期的积极发展，又会使中国或草原社会的主体企图侵入靠近边疆某处的绿洲地区，或是侵入大草原及边疆其余部分之间的过渡地区。

②开宸. 明末女真各部为何相互厮杀．［DB/OL］. 澎湃新闻网，http：//news. ifeng. com/a/20160310/47769568_0. shtml.

论两个王朝缔造者的先祖家族文化与身世，上溯六世，最终都与蒙元王朝有丝缕联系：巴布尔的六世祖帖木儿母系来自蒙古，追溯到成吉思汗那里，依然认同自己有蒙古血统的政治意义。但其父系是蒙古化的突厥人。而清朝奠基人爱新觉罗·努尔哈赤的八世祖范察，是元朝松花江中下游地区女真斡朵里部的世袭"万户"。范察去世后，其七世祖挥厚袭父职。而到其六世祖猛哥帖木儿（爱新觉罗·孟特穆，1370－1433）时，已经从元朝转换到明朝，成了明朝的地方军政高官（建州卫都指挥使，正二品）。

表4-1 莫卧儿王朝与清朝转型历时周期表

周期	世纪	皇帝/苏丹/米尔咱/城主								
轴心肇始	14世纪下—16世纪初	明太祖朱元璋 生于1328年 1368—1398年在位	建文帝朱允炆 生于1377年 1398—1402年在位	明太宗朱棣 生于1360年 1402—1424年在位	明仁宗朱高炽 生于1378年 1424—1425年在位	明宣宗朱瞻基 生于1435年 1425—1435年在位	明英宗朱祁镇 生于1427年 1435—1464年在位① 明代宗朱祁钰 生于1428年 1449—1457年在位	明宪宗朱见深 生于1447年 1464—1487年在位	明孝宗朱祐樘 生于1470年 1487—1505年在位	明武宗朱厚照 生于1491年 1505—1521年在位	明世宗朱厚熜 生于1507年 1521—1567年在位
		帖木儿 生于1336年 1370—1405年在位	哈里勒 生于1384年 1405—1409年在位	沙哈鲁 生于1377年 1409—1447年在位	兀鲁伯 生于1394年 1447—1449年在位	奥都剌·迪甫 1449—1450年在位	奥都剌·米尔咱 生于1420年 1450—1451年在位	卜撒因 生于1424年 1451—1469年在位	阿黑麻 1469—1494年在位	忽辛·拜哈剌 1469—1506年在位 拜宋豁儿 生卒于1495—1499年	巴的斡·思咱鸾 1506—1507年在位 巴布尔 生卒于1483—1530年
		肇祖孟特穆 生卒于1370—1433年		五祖充善 生卒于1419—1467年		四祖脱罗 生卒于1467—1481年		三祖锡宝齐篇古 生卒于1457—1522年		曾祖福满 生卒于约1506—1566年	
兴革鼎盛	16世纪上—17世纪上	巴布尔 生于1483年 1526—1530年在位		胡马雍 生于1508年 1530—1556年在位		阿克巴 生于1542年 1556—1605年在位		贾汉吉尔 生于1569年 1605—1627年在位		沙·贾汗 生卒于1592—1666年 1628—1658年在位	
		祖父觉昌安 生卒于1526—1583年		父塔克世 生卒于1543—1583年		努尔哈赤 生于1559年 1616—1626年在位		皇太极 生于1592年 1626—1643年在位		多尔衮 生于1612年 1643—1650年在位	顺治福临 生于1638年 1650—1661年在位
鼎盛中兴	17世纪下—18世纪上	沙贾汗 生卒于1592—1666年 1628—1658年在位		奥朗则布 生于1618年 1658—1707年在位	巴哈杜尔·沙 生于1643年 1707—1712年在位	贾汉达尔·沙 生于1661年 1712—1713年在位		法鲁克锡亚 生于1685年 1713—1719年在位		拉菲·乌德·道拉 生于1664年 1696—1719年在位	
		康熙玄烨生于1654年，1661—1722年在位									

①其间，明代宗朱祁钰于1449—1459年在位。

续表

周期	世纪	皇帝/苏丹/米尔咱/城主						
鼎盛衰败	18世纪上—19世纪上	穆罕默德·易卜拉欣 生于1703年 1720—1746年在位	穆罕默德·沙 生于1702年 1719—1748年在位	艾哈默德 生于1725年 1748—1754年在位	阿拉姆吉尔 生于1699年 1754—1759年在位	沙·阿二世 生于1728年 1759—1806年在位	阿克巴二世 生于1760年 1806—1837年在位	巴哈杜尔 生于1775年 1837—1862年在位
		雍正胤禛 生于1678年 1722—1735年在位	乾隆弘历 生于1711年 1735—1799年在位			嘉庆颙琰 生于1760年 1796—1820年在位	旻宁 生于1782年 1820—1850年在位	奕詝 生于1830年 1850—1861年在位
衰败	19世纪下	同治载淳 生于1856年,1861—1875年在位		光绪载湉 生于1871年,1875—1908年在位			宣统溥仪 生于1906年,1908—1967年在位	

因此，两大王朝缔造者的"认知实践"，依然得从封建关系中找到终极答案。也正是封建王公贵族、边疆官僚世袭贵族这个身份与关系，促使其孙巴布尔与康熙继续为了得到更大的封建梦想——缔造"自封自建"的王朝梦想，才成为16世纪的莫卧儿人与女真人崛起的精神原动力。而构建起来的王朝国家，其本体与主体，都是封建秩序的非主体民族的领主制，但都紧紧围绕着强有力的中央集权与皇权核心展开，也是皇权正统争夺不断的重复演绎。但征服民族还是未能摆脱王朝循环的历史窠臼，最终被西方超越。

五、宗藩一元体制及功治映照使清帝自负失机

我们也理应明确：在正确认识中原文明与内亚文化之间二元并存的双主体地位的同时，不能否认中印古代文明具有更悠久历史高度的事实。如果具体统一于历史，就能认清两大系统在各个时期的关系。因此，我们从文明史长时段视角出发，分析评估数千年来在亚洲地缘板块支配下，不同的生产方式与社会互动及其循环融冲格局，即农耕文明与内亚草原游牧文化的互动及其循环融冲模式（简称"封建化梯度力"）[①] 对封建内生新因素造成的深远影响：数千年两态文化的竞争，战与和都绕不开农耕世界形成中印两种不同的文明模式——以印度教种姓制为主体结构与以多种宗教

---

① "封建化梯度力"主要指适应农耕生产方式的封建政治制度的不平衡传播过程。

和种姓为社会生态，形成的包容多元、松散并存而又相互排斥交往的印度文明；以儒家科举制、精英士大夫及其官僚宗族世家为主体结构[①]与以宗藩封贡为社会生态，形成的单一紧凑、精致而流动的华夏文明。

清朝封贡体系的确立。1636年（崇德元年），漠南蒙古归顺清朝，政务日繁，于是皇太极设蒙古衙门，置承政、参政各官。"以尼堪和塔布囊达雅齐为承政，令置若干参政"，负责蒙古各部的编旗、会盟、赏赐、司法等事务。置有承政三四员参政，官品二等。1638年（崇德三年），更名理藩院。对于"遐荒绝漠，统治王官，为有清创制"[②]。1644年（顺治元年），改置理藩院尚书、侍郎。1661年（顺治十八年），定官制同六部，理藩院尚书亦入议政之列，班居工部之后。1701年（康熙四十年），理藩院柔远司划分为柔远前司和柔远后司。理藩院在雍正年间曾酌量增加一些办事人员。1730年（雍正七年）11月，理藩院又设置了巡按游牧御史。1732年（雍正十年），又复设满洲笔帖式17人，蒙古笔帖式14人，分隶各司。

康熙帝奠定了统一的多民族王朝兴盛的根基。到17世纪80年代完成了帝国的构建。并尊重各民族的宗教习俗和生活习惯，因俗施治：八旗驻防地与省府州县相结合，东北地区则实行将军制度，蒙古采取盟旗制度，新疆实行将军及伯克制度，西藏实行驻藏大臣和黄教宗教领袖领导制度，西南地区采取驻地官员与土司并存制度等。此外，诸部落已日渐成为封贡体系的"要服"。在军事斗争年代，参与者还包括已入编八旗的达斡尔、鄂温克、锡伯等族。自康熙朝中期以来，于1697年收复漠北喀尔喀地，1722年进一步平定西藏，1724年平定青海。

16世纪以来的西方殖民宗主国对殖民地国家则是政治直属，使其被控制、压迫、剥削和掠夺。正是因为宗藩关系相对松散和藩属国的自主性较强以及西方殖民扩张侵凌，宗主国在原则上不干涉其国内政外交，使得周边小国在清朝走向强盛后趋之若鹜：1753年（乾隆十八年），苏禄国苏丹

[①] [英]李约瑟. 四海之内：东方和西方的对话 [M]. 劳陇, 译. 北京：三联书店, 1987：25.

[②] 李文海. 清史编年 [M]. 北京：中国人民大学出版社, 2000.

复遣使入贡获准,"至所奏愿以江土户口编入图籍之处,该国远隔重洋,原可无应准其内附,俟其使臣来京再降谕旨",请求将本国土地、丁户编入中国版图。18 世纪三四十年代,哈萨克左部和右部多次向清朝乾隆帝求援,请求哈萨克全部并入中国。乾隆帝认为中国不应该参与国际事务,遂拒绝了这两个藩属国的请求。① 1771 年(乾隆三十六年),因不堪沙俄压迫,土尔扈特汗渥巴锡率领 17 万族人东归,最后约 43000 人成功到达新疆,被安置于伊犁。

主体致用的功利思想造成不思进取。封贡宗藩体制与西方的殖民体制及其国际关系相比较,有本质区别:在宗主关系的影响上较为轻缓,无直接领属下的经济掠夺和政治压迫。17 世纪中叶以来的西方国际关系在平等原则之下,实质是弱肉强食、拉帮结盟搞平衡或建立利益国集团称霸世界,为争夺殖民地和霸权不惜发动大战。然而,满清以非主体民族政权入主正统,承继封贡体制及其"宗藩华夷秩序",形式上是 20 余国的联合王国体制,但各藩属国间并不发生横向的直接联系;实质上是清帝国处于一元化的"天朝上国"地位,对各封贡藩属国维持着单线的上下领从关系。老大帝国就算坐吃山空,也能凭借着封贡宗藩体系守国门以率王土之臣,明古今而治平天下,居东亚而揽四夷奇珍,法祖龙以安海内。即坐拥各地缘优势资源,就算闭关锁国,也能维持自身供给与消费。

虽然封贡体系造就了东亚的单极区域关系,但其实质上缺乏"世界性经济体"的潜质。按照沃勒斯坦的世界体系论,16 世纪以前,"世界性体系"主要表现为一些"世界性帝国",如罗马帝国、中华帝国等。这些"世界性帝国"有一个单一的政治中心,但没有与之相应的"世界性经济",即使有一点,也是极不稳定的。② 封贡体系本身也是极不稳定的制度安排,清朝甚至对无法跨越交通上有万水千山阻隔的一些偏远小国,尽量减少其封贡次数,限制其贡期。这些都是权宜之计,人为地限制了日用商

---

① 郭成康. 清史编年·第五卷(乾隆朝·上)[M]. 北京:中国人民大学出版社,1991:476.
② [美] 沃勒斯坦. 现代世界体系(第 1 卷)[M]. 罗荣渠,等译. 北京:社会科学文献出版社,2013:4.

品市场的发展，延缓了区域社会的发展。

而弗兰克认为，欧洲的优势地位并不是前现代经济和财政体制发展的产物，而是得益于它最近在新的生产过程以及技术上更大规模的投资。在欧洲崛起的同时，印度、奥斯曼帝国、东南亚、清代中国的经济走向衰落（"康德拉捷夫周期"），造成这种状况的部分原因就是它们早期的辉煌。①而清朝实行封贡体系曾一度形成万邦来朝的辉煌，但这只体现为政治景象和封建经济繁荣，而不代表商品经济发展及其财政体制的制约。

对比和深远认知康乾盛世，首先得承认清朝带来的版图与对北方大民族和边疆的精于治理与管辖。同时看到，清朝的国体，有一个"三元一体"的关系和内涵，即：满族居于主体地位，满蒙联合为中坚，满蒙汉八旗为政治基础。无论是康熙还是乾隆，其谥号所反映的文治与武功，正是作为满族大家长和正统中华帝国皇帝，对以往"华夷分殊"的政治和文化偏见的超越，有效管控了北部边疆。有清一代，新帝登基继承大统后，都要为先帝追谥，这完全继承了中华帝国的惯例和制度传统。

自顺治起，他便为太祖太宗追谥。顺治福临追谥努尔哈赤为"承天广运圣德神功肇纪立极仁孝睿武端毅钦安弘文定业高皇帝"，追谥皇太极为"应天兴国弘德彰武宽温仁圣睿孝敬敏昭定隆道显功文皇帝"。而自诩世范师表的帝国皇帝们，大体都重视传习中华文化的思想精髓与精神旨要。且其一生的功过得失，有"追谥"的法则传统，以及史官和后人述记，最后盖棺定论。谥号最早源自《逸周书·卷六·谥法解》，"追谥"这项制度一直传承到了清代。康熙一生文治武功在整个清代最为盛赞，他的功德成就也通过谥号体现出来，其谥号为"合天弘运文武睿哲恭俭宽裕孝敬诚信功德大成仁皇帝"。

康熙朝祭孔尊儒，重开科举，重用汉臣，实现满汉在政治上的整合，促进了国家认同。清朝建立起依靠蒙古守北疆、新疆，西藏以活佛系统控制，南方依靠三藩的格局，政治上实际是由满蒙政治主导的、汉族参政的

---

①[美]司徒琳.世界时间与东亚时间中的明清变迁[M].赵世玲，译.北京：三联书店，2009：258.

国家实体，基业远比莫卧儿朝稳固。这与阿克巴的王权政治类似。康熙一生勤政爱民，善于总结历史教训，受到后世许多赞誉。其农本思想受到了法王路易十四的青睐。与法国所处时代的大陆封建霸权相比，康熙与路易十四可以平分秋色。如果与彼得一世身体力行地重视发展资本主义工商业而言，康熙则稍逊风骚，在近代化思想与生产力方面的远见上则失之千里，毕竟其在文化专制、打击异己方面备受争议。

清高宗乾隆帝为中华王朝又一盛名君主，在位60年，在康雍两朝文治武功上进一步完成了多民族帝国统一，社会经济文化发展有了新高度，使清朝达到了康雍盛世的最高峰。1799年（嘉庆四年）正月，乾隆逝世，享年89岁。同年四月，嘉庆帝为其上尊谥为"法天隆运至诚先觉体元立极敷文奋武孝慈神圣纯皇帝"，可见后代的高度认可。

总之，纵观莫卧儿朝与清朝的主体构建、器物、制度与文化模式均不同，必须明确认识到清朝"内服无夷夏的陆（内）防"政策，且均不能掩盖其入主正统王朝，受到宋明两朝"夷夏观"的影响，虽然自身已无"夷夏之争"，但却同样有多民族统治的"陆（内）防之忧"，也是疆防主要战略导向。而在西方传教士与荷兰和葡萄牙的早期殖民活动之下，"海防与外防"的概念尚未明确，战略也并未形成。这最终造成后世的无限被动挨打和地主阶级有识之士的猛然觉悟。而在印度，莫卧儿王朝是内亚征服者建立的王朝，国策不是"陆（内）防"政策，而是征服与主动进攻政策，不断把南亚次大陆上的所有邦国，无论是穆斯林还是印度教邦国，都当作被征服的对象。当西方殖民者还处于弱小时代，莫卧儿皇帝把他们看成是可以利用的和保持交往的外部力量，甚至能直接镇压殖民者活动。

第三节　昙花若现：体克用失与弃行无知致使转型缺失

在现代东方人至少是中国人眼里，"东方国家"的落后挨打，是昨天的一场屈辱的噩梦，只是在命运多舛时才会感同身受地看到它的狰狞面孔。但是，如果硬要去深究这场被动挨打的历史，更多的人会戳指"前朝与前前朝"的愚昧无知。谈笑间，商人或许已日进斗金，可供数年或更长年月的挥霍，而农业劳动者却只能在艰辛甚至是整天的劳作后才能获得足以养活一家人数周的生活资料。封建帝国对"农业和商业"、宗教信仰、文化自信力视如"本末"与"体用"的背后，实际存在着完全不对等却又巧然天成地支配着主体分工实践与认知差异的"上帝理性"。我们要以"农体商用""儒体西用""穆体西用"的异同视角去评述中印在进入前现代最近端口挫失的良机。

以历史社会学视角观察古代社会的得失时，始终离不开主体的"行知用力"，即实践活动及其欲力体现的实践理性、认知认同的理论理性与价值欲求的价值理性，还有诉诸技艺器物的工具理性。中国与印度之间也同样，正如尼赫鲁对于本国文化的生命力与价值理性所回顾、总结和坚持的那样："如果印度不曾拥有一些富有生命力的、耐久的、有价值的事物，它肯定就不能够像'过去'那样伟大，也不能够继续维持几千年的文化生活。那些事物究竟是什么？"① 具体来看，16世纪到19世纪40年代之前，中印王朝国家与社会确实挫失了无数良机。到鼎盛期两位君主时，仅存的一线生机也未能得到利用，致使转型缺失。其根源还在于主体所依赖的封建制度与全球化和现代性相克，而君主"知行合一于封建权力与欲望的驱使"，丧失卓越的理论理性和实践理性，"体用"受限于狭隘的"本末"故旧理念，丧失主体的价值理性和更高追求的工具理性。

一、封建主体的断裂与新生主体缺失是制度使然

（一）封建帝国的经济成本失衡与资本积累失机

帝国是五千年来世界舞台的恒久特征。政治集权既是它得以形成的原因，也是其最终消亡的根源。其力量在于，它能凭借暴力（贡品和赋税）和贸易中的垄断优势来保证经济。其弱点在于，这种政治结构必须立足于

---

① [印] 尼赫鲁. 印度的发现 [M]. 齐文，译. 北京：世界知识出版社，1956：48.

官僚制。

　　对业已从封建社会末期走向转型缺失的大清朝与印度莫卧儿王朝来说，转型的主体性缺失与丧失是封建旧制度与社会形态及其生产方式结构性的阵痛。如何正确认识近代中国和印度的封建国家特质与转型异同？两个国家的主体实践与价值导向未能形成内生现代化机制，其与地方总督/督统及少数民族族群的关系也未很好理顺；少数民族族群的文化转载也未能生成现代化的转型机制。

　　晚清这个迟暮飘摇的王朝，转型的主体断裂体现在——主政者哪怕像玛丽娅·特蕾莎或叶卡捷琳娜二世那样主持开明专制式的后发国家改良，大清这个王朝国家或将有一线转机，然而回答都是否定的。由维新派主导了仅仅103天的戊戌变法表明：以封建主、核心权力层的官僚与旧知识分子等为主体的旧的社会阶层在经济社会的发展下不可能自主转化为新的文化自觉主体是不可能的。

（二）政治社会（主体）的断裂与缺失是封建制度使然

　　八旗制度作为封建民族政治集群构建国家的重要制度创制，在满洲入关前能够以建州女真为核心，于统一战争中吸纳诸部女真，对外吸收蒙古入旗。更重要的是，随着清朝势力大增和投降明军力量的增多而建立起来的汉军八旗，把清朝从一个"内亚帝国"转型为入关以后由满蒙汉三族八旗共同拥戴的东亚正统王朝国家。

　　第一，康熙之治超越中国历史上的文景之治、贞观之治等盛世，其最引以为傲的是在明末清初的王朝更替大转换与大衰败、人口骤减后，能励精图治，开创幅员辽阔与人口陡然增长、民生改善的新局面。然而，王朝顶层的无限荣光却挡不住庞大的基层建筑的崩塌黑洞，其盛世也只能维持三世。由此折射出的问题是：封建国家面临如何才能不重蹈王朝周期循环的覆辙？如何才能走出转型中的困境？其衰败之兆在平三藩之乱时已充分暴露。[1] 这更反映出康熙盛世内底的颓然事实。而莫卧儿朝的分裂因子则

---

[1] 官玉振. 治国困境：无法持续的盛世 [DB/OL]. 2014-12. http://sike.news.cn/statics/sike/posts/2014/12/218691740.html.

在阿克巴之后的宗教迫害时就已被埋下。

第二，八旗制难逃"集体的绝对特权导致集体绝对的腐败"的权力周期律。封建化特权从武力征服转型为制度理性后，战斗力退化，不能按照自然代谢退出历史舞台，世代享有国家大权，并推行民族歧视政策。

第三，八旗制与莫卧儿曼萨卜达尔制及其群体性蜕变，表明它们背后的既得利益者不可能走上商业资本积累之路，而是堕落于封建穷奢极欲的财富支配与消费，导致主流文化断裂于资本积累前的封建消耗中。在印度，阿巴克军政体制改革中最绝妙的是"曼萨卜"官阶制，一个"曼萨卜"相当于一个军事采邑封地。"曼萨卜"分成33个等级。基于此制，打仗出兵时不用经营农庄，政府直接给你丰厚的薪金。这吸引了印度周边的突厥人，他们都梦想获得一个曼萨卜。入关前，八旗治理有方，军队战斗力较强。入关后，八旗并不是一个社会自然生成的利益共同体，而是国家政治共同体。而对于入关后迅速扩大的国土，需要派遣八旗分别去驻守和管治，"绝对的权力导致绝对的腐败"①，自然增加了集体腐败的风险和频度。

第四，整个莫卧儿时代与清代社会难免遭遇由人口增长导致的"周期性土地危机"及社会失序紊乱。清朝建国后到1857年，共有317场大小起义，消耗了商业资本积累与增长的潜能。满洲贵族凭借他们拥有的种种政治、经济特权，残酷压迫和剥削汉族及其他各族人民。

二、中印"农体商用"失策是梯度封建化的后果

主体原生性与价值对位的西方转型理路是，从农业手工业自然经济向工业市场经济转型，从封闭体系走向开放体系，从自然交往走向资本扩张目的，从商业流动、流氓流窜转向劳动力流动，从家庭生产转向社会化大生产，从生存经济转向生产经济，从王朝国家走向现代民族国家，从农业民族转型为商业民族，从族缘居民的"族民社会"转型为城市居民的"市

---

① [英]阿克顿. 自由与权力：阿克顿勋爵论说文集[M]. 北京：商务印书馆，2001：342.

民社会",从农业移民转型为农民工。事实亦如此:商品经济的市场全球化与资本主义生产方式萌芽、壮大再到文艺复兴、启蒙运动,这是一个资产阶级及其民族国家主体作为后生之"蛋",而先有经济文化作为母体之"鸡"孵化的过程。而中印封建国家的种种机体障碍,最终造成了中印两国从封建国家向现代民族国家转型中的主体缺失。

(一)主导者实践失知:不是"错过契机",而是"挫失良机"

我们看到,对于17世纪的亚洲,中国与印度处于两帝国的统一与构建之中,这种构建实践的性质与目的完全是由当时的行为主体来完成的。如果没有世界历史时间的衡量尺度,我们依然无法去整体评判东亚与南亚这两个大陆国家的封建统一实践行为,因为当时的历史时间仅仅是本国皇帝纪年或干支纪年等。

但是,对于在早期全球化已经拉开序幕的世界历史时间尺度下,对于亚洲这两个国家的政治统一为社会培育新因素提供的政治环境与经济土壤,还必须从国家统一和构建的内部进行审视。"当我们转过来看今天印度历史学的实际成果时,我们会发现这些成果的主要特征是实用主义和从实际出发的态度,也就是首先力图加深我们对印度历史各个阶段上的实际状况的认识。印度历史学家像亚洲各国历史学家一样,首先关心的是立足于从内部来看印度的社会。"[①]

17世纪,欧洲新兴强国在不断扩大,后来居上的领袖者是荷兰、法国和英国,取代逐渐衰落的上世纪领跑者西班牙、葡萄牙。欧洲在本世纪的活力在于继续向世界各地扩张势力,通过殖民活动与商业资本累积,不断在亚洲乃至全球壮大。

南亚霸主当属莫卧儿帝国,奥朗则布时代致力于征服南印度并获得成功,使其达到了本国历史上的鼎盛时期与最大版图,其人口一度雄踞世界第一大国的峰巅。在东亚,清帝国取代了大明王朝,制度上继承了明王朝政治上建立的东亚封贡封藩体系和经济基础上的超稳定结构,继续成为东

[①][英]杰弗里·巴勒克拉夫.当代史学主要趋势[M].杨豫,译.北京:北京大学出版社,2006:214.

亚历史上的大国。

而印度实行柴明达尔制度，即政府通过中间人柴明达尔向农民征收田赋的制度。莫卧儿王朝、英国殖民者曾在孟加拉、贝拿勒斯等地区实行过这种制度，也就是以东印度公司为国家、以田赋征收人为地主、以耕者为佃农的租佃制。柴明达尔地主逐渐成为腐朽的、寄生的封建统治阶级。他们只热衷于剥削农民，对农业生产毫不关心，自然无法积累资本和创造出资本主义萌芽所需的社会条件。

17 世纪中叶，同期的欧洲主要国家意大利、荷兰、比利时、卢森堡、英国和法国，适时地走上了有主体及其实践导向性与主流价值导向性的现代化制度源的内生型现代化道路。而西方的现代化生成主体是什么呢？很明确，是现代民族国家。那么问题就在于：首先是欧洲封建国家通过其国内资本与市场发展需要推动本国的资本主义形成，进而使整个国家从对教皇、教会及其后对王国、王权效忠的封建国家转型成对资产阶级资本利益效忠的近代资本主义类型的民族国家。反过来，其现代民族国家就为资本主义创造了许多便利条件，做了大量的制度安排，包括打通国内市场，政治上不得不像英法两国一样召开三级会议或内阁会议，形成资产阶级所需要的代议和议会政治平台等。

（二）主体缺失与主流价值导向缺位

中国和印度等东方国家是晚发/外源/外生型现代化。与之形成鲜明对比的是，因西方现代化发端于其中世纪晚期封建社会母体，故西方的现代化是早发/内源/内生型现代化。17 世纪的全球背景已经显示：西方正在从封建经济转型为资本主义经济，从城市经济体转型为民族国家主导的以国家利益为重的重商主义大型经济体，以及在这个基础之上形成的商业资产阶级的普遍崛起，以民族国家为主权主体的海陆权利与其中海陆霸权国家在欧洲的扩张，蔚然成风。

17 世纪中期的康熙时代，清朝处于国家的上升阶段。17 世纪中晚期，印度国力在发展至鼎盛后开始江河日下。这两个政治上统一的帝国依靠传统贸易与国内幅员辽阔、人口众多的红利维持发展，且印度日益依赖于殖民势力。而西方实际上还处于过渡社会阶段。关于17世纪西方危机的观点已日渐片面和悲观，甚至是持17世纪是现代化16世纪启动到18世纪生出结果的中继性线性必然阶段的论者，都得回到"17世纪的西方危机实际上是西方崛起的缓冲与资本主义秩序构建与制度转型的前夜"的观点。①

但是，东方国家于自身原生性主体缺失之后，在与西方贸易中已日益被动。我们在广阔的经济、社会背景里寻找英印贸易商品结构的成因时会发现：价格革命引起的欧洲同印度在货币、价格和工资方面的差距，欧洲对棉布消费水平的提高、美洲殖民地的拓展以及世界近代市场初步形成导致的对印度棉织品需求量的空前增加等因素的聚合，将这场赚取了巨额利润的转运贸易深深地烙上了资本主义剥削前资本主义民族的印记——它是东西方在近代意义上的第一次大规模不平等交换。②

（三）封建生产导向与市场导向的价值断裂

封建国家主体构建与族群整合、安邦治世的实践和转型，最终会回归人的根本存在即主体认知与实践及其主体价值需要的"体用"观上来，虽然任何一个前现代国家统治者都明白"行知致于用"的道理。在客观上，每个王朝统治者的安邦治世实践与制度设计构建都内在地体现其"体行知用"的主体属性与价值需要、实干至理、良知良能、制度根本等。但致命的是，在中印数千年以来的中央集权或等级制及其富国强兵的"政体政情"之外，地主经济分散，小农经济脆弱，于是产生"小富即安"、村社独立于政治之外苟安的"政治发展不平衡"、地主阶级"为富不仁"且最终"富不过三代"等特性。

在这个根本的"国体国情"上，未能形成大规模工商业供需的社会化和市场化运作与深层影响，古代科学技术始终未能将工匠精神与技术付诸实践，未能规模化地转化成社会生产力并受到市场供需机制的推动，也就

---

①孙义飞．"17世纪普遍危机"与西方社会转型［D］．长春：东北师范大学，2005：25．文中承认："即便是陡然断裂，也只是一种处于传统与变革之间的取舍与尝试。"

②林毅夫．李约瑟之谜、韦伯疑问和中国的奇迹［J］．北京大学学报（哲学社会科学版），2007（4）．

没有工商社会的广泛存在。正是没有工商业阶层这样的中间社会转化的前提和诱因，导致上层社会与底层社会的"体用行知"因抱团取暖的需要而趋于一致。最终，上层习惯"行知致用于封建传统主体及其价值"，中层习惯在"朝言政、卸甲则归田"的田园农耕的国情现实。商业资本未能对整个封建国家产生深刻冲击和形成工业资本，而是耗散在皇室宫廷与官僚政治、大地主的"良田美宅"或奢侈消费中去了。

中印两国也曾有强大的商业贸易网络与分工细致的资本主义因素和萌芽。少数族群苗族的林商业与锡克族的手工制造业也曾具有一定的规模与工艺进步性。但是，它们还未充分发展起来，就被主流的封建制度打击、镇压、压垮、剥削殆尽。转型主体的缺失，让我们看到现代化主体原生性培育出来后的客观使命和主体担当的重要性。而中印封建国家的种种机体障碍，最终造成了中印两国从封建国家向现代民族国家转型中的主体缺失。

整个乾隆时代，西方重商主义与立宪主义兴起，议会日益强大，实验科学进步，"启蒙理性"和"进步"的实践理性在西方日益自信地普照。这怎么就未能引起乾隆的高度关注与重视呢？对此，新清史代表学者欧立德的理解和诠释是："不是说乾隆对西洋国家缺乏兴趣，而是乾隆觉得根本就没有迫切的必要去注意那些国家。"[①] 而实际上，这是因为主体受限于原生性的外部环境，主体的价值选择偏好于东方皇帝的传统实践理性——年事已高、宫廷生活和政治生活交织，最终使其精疲力竭，无心关注和过问万里之遥的欧洲的巨变及其沧桑变局之机妙。

三、"儒体西用"交相辉映却失之交臂

（一）传教士对清初皇室的影响

明末清初，西学传入和交流，促进了科学思想的发展，出现了《天工开物》《农正全书》等百科全书式的著作。还有由文人和教士合编的天文、

---

① [美]欧立德. 乾隆帝 [M]. 青石, 译. 北京：社会科学文献出版社，2014：206.

历算、地理、火器、艺术等不少专门著作问世,在当时散播流传。满洲政权自开基算起已历四世,自皇太极建国称帝算起已历三代,国家日益稳定与逐渐取得北方与中原各族认同,而与中国历史上各王朝(明朝中晚期除外)的最大不同点是,西方传教士的活动作为西学东渐的上层政治通道与宗教和文化渠道,在直接影响着执政当国者的某些政策导向与执行,但结果却如李约瑟所言:"18 世纪的葡萄牙商人和 17 世纪的耶稣会教士虽然各方面都给中国人带来很大的影响,但是在经济方面却丝毫没有触动。"① 至于明王朝,西学东渐没有对其产生根本性的影响,仅停留在仕宦上流社会的奢谈和狭窄的人际交往中思潮响应的层面。

从晚明与清朝前期的中外交往史与中外关系史来看,中国与西方尚属片面之交,没有大规模的往来,仅有传教士来华传教、葡萄牙窃据澳门、荷兰强占台湾、明清红夷大炮购进等些许交往。而在印度,与西方殖民的频繁商贸交往,或许正是让莫卧儿朝廷与印度教、穆斯林教和锡克教王公失去警觉心的重要原因。而深入印度与西方各东印度公司的交往的内里,我们看到的则是另一种情况:一方面,印度莫卧儿朝廷在 17 世纪尚处于统一有力控制各地方势力的时代;另一方面,西方各殖民势力纷争不断,始终未有一方能独占印度。

(二)"儒体致用"与科举制度之大利

经世致用思想从明遗知识分子的诠释和阐发向清朝统治者的致用转化。随着明末封建制度日趋没落,民族矛盾和阶级矛盾尖锐交织。国家危难、民不聊生的现实和王朝转换的乱世下,开明进步的知识分子提倡经世致用思想,对国家发展的未来动向具有一定的影响。宋明以来,经世致用的"实学",儒者们经世治国、担当天下的责任和学以致用(学术价值转化为政治伦理)的传统,已传承有 600 年之久。

士大夫中的优秀分子和新兴的士民代表,反对空谈,主张关心时政。其中以顾炎武、黄宗羲、王夫之为最杰出的代表,使明清之际的实学思潮

---

①[英]李约瑟. 四海之内:东方和西方的对话[M]. 劳陇,译. 北京:三联书店,1987:28.

达到了顶点。而由黄宗羲对封建农业发展的认知即黄宗羲定律[①]可看出：历代针对税赋的改革，每推行一次，税反倒加重；为了交税，农民以农产品出售获得收入，商人则从中获利；无差别的土地税造成农民的重大损失。

"满族首领能够自觉地回应时代的挑战，并作出创造性的努力，即把儒家文化与满族文化有机结合，为其所用。清朝从皇太极开始接触儒家文化，顺治帝'笃好儒术，手不释卷'。康熙帝推崇程朱理学，在他看来，圣贤所作的儒家典籍是为天下万民而作，以儒学为治国的指导思想可以实现太平之治。清初学者和士人反对空疏学风，提倡经世致用。康熙帝受此影响，他提倡'知行合一'，但'行'更重要，即是说他认为研习儒家经典的根本目的在于'修身齐家治国平天下'，而后者尤其重要。康熙时期对舆情的重视体现了他把儒家的民本思想和经世致用、躬行实践精神二者的结合。"[②]

而在1688年，康熙及某些大臣，虽然清楚地意识到欧洲人的存在，并视之为其"天下"极远所在新出现的一群人，但压根不了解整个欧洲，也无从知晓南、北美洲的存在。再以伊斯兰世界为例，穆斯林们的"世界"东起北京和棉兰老岛，西至尼罗河，但只有在某些沦入不幸境地的非洲穆斯林未在贩运途中死去，最终在美洲成为奴隶之后，才把"新世界"包括进去。[③]但康熙的文治武功终不能比及沙俄近代化的开创者彼得大帝或法兰西国王路易十四。莫卧儿朝第三到第五代皇帝已直接与英法为代表的各东印度公司和当局签订商贸特许状，逐渐深陷西方商业罗网中。

四、莫卧儿征服体制罔顾列强致使统一未竟

以明朝为中心视角来看清朝与莫卧儿王朝的先世，二者的六世祖都与明朝有着千丝万缕的封贡或臣属关系。巴布尔的六世祖埃米尔·帖木儿

[①]现代学者秦晖在他的论文《并税式改革与"黄宗羲定律"》中总结出的定律。
[②]张文英.康熙时期对"舆情"的使用及其研究[J].理论界，2010（9）：120.
[③][英]威尔斯.1688年的全球史[M].赵晖，译.海口：海南出版社，2014：15.

(1336—1405)从 1387 年开始,一直坚持向明朝封贡,但是实力大增后,于 1404 年 11 月 27 日率领 20 万军队侵略明朝,次年在进军途中病死。而努尔哈赤的六世祖猛哥·帖木儿(爱新觉罗·孟特穆,1370—1433)出身官僚世家,是清朝的开山肇祖,是元朝的边疆臣属和地方军政高官(建州卫都指挥使,正二品)。但是,在这样的"军事－政治"遗产与文化土壤沉淀中形成的清朝与莫卧儿两个帝国却完全不同。

莫卧儿帝国是一个典型由外来的、游牧的突厥－穆斯林异族统治者建立的王朝。它的传统主要体现在两方面:一是突厥－蒙古的草原游牧传统,二是伊斯兰教的传统。即:在草原,战争就是规则,胜者为王。贾汉吉尔祖孙相继的三位皇帝称号和军政实践也反映了征服王朝的文治武功:萨利姆王子登基称帝后启用贾汉吉尔之名,意即"世界征服者"。其子"沙贾汗"在波斯语中的意思是"世界的统治者"。其孙奥朗则布登基后自称"阿拉姆吉尔",意即"世界的征服者或世界主宰"。莫卧儿帝国的统治者把灵活性与原则性相结合,创造出典型的具有伊斯兰帝国特征的统治制度。莫卧儿帝国是游牧民族靠军事征服建立的国家。

莫卧儿王朝统一未竟的征服功业伴随着西方殖民势力侵略印度而逐渐深入。16 世纪,最先是葡萄牙人进入和盘踞在西海岸,并独占与帝国的往来便利。陆续有荷兰、英国、法国先后把自己的殖民触角伸向印度次大陆。葡萄牙人曾觐见阿克巴,希望他改宗天主教,阿克巴也希望在征服南印时能得到葡萄牙人的帮助。但双方都无意接受。后来得知葡萄牙人强占苏拉特附近的布尔萨尔村庄,阿克巴对葡萄牙人的憎恶加深。[①] 此时,印度是一块充满战略机遇的大陆,西方殖民者都通过"东印度公司"巧取豪夺,来实现扩展殖民主义商业帝国版图的梦想。

第一个"东印度公司"是 17 世纪新纪元之初成立的英国印度公司。1600 年底,经英国国王批准,英国东印度公司在伦敦成立,获得了在东方的贸易垄断权。荷兰商人于 1602 年成立荷兰东印度公司,由国家授权垄断对东方的贸易,获得修筑要塞、建立军队、对非基督教民族宣战、统治所

---

① 林承节. 印度史 [M]. 北京:人民出版社,2004:177—178.

征服的殖民地等政治、军事特权先例，使英法等国引以为范。1664年，法国东印度公司成立，着手在印度发展商业势力。

17世纪，葡萄牙人的独占优势被突破。同时，南印度的分裂和尚未统一的格局给予殖民者可乘之机。1614年，英国东印度公司的船队支持苏拉特地方统治者打败专横的葡萄牙人的船队，贾汉吉尔很高兴，就颁令允许英国东印度公司与莫卧儿帝国建立长久贸易关系。荷兰、英国、法国殖民者利用莫卧儿帝国尚未完全统一南印度的德干诸国的局势，加紧渗透。不过，17世纪30年代前，南印的比贾普尔、高康达还是独立国家，这给他们争取在印度立足提供了较有利的条件。①

这些新来的商人公司第一步要达到的目标是争取印度统治者允许他们在当地经商和设立商馆。1615年，英王詹姆士一世任命托马斯·罗伊为大使，最终在1618年获得贾汉吉尔颁布的敕令，允许英国人在莫卧儿帝国境内贸易和设立商馆，不过要照章纳税。②他们在印度东西海岸和孟加拉、比哈尔建立了一大批商馆。1698年，英国东印度公司把所有商馆分成三大片区进行管辖，这就形成了马德拉斯、孟买、加尔各答三个管区。小型殖民地的建立，使公司可以从中得到大量税收，这对于以掠夺财富为目的之各国商人来说，无疑极大地鼓励了他们的贪欲。③1688年12月，英国东印度公司孟买管区总督约翰·蔡尔德封锁西海岸莫卧儿帝国港口，掳掠船只，并派船到红海、波斯湾扣截朝圣香客船只，试图用武力来勒索特权。奥朗则布大怒，下令对英国商馆实行全面攻击。英国商馆很快被大批占领。受此惩戒后，直到18世纪中期，英国人及其他国家的商人们都只得把注意力集中于扩大贸易，再也不敢轻易挑战莫卧儿朝廷的天威。

草原传统与伊斯兰传统紧密结合，形成内亚文化传统。伊斯兰教的扩张靠的是信仰武士，崇尚勇武精神，讨伐和征服异教徒。莫卧儿王朝历代统治者身为异教穆斯林，都自称是"真主在大地上的影子"和"伊斯兰教的捍卫者"。要处理（伊斯兰教与印度本土宗教）微妙的宗教关系和民族

---

① 林承节. 印度史 [M]. 北京：人民出版社，2004：178.
② 林承节. 印度史 [M]. 北京：人民出版社，2004：179.
③ 林承节. 印度史 [M]. 北京：人民出版社，2004：180.

关系，以实施有效的统治，这充分体现出印度宗教和民族关系的复杂性。也因此，在宗教与民族关系上，莫卧儿王朝消耗了过多的精力，而无法发展出对海权和西方充分扼制的长效海军、炮舰军武与海防制度。

五、贾汉吉尔只收奇珍与康熙的海禁

荷兰、葡萄牙与中国的接触让中国适度警惕，传教士来华则最终招致清廷禁教。而东印度公司通过巧取豪夺，取得了莫卧儿帝国的特许经营权。[①] 1600年，英国伦敦成立东印度公司。直至18世纪，中国与印度虽然没有直接打交道，但通过不列颠东印度公司与两国的商贸往来，形成了清朝到东南亚，再到印度洋的贸易网路。英国培育起了这条渔利甚丰的三角贸易体系。

1612年，不列颠东印度公司战胜葡萄牙人，莫卧儿帝国皇帝贾汉吉尔在不列颠与葡萄牙之间看到了不列颠的力量。东印度公司试图趁机在印度本土建立立足点，并要求英王通过外交促成。1615年，英王詹姆士一世派托马斯·罗伊爵士拜访贾汉吉尔，同意向贾汉吉尔提供欧洲市场的货物和珍品。东印度公司则获得了在苏拉特和其他地区建立独一无二的定居点和工厂的权利。

贾汉吉尔欢心于英国人的奇珍，竟然爽快地答应了，还回信英皇："作为对你的皇室的恩爱，我向所有我统治的王国和海港下令接受任何英国商人作为我的朋友。他们可以在任何他们愿意的地方居住，他们享受无限制的自由。不论他们到达哪个海港，葡萄牙或其他人不准打扰他们。不论他们在哪个城市定居，我下令给所有我的总督和长官给予他们任何可以给予的、他们所需要的自由。他们可以任意交易和向他们的国家运输。为了巩固我们之间的热情和友情，我希望陛下下令您的商人用他们的船运来各种珍品和适合我的皇宫的商品，以及您有机会给我传递您的王家信件，

[①] 就莫卧儿皇帝的认知而言，不像有人所说的那样，"如果说中国是在战败被胁迫的情况下才被英国占了便宜，那么当时统治着大部分印度次大陆地区的莫卧儿帝国简直就是傻得可爱并且慷慨得匪夷所思"。

以让我为您的健康和事业发展而欢欣。愿我们的友谊永恒。"① 这正如马克思于《不列颠在印度统治的未来结果》中所描述的:"这是一个不仅存在着伊斯兰教徒和印度教徒的对立,而且存在着部落与部落、种姓与种姓的对立的国家,这是一个建立在所有成员之间普遍的互相排斥和与生俱来的排他思想所造成的均势上面的社会。"②

  17世纪前半叶,中国出现了王朝更替。1644年入关后,清王朝无暇南顾。但随后的统一和征讨南明各政权时期,曾借重海上力量。在康熙时代则处于统一台湾的军事斗争中。在郑成功(1624—1662)集团从荷兰手中收复台湾后,台湾郑氏集团控制了整个东亚的海上贸易,对满清控制下东南沿海的贸易和安全构成威胁。清王朝通过武力围剿消灭了南明政权,平复了三藩的叛乱,消灭了准噶尔的噶尔丹的分裂,随后加快了收复了台湾的步伐。1683年(康熙二十二年)7月,清廷集结海陆重兵,跨海开展澎湖之战,大败郑军水师,逼迫郑氏家族出降,控制了海疆,内政整饬、垦殖拓荒,民生发展、经济恢复,东亚再度出现繁荣发展的景象。

  但在扫除了台湾的威胁后,疆防中枢逐步复转到陆防边患的传统安全战略上来,疆防重心侧重在东北与西北的陆上防御,而对台湾及其他离岸岛屿的海防在经济和安全上的重要性直到200年后的洋务运动才给予重新重视。康熙海禁政策正是在看到了繁荣、流动性强和开放的商业社会对皇权的威胁后实施的。这正如卡尔·波普尔所言:"封闭社会解体的最有作用的原因,也许是海上交通和商业的发展,与别的部落有密切的接触就容易破除人们对部落制的必然感。"③

六、体用之谬在于弃行无知与利器失用

  东方古代不乏科学技术的出现,科学是每个社会的产物,并非现代西

---

①ytm8030. 鸦片战争,两种文明的冲突[DB/OL]. http://blog.sina.com.cn/s/blog_553d39fc0101g0k7.html.
②马克思,恩格斯. 马克思恩格斯选集(第1卷)[M]. 北京:人民出版社,1995:773.
③[英]卡尔·波普尔. 开放社会及其敌人[M]. 北京:中国社会科学出版社,1999:330.

方的专利。科学是人类文明的一部分，并非仅仅诞生于有优越感的西方学者头脑。晚明农业科学思想光辉闪耀，其中就包括宋应星的《天工开物》和徐光启《农正全书》等，尤其是《天工开物》在农业与手工业史上仍然占有独特地位，被李约瑟誉为"中国 17 世纪的工艺百科全书"。如果说中西文化与学术交流产生的天文、历算、地理、火器、艺术著作是科学开化的结果，那么，明清在 17 世纪的王朝更替中则造成了一定技术沉淀的断裂。在这个世纪，明清两代的农业科技与整个科学思想有较大的发展，同样给农业本身提供了经验性的、局部性的技术支持。而军事技术的进步则有一些偶然性的契机可以窥见。

（一）印度的战争利器的机遇更早但危机更深

早在印度莫卧儿帝国开创的 17 年前，1509 年 2 月 2 日至 3 日，葡萄牙与埃及马木鲁克苏丹国、卡里卡特的赞默林和古加拉苏丹的联合舰队，便因争夺香料贸易权而展开了印度第乌海战。

莫卧儿帝国有其整编的火炮军。在军事技术上，在莫卧儿王朝 16 世纪开国建政之战即第一次帕里帕特战争中，巴布尔运用骑兵和侧翼进攻战，借助火器和专业炮手，打了胜仗。火炮在莫卧儿庞大的陆军中被广泛使用。火枪的使用在印度也较为广泛。17 世纪中晚期，锡克教士兵队伍中就有较专业的火枪手，这更是表示火枪手已经普遍渗透到社会组织中去。巴布尔在征服印度时因充分利用火炮的威力，才能获得军事技术上的优势。而且，一些火绳枪已经有足够的威力贯穿同时期的胸甲和盾牌。可是这些战争武器却没有引起广泛的重视与改进，尤其是没有在王朝衰落时期的海陆战争中起到实质作用。

（二）清朝统治者弃用技术，使之未能转化成生产力和战斗力

在中国，王朝兴替中的技术进步是契机，更是弃用的危机。17 世纪到 18 世纪，中国军事技术有一些进步，却没有得到广泛的应用。在持续数十年之久的辽东战争中，明清双方多次依赖战车作战。清军的战车直接受到明军的启发，针对性地克制明军火器。早在努尔哈赤立八旗反明时，清军缺少火器，面对射程威力均超过弓箭的明军火器，处于下风。如何让清军接近明军射击弓箭成了努尔哈赤需要解决的难题，因此，盾车应运而生。随着西洋军事技术的引入，明清双方的军事技术获得了很大发展，战车这种独特的战术武器也逐步被淘汰。尤其是当清军拥有叛将孔有德带来的明朝最新的火器红夷火炮及相应的火器战术，皇太极在此基础之上组建了独立的火炮部队之后，清军不再需要战车在阵前遮蔽明军火器。于是在崇祯十四年（1641年）的松锦之战中，明清双方在乳峰山各自摆出数十门大炮，打了一场轰轰烈烈的炮战。战后第二天，明军收拾战场，仅七八斤的炮弹就捡了400多枚。①

17世纪，明清的战争频仍，野战炮兵的实践已经开始盛行。查询发现："在宁远，锦州，扬州，桂林等地，凡是明军装备红夷大炮的炮兵发挥好的地方，都是守城战。明军的红夷大炮基本上极少会出来野战，仅有不多的战例，比如有松锦大战。但是由于出来的炮很少，很快就被清军炮兵压制住了。"②

清军大炮的制造技术与战斗力都超过了明军。清军第一次就铸造了3000多斤的"天祐助威大将军"炮，可以发射8斤炮弹。随后又铸出35门当时世界最高品质之铁心铜体的"神威大将军"炮。到1643年，清军对明军显出10倍火力优势。临阵，清军两侧是数十门1800—3000斤以上的重炮，先行采用猛烈的炮兵侧射和鸟枪弓箭正面射击以后，骑兵就开始两翼包抄冲击，造成明军队形崩溃。因此，明朝辽东巡抚黎玉田说道：酋以大炮百位排设而击，即铜墙铁壁亦恐难保。

---

①李梦阳. 明亡清兴的关键其实是双方战车大 PK？[N]. 百度知道日报，2016-11-17.
②就因为一对车轮：明朝1千门红夷大炮不能轰爆八旗军导致灭亡 [DB/OL]. 一点资讯. 2017-01-30. http：//www. yidianzixun. com/home? page=article&id=0FY9s2g7.

表 4-2　公元 1—1840 年中国与其他国家的科技发明数量①

时限 年	科技发明 总件数	中国 件数	百分比	世界其他国家 件数
1—400	45	28	62%	17
401—1000	45	32	71%	13
1001—1500	67	38	57%	29
1501—1840	472	19	4%	453

清朝建国前后，第一个机遇是器物层面的百年契机，即器物层面的创新或习引西方的利器技术。16 世纪至 17 世纪的 100 多年军事与战争实践，推动明清国家官员进行军用手持火器的研发探索。同期是西方殖民活动逐渐迈入东方和扩大的历史过程，是从葡萄牙与荷兰、法国等以陆地为据点、主要在海上从事海盗与贸易活动转型为不列颠独占印度和广大亚洲形成殖民帝国的过程。中国的技术力量正在发生逆转。罗伯特·坦普尔写道："中国人自己也和西方人一样不了解这些事实，从公元 17 世纪起，中国人对欧洲的技术专长越来越迷惑不解，有很长一段时间反而遗忘了自己的成就。当耶稣教徒向中国人展示机械钟时，他们竟然感到敬畏。中国人忘记了，首先发明机械钟的正是他们自己！"②

（三）封贡体系遭遇危机，乾隆丧失的军火技术交流与引进

我们可以看到，两大王朝不同信仰的文化内涵：一个是信仰佛教（喇嘛教）的封建王朝，一个是伊斯兰教封建王朝。此时亚洲还处于大陆封建性王朝国家的兴替老态，同时，欧洲海上殖民霸权还未在亚洲占据绝对优势。因此，两个王朝在兴盛的道路上，还各有其制度沉淀创新及理性实践

---

①据英国学者罗伯特·坦普尔《中国：发明和发现的国度》相关数据制表。叶桂英. 中国的一百个世界第一——读《中国：发明与发现的国度》[J]. 中国图书评论，1998（7）：23—24.

②[英]罗布特·坦普尔. 中国：发明与发现的国度 [M]. 陈养正，等译. 南昌：21 世纪出版社，1995.

的空间与机遇。努尔哈赤和巴布尔两位开国君主用其一生（均龄57岁）的胆略和武功，在与前朝的铁血戎马的军事政治斗争中脱颖而出。其后继人皇太极、顺治与胡马雍继续用武力征伐，统一女真各部和北印度，又通过第三、第四代继承人巩固了国家基础和实现制度沉淀。

在乾隆皇帝在位的后期，清朝对缅甸和越南的宗主地位动摇，先后与缅甸、越南爆发了战争。当时英国已经发生了工业革命，势力扩张到东南亚并站稳了脚跟。东南亚国家从英国人手里获得了一些火器。在边境战争中，看似强悍的满洲骑兵被火器一排排放倒，清军的弓箭反击无力。从前线归来的统军将领向乾隆皇帝反映了这个情况，希望乾隆能够下令改善清军的火器。但是乾隆坚持"骑射乃满洲立国之本"，对改善火器予以拒绝。

英国马戛尔尼访华期间，曾经邀请大将福康安观看火器表演。自认为见多识广的福康安，非常傲娇地告诉马戛尔尼："我看也罢，不看也罢，火器向来没有什么稀奇的。"马戛尔尼还准备向乾隆展示英国最新的野战炮，乾隆以大寿不宜为理由，又一次拒绝了。这次清英交往，实际意义远远超越了两国的普通外交层面。法国年鉴学派大师费尔南·布罗代尔表示："他为马戛尔尼爵出使中国所吸引，并认为那是文明与思想的比较史中一个具有独特意义的时刻。"① 实际上，这是莫卧儿帝国及其印度教王公在1757年败北于普拉西战役后，东亚与西方正面触碰的重大事件。英国派遣200余人庞大规格的使团访清，与早期来华侵占与圈占局部地域的葡萄牙与荷兰殖民者比较起来，体现的是另外一种完全不同的性质、规格与格局。

（四）四位"朝中人"的兵器改进与民间发明"胎死腹中"

在明清时期的对外战争实践中，共有四次自主探索新式枪械发展空间、研发现代军用兵器的机遇。而且经过数次抗倭实战，名将戚继光还总结了一套系统的军事理论："器械不利，以卒予敌也；手无博杀之方，徒

---

①[法]佩雷菲特.停滞的帝国：两个世界的撞击[M].王国卿，等译.北京：三联书店，1993.

驱之以刑，是鱼肉乎吾士也。"① 非常值得关联的是，研发或改进新兵器的四位人物，皆身在体制内的官员。他们研制的兵器在当时甚至达到世界最高水平。

第一次技术革新实践产生在 16 世纪 40—60 年代，主要实践和发明者是戚继光（1528－1588），明朝登州卫指挥佥事、蓟州总兵，军事家，抗倭名将。自戚家军于 1559 年成军于浙江义乌开始，便在戚继光的率领下转战于浙、闽、粤沿海诸地抗击倭寇。期间，戚继光发明了七种兵器：戚氏军刀、藤牌、狼筅、赛贡铳、六和铳、虎蹲炮、无敌神飞炮。在数种兵器使用中，结合戚继光发明的适合战场形势变幻的鸳鸯阵阵形列队，有效杀敌。历经大小 80 余战，历时 10 余年，戚继光才荡平倭寇之乱。

第二次技术革新实践产生在 16 世纪 90 年代，实践者是赵士祯（1554—1611），官至中书舍人（七品），明代火器发明家。1598 年（明神宗万历二十六年），赵士祯就有四项发明：一是将西域鲁密铳改良成新式的火绳枪"鹰扬炮"，还在枪床尾部装上钢刀，适于近战时斩马之用。二是"迅雷铳"，转轮即发射。三是参照西洋鸟枪和佛郎机制成"掣电铳"。四是火箭溜。这些兵器发明收录在他的《神器谱》《备边屯田车铳仪》等书中，在当时处于世界领先水平，也在当时的抗倭战斗实践中发挥了实际作用，受到李约瑟的高度评价。

第三次技术革新实践发生在 17 世纪 30 年代，实践者是武器专家毕懋康（1571—1644），歙县上路人，中国明朝官员。崇祯初年，起用为南京通政使，升兵部右侍郎，旋自免归。后崇祯帝命制武刚车、神飞炮等。械成后，编辑《军器图说》以进崇祯帝。因功升南京户部右侍郎，总督粮厘。遗憾的是天时不济，他因不与宦官同流而告归。其所撰《军器图说》罗列各种火器、毒弩，图文并举，叙述军器制造、使用与威力。书中云"夷虏所最畏于中国者，火器也"，却未能成大用。

第四次技术革新实践发生在 17 世纪 50—80 年代，主要实践者是戴梓

---

① 戚继光.纪效新书（卷十）·长兵短用说篇［M］.范中义，校释.北京：中华书局，2001：73.

（1649—1726），清康熙时的火器制造家，官至翰林院侍讲，实职是南书房《律吕正义》纂修。1687 年（康熙二十六年），戴梓发明了领先世界的连发 28 发子弹的连珠铳，是现代机枪的鼻祖，射程达到百步。其制造能力让傲慢的洋教士南怀仁低头。"子母炮"在平息噶尔丹叛乱时发挥了巨大作用。但彼时戴梓已经因冤被康熙流放至盛京（今沈阳），兵器未能如愿交给朝廷。戴梓最后在返京途中冻饿而死。①

七、体用失知致使中印封建王朝疆防导向失策

（一）莫卧儿封建势力的制度性短视与八旗军的腐朽

中印两大王朝在 18 世纪西藏边疆问题出现以前，显然是没有直接交流的。两国的政治关切和外交传统的侧重点不同：大清自视东亚至尊，世界的重心在东方；而莫卧儿则属于穆斯林世界，更注重跟中亚乌兹别克、西方波斯及奥斯曼进行政治和贸易上的交流。中印都是通过英国东印度公司的商业活动进行间接联系。中国清朝与印度莫卧儿帝国、奥斯曼土耳其帝国之间的国际贸易对比中，伊斯兰世界更胜一筹。南亚霸主当属莫卧儿帝国，奥朗则布时代则致力于征服南印度并获得成功，使其达到了本国历史上的鼎盛时期与最大版图，其人口一度雄踞世界第一大国的峰巅。但在对外认知与功用取舍上，清朝与莫卧儿帝国对西方列强的到来则持有完全相反的态度。

"这个简单化的模式主要说明双向运动时而对西面的伊斯兰有利，时而对东边的中国有利。位于印度两端的这两种经济的任何发展都会引起幅度极大，往往历时几百年之久的运动。如果西面的重量增加了，红海和波斯湾的水手就侵入和横渡印度洋。例如，他们在十八世纪时曾突然出现在被阿拉伯地理学家称作'汉府'的大门口。中国素来对航海不很积极，但如果它决心走出国门，中国南方沿海的水手就会抵达他们一直留心的南洋群岛，以及科摩林角以东的所谓'第二个'印度……他们当然也完全可以

---

① 在古代，广大军迷们是如何追求理想的？[OB/OL] 搜狐军事，2017-03-30. http://www.sohu.com/a/131078501_484994.

走得更远。"①

乾隆年间更是出现了检阅时"射箭,箭虚发;驰马,人堕地"的可笑场面。八旗衰败之后,绿营成为清政府维持统治所依赖的武装力量。然而随着时间的推移,绿营也日趋衰败。到了道光年间的鸦片战争和咸丰年间的太平天国起义时,身为国家正规军的绿营已经不堪一用。②八旗军的衰败致使清朝统治者失去应对内忧外患的基本能力,一旦社会出现大农民起义等的动荡,盛世外强中干,王朝衰败也就开始了。八旗军在各地驻守,但却被禁止与民间接触,导致了"军不知有民,民不知有国"的晚清大危机。

两个国家的军事触角与实践始终均未能跨出亚洲海域性力量的世界政治角色,仍然囿于传统农耕牧歌的封建大陆边界。

(二) 海贸与海权的弃用导致主体实践与认知受限

明亡后,郑芝龙家族在福建拥立南明隆武帝与清兵抗争。郑芝龙降清后,其子郑成功继续高举反清复明大旗与清斗争。1661 年,郑成功东征,收复被荷兰殖民者占领的台湾,在此建立了反清复明的基地。郑成功及其子郑经,以郑氏王族为最高元首,建立了台湾历史上第一个汉族王朝。王朝在历经郑成功、郑经及郑克塽三世后,于 1683 年降清,明郑统治结束。明郑王朝实际控制着中国海疆的商贸与海权。

但是,明郑三世王朝归统于清帝国后,在迁界与禁海政策之下,台湾商贸在东南海域及周边地区已经不再具有强大的竞争力与控制力了。1684 年(康熙二十二年),台湾归统,清廷仅开海 30 多年。此后,全面开海的政策就开始收缩。帝国面对"海寇"和西方殖民势力应对乏力。1717 年(康熙五十六年)10 月 25 日,康熙规定正式实行南洋禁海令,严重削弱了正在不断发展的中国民间对外贸易力量。1757 年(乾隆二十二年),乾隆

---

① [法] 费尔南·布罗代尔. 15 至 18 世纪的物质文明经济和资本主义(卷 3) [M]. 施康强,等译. 北京:三联书店,1997:559.
② 玉振. 治国困境:无法持续的盛世 [DB/OL]. 2014-12. http://sike.news.cn/statics/sike/posts/2014/12/218691740.html.

下令关闭江海关、浙海关、闽海关，指定外国商船只能在粤海关——广州一地通商，并对丝绸、茶叶等传统商品的出口量严加限制，对中国商船的出洋贸易也颁布了许多禁令。

这一闭关政策与印度面对西方列强时的开放态度形成了鲜明对比，但结果是相似的：清朝是过于保守而自绝前路，莫卧儿朝则是过于放任和自信。康熙与乾隆囿于"夷夏大防"传统疆防战略制约，虽然都有南巡经历，但客观条件和生产力水平方面对"知行"的限制和工商业的"体用分殊"，不可能舍弃农本而追逐"工商"。因此，当时明显缺乏对海疆的全面与深刻认识，对海疆持有一种没有航海实践支撑的恐惧。实践太少及其主体来自内陆、拥有与沿海地区完全不同的生产生活方式等则是造成这一局面的主体因素。

习惯于田园牧歌式的农业文明中生活的满清和突厥皇帝，对大海既感陌生，又觉恐惧。① 这也可以通过康熙如下的认知反映出来："帝王治天下自有本原，不专恃险阻。""守国之道惟在修德安民，民心悦则邦本得，而边境自固，所谓众志成城者是也。"② 政治上统一和控制的后果就是经济上禁绝开放与贸易往来，造成了自然发展壮大的东亚与东南亚区域市场的严重式微。

(三) 莫卧儿帝国皇帝贪于享受，无视变局和"限洋自强"

16世纪的印度，草原游牧民族与葡萄牙早期殖民者并行。我们能在世界时间坐标系上看到印度清晰的海陆并争格局。"16世纪中叶频繁出没印度海域的葡萄牙即是以此自然地理为背景所开展的故事……内陆有帖木儿（莫卧儿人）南攻，海路有葡萄牙出没，在这块'纵向切割地形'中，'陆上的弓箭时代'及'海上的枪炮时代'其实同步交错，世界史上的巨大转变，在环绕着蒙兀儿王朝的辽阔双重交会地区引发。"③ 1498年葡萄牙航海家达·伽马抵达马拉巴尔海岸时，在费尔干纳的巴布尔才16岁。阿克巴时对葡萄牙人

---

①新清史解读为：乾隆皇帝当时不仅熟悉西方地理，也清楚欧洲法、俄两国内部的情势。因此比较好的解释是，他是故意展现他对远方的英国兴致缺乏，一方面是因为当时的清朝从整体来说是一个和平且富有的国家，另一方面是因乾隆皇帝年事已高，心有余而力不足。

②圣祖实录（卷一五一，康熙三十年五月丙午）（影印版）[C]. 北京：中华书局，1988.

③[日] 杉山正明. 游牧民的世界史 [M]. 黄美蓉，译. 北京：中华工商联合出版社，2014.

忍气吞声……他在坎贝和葡萄牙人签订了一项条约，保障了麦加的圣地参谒者的通行安全。① 王朝四世后，西方人占领了果阿、钦奈、孟买和加尔各答等优良港口和商业据点。

1. 果阿，是印度最早被殖民者占领的西岸小邦。1498年，达·伽马初临此处落脚点，试图垄断印度至欧洲的海上香料贸易。1510年，葡萄牙的舰队司令阿尔布克尔克在占领了果阿旧城后，不断殖民屯兵，欲把这里建成海军基地，并设有宗教裁判所，强迫当地人改信基督教。

2. 钦奈（马德拉斯）。1552年，葡萄牙人在此建造一港口。1612年，荷兰东印度公司在此建立据点。1639年，英国东印度公司被允许在此建造贸易代理商行和仓库。

3. 孟买。1534年，葡萄牙人从古吉拉特苏丹巴哈杜尔·沙手中得到这几个岛屿。1661年，作为葡萄牙凯瑟琳公主的嫁妆被送给英国。1668年，又被转租给英国东印度公司，每年的租金为10英镑，英国东印度公司在其东岸建造了深水港停靠港口。

4. 加尔各答。1690年，英国东印度公司的代理人约伯·查诺克在这里建立贸易站。莫卧儿王朝官员想从与英国东印度公司的贸易中获得利益，因此默许查诺克选择加尔各答作为活动中心。

莫卧儿君主对经济远景的漠视。贾汉吉尔特许英商占有更多据点和特权，接受了西方商人的贿赂，满足于物欲享受，缺乏对地缘与海港在本国经济"体用价值"上的考量，无视事态与变局，忘记了"限洋自强"。15—17世纪，列强在印度海岸与陆上"武装割据"，势如失火。莫卧儿封建帝国构建与早期殖民活动商业图谋，其实是一个不对称的"行知用"。英国凭借其在苏拉特（日后转为孟买）、马德拉斯、加尔各答等地的商埠而声势日大。② 印度诸强中只有马拉塔人曾试图建立海军，莫卧儿显然无意控制海洋，而跨

---

① [印]恩·克·辛哈，阿·克·班纳吉.印度通史（全4册）[M].北京：商务印书馆，1973：588.
② [印]潘尼迦.印度和印度洋——略论海权对印度历史的影响[M].北京：世界知识出版社，1965：55.

海来到印度的欧洲许多从事商业的民族,终于使印度历史发生了一个新转折。①

本章小结

本章深究中印封建国家转型主体缺失的根源和动因。首先,回溯长时段的千年殊异——宗藩封贡与征服王朝的深层动因比较,在文明梯度力下,明清封闭形成的非耗散结构与同期印度因分裂和多外侵而形成的耗散结构完全不同。其次,从16世纪起,前现代"封建化梯度力"与"全球化梯度力"的双重作用致使两帝国已然百年同归于封建内卷化,建成单极一元体制,未能形成类似欧洲的多国格局,君主自负失机。最后,"体行知用"是主客体终极的得失:封建宗藩与征服体制下,王朝国家与现代性因素相克而无法兼容。统治者弃行无知:对内仅满足于"封建权欲驱使的农体商用、儒体西用、穆体西用"等体用旧念,对外仅满足于"大陆征服、夷夏大防观"的陆基征防战略;虽有数次科技发明,但因主流价值导向失知而使利器失用,最终疆防失策,都昙花一现般地与内生现代化失之交臂。

结 论

本书放眼16、17世纪以来,清朝与莫卧儿王朝缓慢独步于"天朝上国统驭万邦"与西方世界日益崛起东来的全球梯度差异的对比格局,经过对两朝历经16、17世纪的初兴、发展与改革,制度型变升级的内涵、结构及其异同的比较研究,又对18世纪下半叶到19世纪中叶,两王朝主体实践及其制度本体对早期现代性因素的阻断性作用与转型成败的关键因素的比较研究。探讨和阐述了两王朝转型"政治社会(主体上层与基层)—族民社会—经济社会"四域的成败及差异,深刻分析了决定两王朝转型出现主体缺失的三个不同时段归因。

在研究中印王朝国家的兴衰型变上形成"三级转"的重要观点:明确

---

① [印] 马宗达,赖乔杜里,达塔. 高级印度史 [M]. 张澍霖,等译. 北京:商务印书馆,1986:679.

"转型的具体意义是制度内型变升级,而非现代性质变"。根据"封建王朝国家型变三级转",指出中印征服王朝体制与宗藩封贡体制的重大不同。明确封建王朝国家形成的各自理论理性、制度理性及实践理性,但工具理性没有发展起来。

在转型的"主体性及其功能性""实践导向性与价值导向性"关系上,形成"历史社会学的'体行知用'的分析范式",即找到封建国家主体及其执行战略导向(即政治社会转型和定型)的主、客体钥匙在于主体的认知理性、实践理性与价值理性。明确"主体的'主流价值导向性缺失与主体实践导向性缺失'",使之得以具体化到王朝型变中,揭示封建制度始终与全球化和现代性相克、不兼容,君主"知行合于封建权欲驱使",丧失卓越的理论理性和实践理性,"体用受限于狭隘'本末旧念'",主体丧失更高追求价值和工具理性。

在中印王朝国家转型成败的后果上,形成"结构价值内失三重奏"论断:清朝与莫卧儿朝的"政治社会(主体上层与基层)—族民社会—经济社会"四域不同情况的断裂和裂变,演变成主体缺失的差异"四重奏"特点。肯定农民战争无疑是革命动力,以及转型缺失后的必然内耗。最终发现,两王朝的结构功能"内卷化"和排斥吸收西方新因素负熵,使封建帝国内生萌芽绝育,内缘型现代化走向"绝缘化",经济社会与文化价值理性断裂,"转型主体"缺失。

在中印封建民族国家于转型与全球化之间的时序反差问题上,总结出"文明(封建化与全球化)梯度力"的作用张力。封建化梯度力:①文明的梯度力即封建化的梯度扩散力;②封建梯度促变力与反征服民族的反征服的后座力;③游牧民族的梯度破坏力;④梯度力模式的递减效应;⑤文明梯度生发模式的终极负态效应力;⑥环境气候梯度推动力和催变力。全球化梯度力:①致使东西方发展不平衡;②造成文明(汤因比)"挑战与应变模式"下东方转型失败后的落后挨打。

在中印王朝国家转型失败的归因上,形成"千年殊异与百年同归于'耗散结构与非耗散结构'的宿命决定性"观点。将中印转型缺失长时段归因于中印封建国家"明清在宗藩封贡一元单极东亚体系下闭关锁国形成的'非耗散结构',与印度一直有入侵者、长期被征服造成的'耗散结构'的千年殊异";中时段归因于中印王朝在16世纪起的300年,面对西方殖民——资本势力形成的"耗散结构",致使封建制度"内卷化"和排斥吸收西方新因素负熵;短时段归因于中印王朝"主流价值导向性缺失"与"主体实践导向性缺失",主体左右不了亚洲封建社会及制度扩散不平衡的大格局,丧失卓越的理论理性和实践理性,封建主体的结构功能与商业资本主义的实践和认知理性之间"体用相克,行知失灵"。

同时,研究告结之余,尚需深入研究的问题也还历历在目:第一,在王朝国家的制度型变和升级的阶段性社会中,存在"现代性因素与现代化"关系探讨上的弹性伸张,尚需持续行进。第二,全球变局之于中印王朝国家的机遇与挑战应主要着力于全球史、经济学边缘与经济史、现代化与16世纪世界史的比较史学深研。第三,王朝国家转型的制度预设与主体人设上,事实研究不够深入,尚需处理好"主体缺失的三步转"的理论自洽与事实上的史论对接。第四,中印王朝国家转型缺失的"四重奏"尚需深入事实研究,精分详析。第五,关于文明史观与全球史观在现代性因素传播引起熵变,进而形成的"耗散结构"与"非耗散结构"的论述上,需要把中印王朝国家在各阶段的总体负熵(资源、技术、资金、劳动力等)的排斥吸取归因于制度性缺乏与主体性缺失,作详细论述。

但由于本书研究涉及两大封建王朝,时间长、跨度大,框架结构宏大,尚有一些不足或欠缺:第一,没有处理好王朝国家在封建制度内的型变升级与向现代大转型,即未对"封建国家与现代民族国家"的区别作细分精研。第二,"封建社会"与"王朝国家"具有广泛的政治内涵的重合性和学术自洽性,所涉学科主要还包括经济学与经济史,因此,研究开展本身具有挑战性。望专家批评指正。

剑磨十年必发亮

——为《中印早期现代转型比较研究（1500—1800）》题跋

跋一

王孟懿的《中印早期现代转型比较研究（1500—1800）》即将出版发行，有幸受邀为其写"跋"。我和他既是同乡好友，又是高中同学，固然长期保持着交流与联络，但见面甚少，对于他的主要印象，大多还停留在高中时代的学生模样。

他对历史的兴趣、热爱与擅长，似乎上高中时就已经迸发出来了。他对历史脉络的梳理、对历史事件的见解、对历史人物的剖析，在那个时候就已经入木三分了，每次考试，历史科目自然稳居年级榜首。

他似乎有搞研究的天赋，身上有一种近乎顽固不化的"死磕"精神，一旦认定的事，非要搞个水落石出才罢休，一天不行两天，一个月不行两个月，甚至一年不行就两年，直到琢磨透彻为止。

前年一次偶然的机会，我和他同时受邀在遵义苟坝参加一个省级层面的研讨会议。他在会场上即兴发言，主要谈了"国际共运史上中共与苏共相似的两场会议"。他对史料如数家珍的熟悉程度以及独到的见解，让我明显感觉到，如今已经站上大学讲台的孟懿同学早不是高中时期的那个学生模样了，已经成为国家真正需要的、能够挑起研究历史大梁的学者了。

剑磨十年必发亮，这本书是老同学长年累月对这一课题"死磕"的产物，相信这是该研究的一种突破，是相关领域的一项有意义的研究成果，将会为中印历史学界甚至世界历史学界贡献他应有的价值。

祝愿和期待孟懿同学，在教学与研究的这条路上，硕果累累，为国家和社会贡献更大的人生价值。

吴雷
2022 年 7 月 20 日于遵义

跋二

作者王孟懿是我儿时的伙伴，至今仍是挚友。印象中，他历来爱书如命，以书为伴。我俩在一起上初中时，常把所学所悟迫不及待地分享给对方，也常因各执己见而争得面红耳赤。今日读孟懿兄的作品，已然叹服于其思想性、专业性、学术性，这一方面得益于他多年来对中印历史文化发展研究的深耕，也得益于他从事与世界史相关联的"东西方文化比较"的教学研究的探索。

此书中，作者对历史上中印现代性萌芽曾经"绝育"的原因作了分析，认为主要归因于缺乏现代性因素发展的"实践理性"和"工具理性"。通过对比分析，作者对中印两个王朝转型的过程差异进行探讨，认为前者主要是明清在宗藩封贡一元单极东亚体系下闭关锁国，排斥西方新因素"负熵"而形成的"非耗散结构"，后者主要是长期被侵略和殖民形成的"耗散结构"。这一观点和论述，在学术上是比较新颖的。应该说，中印早期在现代化发展过程中的异同的研究，有助于我们对现代化的道路的探索和设计。

作者对用词非常考究，因此一定要"细读"，一目十行的方式恐怕难以把此书读透彻。作者虽然主要从事历史学的教学和研究，却对自然科学同样充满兴趣。比如，此书大量运用了类似"梯度力""耗散结构""熵"等概念，这些词汇是鲜见于人文社科类作品的。作者的好学善思由此可见。

义浪

2022 年 7 月 22 日于成都

跋三

王孟懿同志的《中印早期现代转型比较研究（1500－1800）》一书综合国内外前人的研究，在唯物史观的基础上，重点运用比较史学观，系统论述中印王朝国家的兴衰型。同时，文中使用负熵和耗散结构等理工科核心概念，这在文史类书籍中较为少见。该成果对于我国制定科学合理的周边国家和地区外交政策具有重要的现实意义，为其提供了原创性、前沿性的基础研究。

书表其人，书如其人。学术性之所以有前沿，主要得益于有一批敢于坐冷板凳的学者，不被外界物欲横流的世俗观念所干扰。今拜读王兄这本专著，让我叹服其书独有的深邃思想性、专业性。王孟懿亦是这其中之一者，是一个纯粹的人，一个对史学思维有历练的人。该书分为三个方面：第一是从用武力征伐建国统一走向中央集权为核心的制度承淀"梯度封建化"。第二是从中央集权的制度承新和改革走向皇权专制制度化，建成封建军事官僚制完善的四世帝国，依赖其理性皇权专制励精图治。第三是中印全盛期尚有封建丛林扬鞭挥斥的空间和力欲，有行知自信；依靠朝贡宗藩体制与征服王朝的余烈"治国平天下"。

总之，该书体现出：作者是一位治学严谨，专业功底深厚，对学术前沿有一定把握，且其思想观点不乏创新性的不可多得的青年学者。

任银拴

2022 年 7 月 19 日于贵州都匀

后 记

"史实为本体,论从史出,题以统文,文以载道,论史以述志。"而修史治学,方知史学体用及其历史本来的治乱兴衰。《中印早期现代转型比较研究(1500—1800)》,系本人承担的贵州省 2013 年哲社规划青年项目《比较史学视角下的中印封建国家转型研究》[13GZQN28],完善而成。期间因事颇费周折,最终,在省社科专家以及本校吴一文教授的关怀下,并得到贵州省哲社规划办专家与校科研处袁子勇老师的指导,得到文毅院长及民族研究院项目平台的大力支持,感谢课题组彭凯、余林、蔡铭等同事及毕业生张继渊的勉励、协力与支持,还有好友吴雷、周义浪、任银拴的勉励促进。不弃原志,不忘初心,经过近年来的努力,写出心力之笔,虽为轻薄之十数万字,然遂却夙愿,在此落笔为纪。

本书核心支撑点是历史唯物主义的根本观点和方法,在此基础上,运用了比较史学、全球史观、现代化史观、文明史观以及历史社会学等研究方法。回顾从书完稿结项到出书,感慨良多。欲知学术都是:板凳要坐十年冷,莫问春去秋来,还是严寒酷暑。时感壮年迟暮,但始终相信历史和知识的力量,只要坚持不懈,或可否极泰来。撰写中遭遇了不少困难,几经完善,饱含不少热情,也凝结了不少心血,有时苦苦寻思,反复研判,最终敲定。期间历时多年,因事周折,自愧靡费时光。希望专家批评指正,以后能努力争取再出成果。

看历史风云变幻间,天道无亲,地道无情,人道无常,与天道合一者得天下,与地道合一者得人心,与人道合一者得安乐,此所谓"天人合一",因此,敬天法祖革新者得天道,顺天安民顾命者得地道,修身齐家守德者得人道。一个国家乃至文明的成功之道,是一代又一代的群雄缔造的制度及其传承与创新达成的。他们知行合一,审时度势,知大道、懂人事、达心德、明至理,又体用不二,才造就了早期现代东方的"天朝上国"！即使是清高宗乾隆弘历的"理器"之自信，依然是建立在农业经济繁荣与商行十三行贸易基础上的。

早期现代之中印，在本人笔下走过的"早期现代"这一遭，是中印封建大陆国家百年之力的"强弩之末"，虽然看透了固化的藩篱，看到了兴衰的周期，见证过崩塌的大厦，看到了人民大众受尽兴亡之苦，那些英雄人物却难以力挽狂澜，国家的转型未能给予皑皑雪域、茫茫大漠、浩瀚戈壁、蜿蜒海岸以中印大国的文明生命力。例如，乾隆弘历的"守国门以率王土之臣，明古今而治平天下，居东亚而揽四夷奇珍，留一口以安海内"及其"十全武功"，拒绝马戛尔尼使团通商，乃在于孤独自信于其"天朝上国"仍然天道昌隆！

古今多少事，从来急，乾坤合，缘聚离；天地转，光阴迫，一万年太久，只争朝夕！期许未来，文明互鉴能让同样具有古文明传承至现代的中印两大文明，在交往与互动中创造新互鉴方式，实现中印大同！

王孟懿
2022 年 7 月 18 日于匀城莱茵阁

参考文献

一、英文资料

[1] Sikh Missionary Center. Sikh Religion [M]. Arizona：Sikh Missionary Center，1990.

[2] Khushwant Singh. A History of the Sikhs（Vol. I：1469—1839）[M]. London：Oxford University Press，1963.

[3] Patwant Singh. The Sikhs [M]. John Murry. Ltd，1999.

[4] JohnR. Hinnells. A Hand Book of Living Religions [C]. New York：Penguin Books，1984.

[5] Dr. David Nicolle. Mughul India 1504－1761 [C]. Men－at－Arms－263. Ospery，1993.

二、中文资料

（一）专著类

[1] [英] 巴勒克拉夫. 当代史学主要趋势 [M]. 杨豫，译. 北京：北京大学出版社，2006.

[2] [德] 马克思，恩格斯. 共产党宣言 [M]. 北京：人民出版社，1997.

[3] 唐德刚. 晚清七十年 [M]. 长沙：岳麓书店，1999.

[4] （明）王阳明. 传习录全译 [M]. 顾久，译. 于民雄，注. 贵阳：贵州人民出版社，1998.

[5] [美] 沃勒斯坦. 现代世界体系（第1卷）[M]. 罗荣渠，等译. 北京：社会科学文献出版社，2013.

[6] [美] 沃勒斯坦. 现代世界体系（第2卷）[M]. 吕丹，等译. 北

京：高等教育出版社，1998.

［7］［美］沃勒斯坦. 现代世界体系（第3卷）［M］. 庞卓恒，等译. 北京：高等教育出版社，2000.

［8］［印］潘尼迦. 印度和印度洋——略论海权对印度历史的影响［M］. 北京：世界知识出版社，1965.

［9］［印］恩·克·辛哈，等. 印度通史［M］. 张若达，等译. 北京：商务印书馆，1973.

［10］［美］马汉. 海权对历史的影响［M］. 安常容，等译. 北京：中国人民解放军出版社，1998.

［11］海答儿. 中亚蒙兀儿史——拉失德史［M］. 乌鲁木齐：新疆人民出版社，1985.

［12］［印］巴布尔. 巴布尔回忆录［M］. 王治来，译. 北京：商务印书馆，1997.

［13］尚劝余. 莫卧儿帝国［M］. 西安：三秦出版社，2001.

［14］世祖实录（卷十一，顺治元年十一月癸卯）（影印版）［M］. 北京：中华书局，1988.

［15］世祖实录（卷二十九，顺治四年正月至二月）（影印版）［M］. 北京：中华书局，1988.

［16］世祖实录（卷四十三中，顺治六年四月壬子）（影印版）［M］. 北京：中华书局，1988.

［17］圣祖实录（卷一五一，康熙三十年五月丙午）（影印版）［M］. 北京：中华书局，1988.

［18］林铁均，史松. 清史编年·第二卷（康熙朝·上）［M］. 北京：中国人民大学出版社，1988.

［19］杨子慧，张庆五. 中国历代的人口与户籍［M］. 天津：天津教育出版社，1991.

［20］［美］拉铁摩尔，唐晓峰. 中国的亚洲内陆边疆［M］. 南京：江苏人民出版社，2010.

［21］［英］琼斯. 世界人口历史图集［M］. 陈海宏，等译. 北京：东方出版牡，1992.

［22］［德］马克思. 印度史编年稿（664—1858）［M］. 张之毅，译.

北京：人民出版社，1957.

[23]［英］李约瑟. 四海之内：东方和西方的对话［M］. 劳陇，译. 北京：三联书店，1987.

[24]［德］马克思，恩格斯. 马克思恩格斯选集［M］. 北京：人民出版社，1995.

[25]［美］司徒琳. 世界时间与东亚时间中的明清变迁［M］. 赵世玲，译. 北京：三联书店，2009.

[26]［印］R·C·马宗达，等. 高级印度史［M］. 张澍霖，等译. 北京：商务印书馆，1986.

[27]（清）世宗. 大义觉迷录［C］. 香港：文海出版社，1966.

[28]［法］费尔南·布罗代尔. 菲利普二世时代的地中海和地中海世界［M］. 吴模信，译. 北京：商务印书馆，1996.

[29]［印］尼赫鲁. 印度的发现［M］. 齐文，译. 北京：世界知识出版社，1956.

[30]［德］弗兰克. 白银资本：重视经济全球化中的东方［M］. 北京：中央编译出版社，2000.

[31]［法］费尔南·布罗代尔. 15至18世纪的物质文明经济和资本主义［M］. 施康强，等译. 北京：三联书店，1997.

[32]［美］欧立德. 乾隆帝［M］. 青石，译. 北京：社会科学文献出版社，2014.

[33] 孔昭明. 清高宗实录选辑（上）［C］. 台北：台湾大通书局，1984.

[34] 清高宗实录［M］. 北京：中华书局，1985.

[35]［德］马克思恩格斯全集［M］. 北京：人民出版社，1979.

[36]（清）邹容. 革命军［M］. 北京：华夏出版社，2002.

[37] 罗荣渠. 现代化新论续篇［M］. 北京：北京大学出版社，1997.

[38] 林承节. 印度近现代史［M］. 北京：北京大学出版社，1995.

[39] 斯当东. 英使谒见乾隆纪实［M］. 叶笃义，译. 上海：上海书店出版社，1997.

[40] 复旦大学，上海财经大学. 中国古代经济简史［M］. 上海：上海人民出版社，1982.

[41]［英］李约瑟，王铃. 中国科学技术史［M］. 北京：科学出版

社，上海：上海古籍出版社，1990.

［42］崔连仲，武文. 古代印度文明与中国［M］. 长沙：岳麓书社，2007.

［43］培伦. 印度通史［M］. 哈尔滨：黑龙江人民出版社，1990.

［44］陈峰君. 印度社会述论［M］. 北京：中国社会科学出版社，1991.

［45］［美］爱德华·麦克诺尔·伯恩斯，等. 世界文明史［M］. 北京：商务印书馆，1987.

［46］［德］魏特夫. 东方专制主义［M］. 徐式谷，等译. 北京：中国社会科学出版社，1989.

［47］周一良，吴于廑. 世界通史［M］. 北京：人民出版社，1972.

［48］［印］尼赫鲁. 印度的发现［M］. 齐文，译. 北京：世界知识出版社，1956.

［49］石元蒙. 明清封贡体制的两种实践（1840年前）［D］. 广州：暨南大学，2004.

［50］［意］利玛窦，［法］金尼阁. 利玛窦中国札记［M］. 何高济，等译. 北京：中华书局，1983.

［51］［英］艾伦·麦克法兰. 现代世界的诞生［M］. 管可秾，译. 上海：上海人民出版社，2013.

［52］［美］费正清，等. 中国：传统与变革［M］. 陈仲丹，等译. 南京：江苏人民出版社，1995.

［53］［法］费尔南·布罗代尔. 资本主义的动力［M］. 杨起，译. 北京：三联书店，1997.

［54］［德］韦伯. 新教伦理与资本主义精神［M］. 黄晓京，等译. 成都：四川人民出版社，1986.

［55］李文海. 清史编年［M］. 北京：中国人民大学出版社，2000.

［56］郭成康. 清史编年［M］. 北京：中国人民大学出版社，1991.

［57］［英］阿克顿. 自由与权力：阿克顿勋爵论说文集［M］. 北京：商务印书馆，2001.

［58］孙义飞."17世纪普遍危机"与西方社会转型［D］. 长春：东北师范大学，2005.

[59]［英］威尔斯.1688年的全球史［M］.赵晖,译.海口:海南出版社,2014.

[60]［英］坦普尔.中国:发明与发现的国度［M］.陈养正,等译.南昌:21世纪出版社,1995.

[61]［法］佩雷菲特.停滞的帝国:两个世界的撞击［M］.王国卿,等译.北京:三联书店,1993.

[62]（明）戚继光.纪效新书［M］.范中义,校释.北京:中华书局,2001.

[63]［日］杉山正明.游牧民的世界史［M］.黄美蓉,译.北京:中华工商联合出版社,2014.

[64]曲波,清馨.大清十二帝［M］.北京:中国华侨出版社,2013.

[65]郑姝.清水江流域人工营林业中的"栽手"研究［D］.吉首:吉首大学,2016.

（二）期刊论文类

[1]何兆武.明末清初西学之再评价［J］.学术月刊,1999（1）.

[2]杨和平.现代化、全球化与世界历史的纵横发展［J］.西华师范大学学报（哲社版）,2008（3）.

[3]熊家利.中国比较史学发展的里程碑——评范达人易孟醇新著《比较史学》［J］.求索,1992（4）.

[4]方克立.论中国哲学中的体用范畴［J］.中国社会科学,1984（5）.

[5]孙义飞,王晋新.多元化、多样化、拓展化与开放性——西方学术界"17世纪普遍危机"论争及其启示［J］.安徽史学,2006（1）.

[6]彭雨新.明清两代田地、人口、赋额的增长趋势［J］.文史知识,1993（7）.

[7]刘德喜.论尼布楚条约的历史意义［J］.新远见,2008（9）.

[8]马彦丽.明清封贡制度之比较［J］.湖北教育学院学报,2007（4）.

[9]齐光.解析《皇清职贡图》绘卷及其满汉文图说［J］.清史研究,

2014（4）.

［10］张荫桐. 莫卧儿帝国的曼萨卜达尔制度（下）［J］. 南亚研究，1986（3）.

［11］孟庆顺. 论18世纪中叶的锡克独立运动［J］. 南亚研究，1988（3）.

［12］蔡伟杰. 新清史视角下的乾隆皇帝［N］. 东方早报，2014-06-22（B04）.

［13］庄万友. 19世纪中叶至20世纪初锡克教的宗教社会运动［J］. 南亚研究，1994（2）.

［14］周柏青. 古鲁时期锡克教的演变及其原因—续［J］. 南亚研究，1992，39（3）.

［15］薛克翘. 印度教徒的婚俗［J］. 民族之林，1997（7）.

［16］张占顺. 锡克人婚姻仪式记闻［J］. 世界宗教文化，2005（3）.

［17］李敏. 浅析锡克社会中的种姓［J］. 昭通师范高等专科学校学报，2006（2）.

［18］庄万友. 锡克教宗教民族主义运动的兴起［J］. 南亚研究季刊，1995（1）.

［19］杨振华. 现代锡克民族主义产生的历史环境［J］. 康定民族师专学校学报，2001（3）.

［20］郭洪纪. 文化民族主义的主要观念及类型［J］. 青海师范大学学报（社会科学版），1998（3）.

［21］罗荣渠. 新历史发展观与东亚的现代化进程［J］. 历史研究，1996（5）.

［22］林毅夫. 李约瑟之谜、韦伯疑问和中国的奇迹——自宋以来的长期经济发展［J］. 北京大学学报（哲社版），2007（4）.

［23］庄万友. 略论英国东印度公司同印度早期贸易的商品结构及其成因［J］. 南亚研究，1988（2）.

［24］罗康隆. 清水江流域木材贸易中的族际经济结构分析［J］. 原生态民族文化学刊，2012，04（4）.

［25］何平. 全球视野下的中国与欧洲的比较研究［J］. 史学理论研究，2006（4）.

[26] 程洪，罗翠芳. 试论中西 16 世纪商业资本的不同命运［J］. 武汉教育学院学报，2000（5）.

[27] 李铁匠. 古伊朗的种姓制度［J］. 世界历史，1998（2）.

[28] 顾乃忠. 地理环境与文化——兼论地理环境决定论研究的方法论［J］. 浙江社会科学，2000（3）.

[29] 孟建伟. 探讨科学的人文价值的意义［J］. 新视野，2000（3）.

[30] 费正清，杜继东. 中国的世界秩序——传统中国的对外关系［J］. 近代史研究，2010（5）.

[31] 欧军. 草原游牧文化与中原农耕文化之比较［J］. 文科教学，1994（1）.

[32] 琼岛. 贡德·弗兰克谈《白银资本》［J］. 史学理论研究，2000（4）.

[33] 朱昌利. 印度封建社会雏议［J］. 南亚研究季刊，1985（4）.

[34] 达莫达兰，彭家礼. 印度封建社会的特点［J］. 历史教学，1961（Z1）.

[35] 刘志刚. 明清之际人口损失再探讨［J］. 天府新论，2013，11（5）.

[36] 周源和. 清初人口统计析疑——读《清代前期人口数字勘误》［J］. 复旦学报（社科版），1980（3）.

[37] 白初一. 试论明朝初期明廷与北元和女真地区的政治关系［J］. 内蒙古社会科学（汉文版），2006，09，5（27）.

[38] 张文德. 从《明实录》看中亚帖木儿王朝的政治制度［J］. 历史档案，2009（3）.

[39] 张文英. 康熙时期对"舆情"的使用及其研究［J］. 理论界，2010（9）.

[40] 叶桂英. 中国的一百个世界第一——读《中国：发明与发现的国度》［J］. 中国图书评论，1998（7）.